빠작 어휘 퀴즈

다음 자음자와 힌트를 보고, 문장을 완성해 보[

01 이론이 타당한지 ㄱ ㅈ 하는 데에는 여러 가지 방법이 사용된다.

힌트 [한자어] 검사하여 증명함.

02 외국에서 들어오는 화물은 모두 ㄱ ㅇ 과정을 거친다.

힌트 [한자어] 전염병을 막기 위하여 사람·화물 등에 병균이 있는지를 검사하는 것.

03 큰 파도를 보고 자연의 ㅇ ㄹ 을 느꼈다.

힌트 [한자어] 상대를 압도할 만큼 강력함. 또는 그런 힘.

04 숲에 총소리가 울리자 동물들은 ㅇ ㅎ 을 느끼고 모두 숨어 버렸다.

힌트 [한자어] 힘으로 으르고 협박함.

05 대중 ㅁ ㅊ 는 건전한 사회를 만드는 데 앞장서야 한다.

힌트 [한자어] 어떤 작용을 한쪽에서 다른 쪽으로 전달하는 물체. 또는 그런 수단.

06 나들이를 갈 때는 진드기를 ㅁ ㄱ 로 하는 전염병에 주의해야 한다.

힌트 [한자어] 둘 사이에서 껴서 양편의 관계를 맺어 줌.

정답 01 검증 02 검역 03 위력 04 위협 05 매체 06 매개

07 식목일을 맞아 화분에 ㅈㅈ 씨앗을 심었다.

힌트 [한자어] 사이에 남이나 다른 사물이 끼이지 않게 바로.

08 언어와 사고는 ㅁㅈ 한 관련이 있다.

힌트 [한자어] 아주 가깝게 맞닿아 있음. 또는 그런 관계에 있음.

09 그는 싹싹하고 장사 수완이 좋아서 큰 ㅇㅇ 을 남겼다.

힌트 [한자어] 장사 따위를 하여 남은 돈.

10 평생 봉사 활동과 나눔을 한 그의 ㅇㅌㅈ 삶을 본받아야 한다.

힌트 [한자어] 자기의 이익보다는 다른 이의 이익을 더 꾀하는.

11 진딧물은 여름 동안 수백만 마리의 새끼를 낳을 만큼 ㅂㅅ 이 빠른 동물이다.

힌트 [한자어] 생물의 수가 늘거나 널리 퍼지는 것.

12 문명은 강 유역에서 ㅂㅅ 한다.

힌트 [한자어] (세력이) 커지거나 많이 퍼짐.

13 옛날 사람들은 국가의 ㅎㅁ 이 하늘의 뜻이라고 생각했다.

힌트 [한자어] 잘되어 일어남과 못되어 없어짐.

14 그 감독은 만드는 영화마다 ㅎㅎ 에 성공했다.

힌트 [한자어] 공연 상영 따위가 상업적으로 큰 수익을 거둠.

정답   07 직접   08 밀접   09 이윤   10 이타심   11 번식   12 번성   13 흥망   14 흥행

15 ㄱ ㄷ ㅈ 사고방식은 사람들 간의 갈등을 유발한다.

힌트 **[한자어]** 한쪽으로 크게 치우치는.

16 기업의 목표는 이익의 ㄱ ㄷ ㅎ 이다.

힌트 **[한자어]** 아주 커짐. 또는 아주 크게 함.

17 정부가 언론을 막는 것은 국민의 알 권리를 ㅊ ㅎ 하는 것이다.

힌트 **[한자어]** 함부로 남의 일에 끼어들어 해를 끼치는 것.

18 고려는 주변 나라의 ㅊ ㄹ 을 막기 위해 산성을 쌓았다.

힌트 **[한자어]** 정당한 이유 없이 남의 나라에 쳐들어감.

19 비에 젖은 우산을 돌리면 ㅇ ㅅ ㄹ 에 의해 빗물을 바깥쪽으로 털어버릴 수 있다.

힌트 **[한자어]** (물체가 둥글게 빙빙 돌며 운동을 할 때) 그 물체가 중심에서 바깥쪽으로 향하는 힘.

20 무인 비행기는 조종사가 비행기에 타지 않고 ㅇ ㄱ 으로 조종한다.

힌트 **[한자어]** 멀리 떨어져 있음.

21 잦은 염색으로 머릿결이 ㅅ ㅅ 되었다.

힌트 **[한자어]** 물체가 깨지거나 상함.

22 농촌 지역은 긴 가뭄 때문에 농사일에 ㅅ ㅅ 을 입었다.

힌트 **[한자어]** 줄어들거나 잃어버려서 손해를 보는 것.

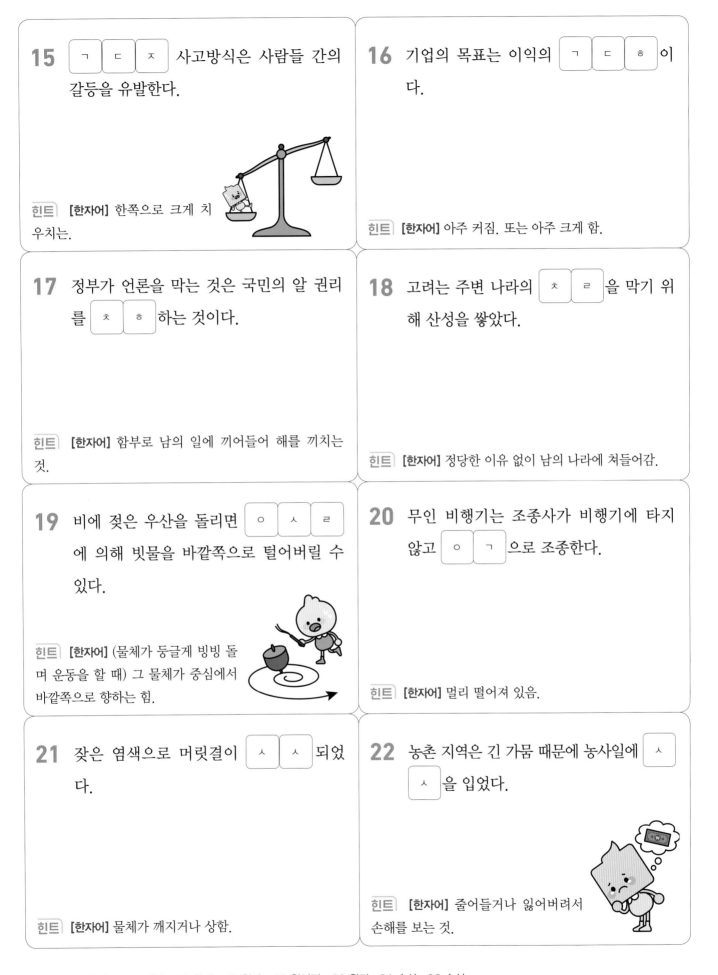

정답 **15** 극단적 **16** 극대화 **17** 침해 **18** 침략 **19** 원심력 **20** 원격 **21** 손상 **22** 손실

23 그는 무죄 [ㅅ][ㄱ] 를 받아 누명을 벗었다.

힌트 [한자어] 법정에서 재판관이 재판의 판결을 당사자에게 알리는 것.

24 환경 단체들은 댐 건설로 인한 환경 파괴의 심각성을 [ㄱ][ㅂ] 했다.

힌트 [한자어] 세상에 잘 알려지지 않은 잘못이나 비리 따위를 드러내어 알림.

25 아버지는 지식을 [ㄱ][ㅁ] 하며 항상 배우는 것을 즐거워하셨다.

힌트 [한자어] 간절히 바람.

26 오랜 전쟁으로 물자와 인력이 [ㄱ][ㄱ] 되었다.

힌트 [한자어] 어떤 일의 바탕이 되는 돈이나 물자, 소재, 인력 따위가 다하여 없어짐.

27 과학 시간에 현미경으로 [ㅁ][ㅅ][ㅁ] 을 관찰하였다.

힌트 [한자어] 눈으로 볼 수 없는 아주 작은 생물.

28 오래된 수도관에서 [ㅁ][ㄹ] 의 납 성분이 확인되어 수도관을 바꾸었다.

힌트 [한자어] 아주 적은 분량.

29 겸손한 사람은 [ㅎ][ㅅ] 를 부리지 않는다.

힌트 [한자어] 겉으로만 있는 척하여 보이는 힘.

30 소설은 실제로 일어날 만한 일을 다루지만 [ㅎ][ㄱ] 적 이야기이다.

힌트 [한자어] 사실에 없는 일을 사실처럼 꾸며 만듦.

정답 23 선고 24 고발 25 갈망 26 고갈 27 미생물 28 미량 29 허세 30 허구

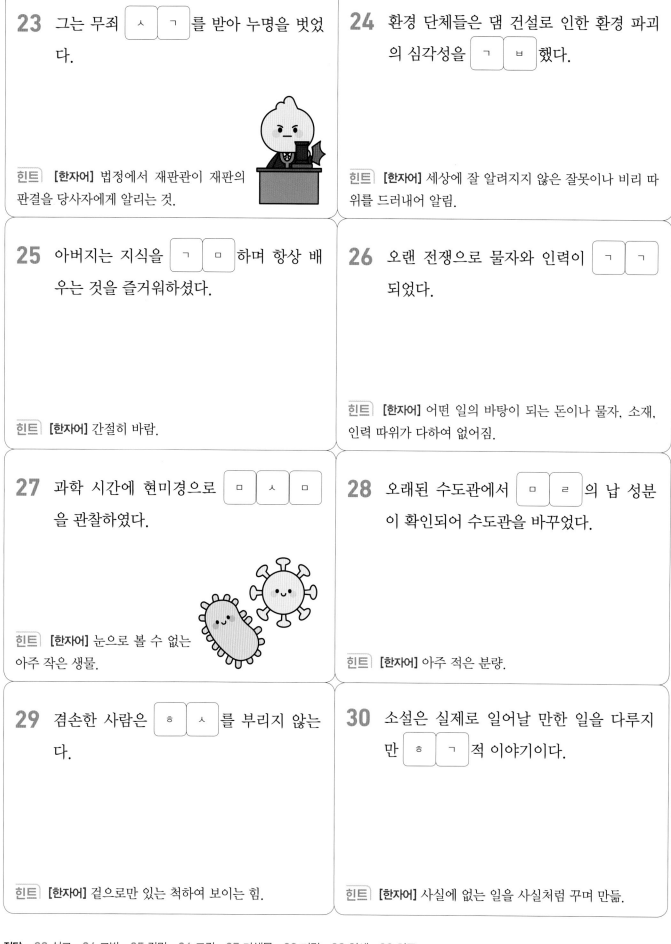

31 때 이른 무더위로 에어컨에 대한 ㅅ ㅇ 가 증가하였다.

힌트 [한자어] 어떤 물건이나 서비스를 일정한 가격으로 사려고 하는 욕구.

32 ㅅ ㅅ ㄱ 의 비행기 요금은 평소보다 비싸다.

힌트 [한자어] 어떤 상품이 한창 잘 팔리는 시기.

33 음악에 남다른 ㄷ ㄱ 을 보이던 그는 세계적인 작곡가가 되었다.

힌트 [한자어] 뛰어난 학식이나 재능을 비유적으로 이르는 말.

34 선수들은 금메달을 두고 ㄱ ㅊ 을 벌였다.

힌트 [한자어] 서로 이기려고 다투며 덤벼듦.

35 시야를 넓히기 위해서 ㅂ ㅌ ㅈ 사고방식을 버려야 한다.

힌트 [한자어] 남이나 남의 것을 받아들이지 않거나 밀어내는.

36 많은 책들이 가지런하게 ㅂ ㅇ 되어 있다.

힌트 [한자어] 일정한 차례나 간격에 따라 벌여 놓음.

37 그는 자신의 능력에 ㅅ ㅇ 하는 대우를 받고 있다.

힌트 [한자어] 서로 응하거나 어울림.

38 자석과 전자 기기는 ㅅ ㄱ 이므로 멀리 떨어뜨려 놓는 것이 좋다.

힌트 [한자어] 두 사물이 서로 맞서거나 해를 끼쳐 어울리지 아니함. 또는 그런 사물.

정답 31 수요 32 성수기 33 두각 34 각축 35 배타적 36 배열 37 상응 38 상극

39 홍수로 하천이 ⬚ᵇ ⬚ᵉ 하였다.

[힌트] [한자어] 큰물이 흘러넘침.

40 ⬚ⁿ ⬚ʰ 과 환경 오염 때문에 많은 어종이 사라지고 있다.

[힌트] [한자어] 짐승이나 물고기 따위를 마구 잡음.

41 오랫동안 형사 생활을 한 그는 ⬚ˢ ⬚ʲ ⬚ˢ ⬚ʲ 을 다 겪었다.

[힌트] [한자 성어] 세상의 온갖 어려움을 다 겪었음을 이르는 말.

42 지난 경기에서 패배한 우리 팀은 다음 경기에서 승리하기 위해 ⬚ᵒ ⬚ˢ ⬚ˢ ⬚ᵈ 하였다.

[힌트] [한자 성어] 원수를 갚거나 마음먹은 일을 이루기 위하여 온갖 어려움과 괴로움을 참고 견딤을 비유적으로 이르는 말.

43 그들은 함께 있지만 ⬚ᵈ ⬚ˢ ⬚ᵒ ⬚ᵐ 을 하고 있다.

[힌트] [한자 성어] 겉으로는 같이 행동하면서도 속으로는 각각 딴생각을 하고 있음을 이르는 말.

44 ⬚ˢ ⬚ᵒ ⬚ᵇ 종교는 거짓말로 사람들을 속인다.

[힌트] [한자 성어] 겉으로는 비슷하나 속은 완전히 다름. 또는 그런 것.

45 그는 안팎으로 비난을 받는 ⬚ˢ ⬚ᵐ ⬚ᶜ ⬚ᵍ 에 빠졌다.

[힌트] [한자 성어] 아무에게도 도움을 받지 못하는, 외롭고 곤란한 지경에 빠진 형편을 이르는 말.

46 전학을 온 날 내성적인 성격의 나는 ⬚ᵍ ⬚ᵉ ⬚ᵐ ⬚ᵒ 의 처지였다.

[힌트] [한자 성어] 고립되어 도움받을 데가 없음.

정답 39 범람 40 남획 41 산전수전 42 와신상담 43 동상이몽 44 사이비 45 사면초가 46 고립무원

47 이순신 장군이 이끄는 수군은 ㅍ ㅈ ㅈ ㅅ 로 왜군을 격파하였다.

[힌트] **[한자 성어]** 적을 거침없이 물리치고 쳐들어가는 기세를 이르는 말.

1000

48 상대 팀의 수비는 ㅊ ㅇ ㅅ 같았다.

[힌트] **[한자 성어]** 방어나 단결 따위가 튼튼하고 단단한 것을 이르는 말.

49 그들은 선거 결과에 대해 ㅇ ㅈ ㅇ ㅅ 격으로 해석하였다.

[힌트] **[한자 성어]** 자기에게만 이롭게 되도록 생각하거나 행동함을 이르는 말.

50 그의 주장은 ㅁ ㅅ 이 있어 믿을 수 없다.

[힌트] **[한자 성어]** 어떤 사실의 앞뒤, 또는 두 사실이 이치상 어긋나서 서로 맞지 않음을 이르는 말.

51 눈앞의 이익을 보고 ㅅ ㅌ ㄷ ㅅ 하는 것은 어리석은 일이다.

[힌트] **[한자 성어]** 작은 것을 욕심 내다가 큰 것을 잃음.

52 ㄱ ㅁ ㅅ ㅅ 이라고 주인 없는 돈을 보자 나도 모르게 욕심이 났다.

[힌트] **[한자 성어]** 물건을 보면 그것을 가지고 싶은 욕심이 생김.

53 나와 내 친구는 ㄷ ㅇ ㄱ ㅇ 하여 가족처럼 지낸다.

[힌트] **[한자 성어]** 의형제를 맺음을 이르는 말.

54 동아리 규칙을 어긴 그를 ㅇ ㅊ ㅁ ㅅ 할 수밖에 없었다.

[힌트] **[한자 성어]** 큰 목적을 위하여 자기가 아끼는 사람을 버림을 이르는 말.

정답 47 파죽지세 48 철옹성 49 아전인수 50 모순 51 소탐대실 52 견물생심 53 도원결의 54 읍참마속

55 친구의 어려움을 강 건너 | ㅂ | ㄱ | ㄱ | 하듯 하지 말자.

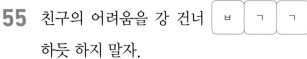

힌트 [관용어] 자기에게 관계없는 일이라고 하여 무관심하게 곁에서 보기만 하는 모양.

56 내가 그에 대해 아는 것은 | ㅂ | ㅅ | 의 일각에 불과하다.

힌트 [관용어] 대부분이 숨겨져 있고 외부로 나타나 있는 것은 극히 일부분에 지나지 아니함을 비유적으로 이르는 말.

57 노력도 하지 않고 좋은 결과를 얻으려고 하다니 | ㄲ | 도 야무지다.

힌트 [관용어] 희망이 너무 커 실제로 일어날 가능성이 없음을 비꼬아 이르는 말

58 갑자기 사고가 나자, 그는 너무 놀라서 꿈인지 | ㅅ | ㅅ | 인지 모를 지경이었다.

힌트 [관용어] 생각지도 못한 뜻밖의 일에 부닥쳐 어찌할 바를 모를 때를 이르는 말.

59 그는 | ㄸ | ㄱ | ㅇ | 맛을 봐야만 정신을 차리려나 보다.

힌트 [관용어] 호된 고통이나 어려움을 겪다.

60 세계적인 과학자의 꿈을 이루려면 갈 | ㄱ | 이 멀다.

힌트 [관용어] 앞으로 해야 할 일들이 많이 남아 있다.

정답   55 불구경   56 빙산   57 꿈   58 생시   59 뜨거운   60 길

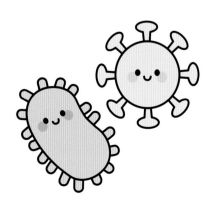

빠작 초등 국어 어휘×독해 무료 스마트러닝

첫째 QR코드 스캔하여 1초 만에 바로 강의 시청

둘째 최적화된 강의 커리큘럼으로 학습 효과 UP!

어휘·어법 강의
- 핵심어의 뜻과 쓰임을 통한 어휘 학습법 강의 제공
- 핵심어의 뜻과 주제로 연계되는 확장 어휘 학습 강의 제공

빠작 초등 국어 어휘×독해 6단계 강의 목록

구분	어휘·어법	교재 쪽수	구분	어휘·어법	교재 쪽수
한자어	검증(檢證)	014쪽	한자 성어	와신상담	096쪽
	위협(威脅)	018쪽		동상이몽	100쪽
	매체(媒體)	022쪽		고립무원	104쪽
	직접(直接)	026쪽		파죽지세	108쪽
	이타적(利他的)	030쪽		모순	112쪽
	번식(繁殖)	034쪽		소탐대실	116쪽
	흥행(興行)	038쪽		읍참마속	120쪽
	극단적(極端的)	042쪽			
	침략(侵略)	046쪽			
	원심력(遠心力)	050쪽	관용어	강 건너 불구경	126쪽
	손실(損失)	054쪽		꿈인지 생시인지	130쪽
	선고(宣告)	058쪽		갈 길이 멀다	134쪽
	고갈(枯渴)	062쪽			
	미생물(微生物)	066쪽			
	허구(虛構)	070쪽			
	수요(需要)	074쪽	어법	주성분	140쪽
	각축(角逐)	078쪽		부속 성분과 독립 성분	144쪽
	배타적(排他的)	082쪽		피동 표현과 사동 표현	148쪽
	상극(相剋)	086쪽		음절의 끝소리 규칙	152쪽
	남획(濫獲)	090쪽		사잇소리 현상	156쪽

빠작 초등 국어 어휘×독해 6단계 **학습 계획표**

학습 계획표를 따라 차근차근 어휘 학습을 시작해 보세요.
빠작과 함께라면 어휘, 어렵지 않습니다.

어휘·어법	학습한 날		교재 쪽수	어휘·어법	학습한 날		교재 쪽수
검증	1일차	월 일	012 ~ 015쪽	상극	19일차	월 일	084 ~ 087쪽
위협	2일차	월 일	016 ~ 019쪽	남획	20일차	월 일	088 ~ 091쪽
매체	3일차	월 일	020 ~ 023쪽	와신상담	21일차	월 일	094 ~ 097쪽
직접	4일차	월 일	024 ~ 027쪽	동상이몽	22일차	월 일	098 ~ 101쪽
이타적	5일차	월 일	028 ~ 031쪽	고립무원	23일차	월 일	102 ~ 105쪽
번식	6일차	월 일	032 ~ 035쪽	파죽지세	24일차	월 일	106 ~ 109쪽
흥행	7일차	월 일	036 ~ 039쪽	모순	25일차	월 일	110 ~ 113쪽
극단적	8일차	월 일	040 ~ 043쪽	소탐대실	26일차	월 일	114 ~ 117쪽
침략	9일차	월 일	044 ~ 047쪽	읍참마속	27일차	월 일	118 ~ 121쪽
원심력	10일차	월 일	048 ~ 051쪽	강 건너 불구경	28일차	월 일	124 ~ 127쪽
손실	11일차	월 일	052 ~ 055쪽	꿈인지 생시인지	29일차	월 일	128 ~ 131쪽
선고	12일차	월 일	056 ~ 059쪽	갈 길이 멀다	30일차	월 일	132 ~ 135쪽
고갈	13일차	월 일	060 ~ 063쪽	주성분	31일차	월 일	138 ~ 141쪽
미생물	14일차	월 일	064 ~ 067쪽	부속 성분과 독립 성분	32일차	월 일	142 ~ 145쪽
허구	15일차	월 일	068 ~ 071쪽	피동 표현과 사동 표현	33일차	월 일	146 ~ 149쪽
수요	16일차	월 일	072 ~ 075쪽	음절의 끝소리 규칙	34일차	월 일	150 ~ 153쪽
각축	17일차	월 일	076 ~ 079쪽	사잇소리 현상	35일차	월 일	154 ~ 157쪽
배타적	18일차	월 일	080 ~ 083쪽				

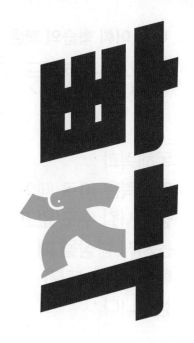

초등 국어
어휘 x 독해

6 단계
5·6학년

바른 어휘 학습의 빠른 시작,
『빠작 초등 국어 어휘×독해』를 추천합니다

독해력과 어휘력은 따로 떼어 성장시킬 수도 없고, 동시에 향상될 때 확실한 시너지가 생깁니다.

국어 공부를 '공부'라고만 생각하지 않게 해줄 수 있는 책입니다. 재미있게 접근하여 국어를 우리 아이에게 스며들게 해줄 수 있는 책. 꾸준히 차근차근, 탄탄하게 실력을 향상시켜 줄 책이라 추천합니다. 이 책은 기존에 출간된 많은 독해 교재와 어휘 교재들이 채워주지 못했던 독해와 어휘의 균형을 잡아준 교재라 생각합니다. **수능까지 이어지는 독해의 기초를 연관 어휘 공부로 확장해서 단단하게 잡아줄 수 있다는 점이 아주 큰 장점입니다.** 『빠작 초등 국어 어휘×독해』로 공부하면서 아이들은 올바른 국어 독해 공부 방법을 스스로 깨닫게 될 것 같습니다.

김소희 원장 | 한올국어학원

문해력 향상부터 독서와 논술, 나아가 내신 국어와 수능까지 이어지는 국어 학습의 핵심은 단연코 어휘와 독해입니다.

『빠작 초등 국어 어휘×독해』는 어휘와 독해를 유기적으로 연결한 동시에 수준 높은 문제를 출제하여 학습 효과가 탁월합니다. 그리고 독해 파트의 문제들이 어휘 학습의 문제의식을 자극하고, 다양한 방식으로 어휘 학습을 하도록 이어져 자연스럽게 어휘들이 이해되고 오래 기억할 수 있는 효과를 가져다 줍니다. 마지막으로 한자어 학습에 신경 쓴 점도 돋보입니다. 어휘와 독해가 중요하다는 것은 누구나 알지만 그것을 하나의 학습 교재로 풀어내는 일은 쉽게 엄두를 내지 못합니다. 『빠작 초등 국어 어휘×독해』를 공부해야 할 이유입니다.

최성호 원장 | 에이프로아카데미

이 책을 검토하신 선생님

강다연	명원초등학교	**박연미**	임팩트학원	**이지은**	이지국어논술학원
강명자	마산고운초등학교 외	**배성현**	국어논술자신감	**장화연**	주니어솔로몬
강행림	수풀림 학원	**신민영**	줄기글방독서토론논술교습소	**장희원**	부민초등학교 외
고갱화	에반이즈사고력학원	**심억식**	천지인학원	**전수경**	라온누리독서논술
김미소	메이트국영수학원	**안소연**	안선생 국어논술	**정다운**	정다운국어논술학원
김소희	한올국어학원	**유숙원**	정원국어학원	**최성호**	에이프로아카데미
김종덕	갓국어학원	**이대일**	멘사수학과연세국어학원	**하승희**	하샘국어학원
김진동	제세현국어학원	**이민주**	날개국어논술학원	**한미애**	부산하남초등학교 방과후 독서논술
박명선	서울방일초등학교	**이선이**	수논술교습소	**허채옥**	책먹는 하마 책놀이논술방

어휘력을 높일 수 있을 뿐 아니라, 글을 읽고 이해하는 힘인 문해력을 높일 수 있습니다.

아이들에게 어휘 학습이 필요한 이유 중 하나는 글을 잘 이해하기 위함입니다. 『빠작 초등 국어 어휘×독해』는 핵심어를 학습함으로써 비문학 지문 독해법을 학습할 수 있도록 구성되어 있습니다. **한자어, 속담, 관용어 등의 핵심어가 들어간 지문으로 글의 내용을 이해하고 추론할 수 있도록 돕습니다.** 지문을 읽으며 핵심어가 글 속에서 어떻게 활용되는지 익힐 수 있으며 글의 정확한 이해 또한 가능하도록 합니다. 이렇게 어휘를 배움으로써 독해 능력을 키우는 것이 가능합니다. 이후, 핵심어의 뜻과 예문을 배운 후 비슷한 뜻의 어휘로 확장하여 학습함으로써 어휘력을 높일 수 있습니다.

박명선 선생님 | 서울방일초등학교

교재만 꼼꼼하게 풀어도 아이 스스로 하는 학습이 가능합니다.

한자어, 한자 성어, 속담, 관용어 등 아이들이 어려워하는 부분들을 모아서 어휘 실력을 골고루 갖출 수 있도록 교재를 체계적으로 구성한 것이 아주 좋습니다. 그리고 **다양한 어휘 유형에서 핵심어를 고르게 선정한 것과 핵심어, 내용 이해, 추론, 적용, 관계, 심화 등 단계별로 꼼꼼하게 학습이 되도록 구성한 것이 매우 만족스럽습니다.** 교재만 꼼꼼하게 풀어도 아이 스스로 하는 학습이 가능하도록 되어 있고, 어휘 학습에서 그때그때 모르거나 어려운 부분을 동영상 강의를 통하여 이해를 도와주어 완전 학습이 되도록 물샐틈없이 잘 만들어진 교재입니다.

장희원 선생님 | 부민초등학교 외 다수 출강

빠작 초등 국어 어휘×독해

☑ 독해 학습을 통해 학년별 필수 어휘를 이해할 수 있습니다.

☑ 핵심어에 담겨 있는 한자의 뜻이나 주제 중심으로 어휘를 확장 학습할 수 있습니다.

☑ 어휘 문제를 통해 어휘를 완벽하게 소화할 수 있습니다.

단계	대상	구분
1~2단계	1~2학년	한자어 · 속담 · 관용어 + 어법
3~4단계	3~4학년	한자어 · 한자 성어 · 속담 · 관용어 + 어법
5~6단계	5~6학년	한자어 · 한자 성어 · 관용어 + 어법

독해력을 키우는
바른 어휘 학습, 방법이 다릅니다

01

독해 과정에서
핵심어를 정확하게
이해해야 어휘력과
독해력이 향상됩니다.

독해를 곧잘 하는데도 어휘력이 떨어지는 아이들에 대한 부모님의 고민이 많습니다. 어휘력과 독해력 향상이 일치하지 않는 까닭은 어휘와 독해를 따로 학습하기 때문입니다. 독해력과 어휘력을 함께 향상시키려면 독해를 할 때 가장 먼저 지문 속 핵심어를 파악하고 핵심어의 뜻을 유추하면서 지문을 읽어야 합니다. 그리고 핵심어의 정확한 뜻을 이해하고 이를 확장하여 새로운 어휘를 학습하는 것이 효과적입니다.

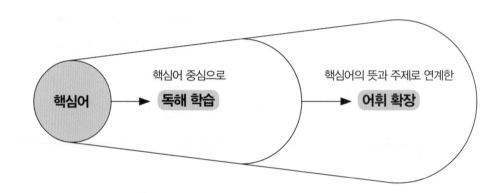

02

한자어, 한자 성어,
속담, 관용어 등
여러 분야의 어휘를
고르게 학습하는
것이 중요합니다.

우리말의 어휘는 70퍼센트 이상이 한자어로 이루어져 있습니다. 특히 학습 개념어나 비문학 글은 대부분 한자어로 이루어져 있기 때문에, 한자어 학습이 꼭 필요합니다. 그리고 한자 성어와 속담, 관용어는 특별한 뜻을 지니고 있어서 학습을 하지 않으면 그 뜻을 짐작하기가 어렵습니다. 이러한 어휘들을 학습하여 일상에서 활용할 때 어휘력을 풍부하게 키울 수 있습니다.

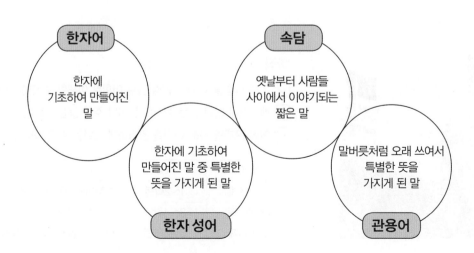

03

하나의 어휘에서 유기적으로 연계하여 어휘를 확장 학습하면 어휘를 오래 기억할 수 있습니다.

한자어는 같은 한자가 들어간 어휘끼리 연계하여 학습하면 그 뜻을 쉽게 이해할 수 있고, 오래 기억할 수 있습니다. 또한 한자 성어는 말이 나오게 된 유래나 쓰임을 이해하고 같은 주제를 가진 한자 성어로 확장하여 학습하는 것이 효과적입니다. 속담이나 관용어는 같은 주제를 가진 어휘들로 연계하여 확장하는 학습이 좋습니다.

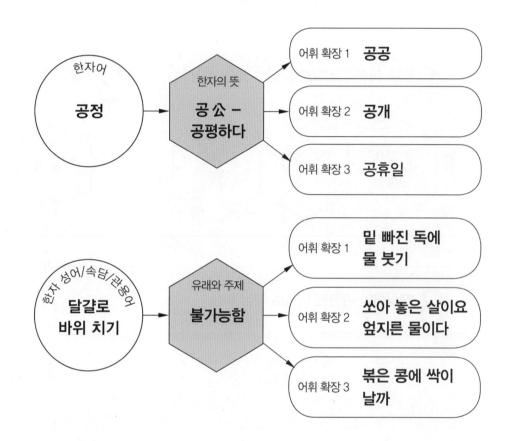

04

어법은 바른 독해와 글쓰기의 기초이므로 반드시 학습해야 합니다.

어법은 우리말의 일정한 법칙입니다. 어법 학습은 낱자의 구조부터 어휘, 문장의 구조까지 이해하는 데 기초가 됩니다. 어법을 알아야 정확하고 바르게 글을 읽고 쓸 수 있습니다. 따라서 초등 국어 교육과정에서 필수로 알아야 하는 어법을 어휘와 함께 학습하는 것이 중요합니다.

구성과 특징

빠작 초등 국어 어휘×독해 6단계는 초등 5~6학년 학생들이 꼭 알아야 하는 필수 어휘를 한자어, 한자 성어, 관용어에서 선정하여 핵심어로 구성하였습니다. 특히 핵심어를 바탕으로 지문을 정확하게 읽어 내고, 핵심어의 뜻이나 주제와 관련된 어휘를 확장하여 학습함으로써 어휘 학습의 효과를 높이고 독해력을 향상시킬 수 있도록 구성하였습니다.

1 필수 어휘 중심으로 핵심어 30개 선정

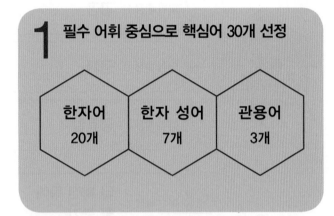

2 핵심어를 바탕으로 독해 학습

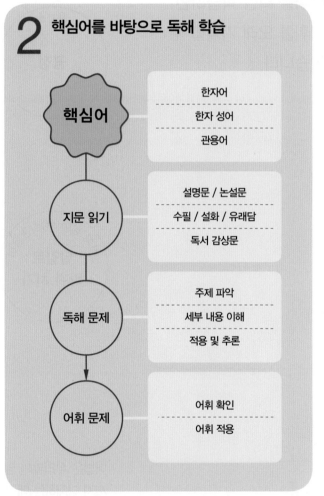

3 핵심어와 관련된 어휘로 확장 학습

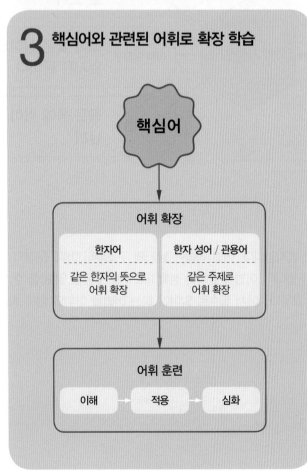

4 독해와 글쓰기의 기본, 어법 학습

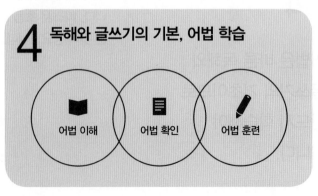

● 한자어, 한자 성어, 관용어 등 핵심어를 통한 독해 학습

● 독해 문제와 지문 속 어휘 문제

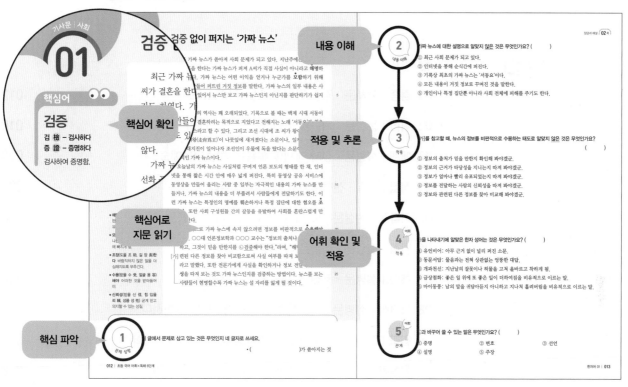

● 핵심어와 관련된 어휘 확장 학습

● 핵심어와 확장된 어휘를 문제로 완벽하게 훈련

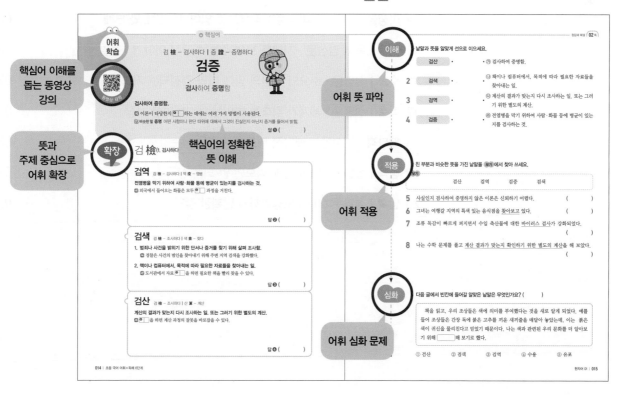

빠작 초등 국어 어휘×독해 6단계
차례

어휘

한자어

01 **검증** | 기사문 · 검증 없이 퍼지는 '가짜 뉴스' ⋯⋯⋯⋯⋯⋯⋯ 012

02 **위협** | 논설문 · 지구를 위협하는 우주 쓰레기 ⋯⋯⋯⋯⋯⋯ 016

03 **매체** | 설명문 · 전자 매체를 활용한 백남준의 예술 ⋯⋯⋯⋯ 020

04 **직접** | 수필 · 산책로에서 직접 본 민들레 ⋯⋯⋯⋯⋯⋯⋯⋯ 024

05 **이타적** | 논설문 · 노 키즈 존을 막는 이타적 행동 ⋯⋯⋯⋯ 028

06 **번식** | 설명문 · 식물은 어떻게 번식할까? ⋯⋯⋯⋯⋯⋯⋯ 032

07 **흥행** | 설명문 · 조선 후기에 흥행한 서민 문화 ⋯⋯⋯⋯⋯ 036

08 **극단적** | 설명문 · 극단적 방법의 다이어트는 위험하다 ⋯⋯ 040

09 **침략** | 전기문 · 싸우지 않고 거란의 침략을 물리친 서희 ⋯ 044

10 **원심력** | 설명문 · 자전거에 작용하는 관성과 원심력 ⋯⋯ 048

11 **손실** | 기사문 · 관광 개발 사업이 가져온 손실 ⋯⋯⋯⋯⋯ 052

12 **선고** | 설명문 · 사형 선고 대 사형 집행 ⋯⋯⋯⋯⋯⋯⋯⋯ 056

13 **고갈** | 논설문 · 자원이 고갈되어 간다 ⋯⋯⋯⋯⋯⋯⋯⋯ 060

14 **미생물** | 설명문 · 미생물의 작용으로 일어나는 발효와 부패 ⋯ 064

15 **허구** | 독서 감상문 · 시대를 보여 주는 허구적 이야기, 『홍길동전』 ⋯ 068

16 **수요** | 설명문 · 수요와 공급의 양에 따라 결정되는 가격 ⋯ 072

17 **각축** | 설명문 · 세계가 각축을 벌이는 애니메이션 시장 ⋯⋯ 076

18 **배타적** | 논설문 · 배타적 태도가 차별을 낳는다 ⋯⋯⋯⋯ 080

19 **상극** | 설명문 · 약과 함께 먹으면 안 되는 상극 음식 ⋯⋯⋯ 084

20 **남획** | 설명문 · 어린 오징어까지 남획한 결과 ⋯⋯⋯⋯⋯ 088

한자 성어

01 **와신상담** | 유래담 · 복수를 위해 와신상담한 부차와 구천 ⋯⋯⋯⋯⋯ 094

02 **동상이몽** | 설명문 · 신라와 당나라의 동상이몽 ⋯⋯⋯⋯⋯ 098

03 **고립무원** | 설화 · 고립무원의 섬에 남겨진 거타지 ⋯⋯⋯⋯⋯ 102

04 **파죽지세** | 설명문 · 파죽지세의 일본을 무찌른 조선 ⋯⋯⋯⋯⋯ 106

05 **모순** | 설명문 · 모순을 해결한 방법 ⋯⋯⋯⋯⋯ 110

06 **소탐대실** | 설명문 · 소탐대실의 패스트푸드 대신 슬로푸드 ⋯⋯⋯⋯⋯ 114

07 **읍참마속** | 유래담 · 읍참마속한 제갈량 ⋯⋯⋯⋯⋯ 118

관용어

01 **강 건너 불구경** | 독서 감상문 · 책 외에는 강 건너 불구경 ⋯⋯⋯⋯⋯ 124

02 **꿈인지 생시인지** | 설화 · 꿈인지 생시인지 모르는 자라와 토끼 ⋯⋯⋯⋯⋯ 128

03 **갈 길이 멀다** | 논설문 · 갈 길이 먼 차별적 인식 개선 ⋯⋯⋯⋯⋯ 132

어법

01 주성분 ⋯⋯⋯⋯⋯ 138

02 부속 성분과 독립 성분 ⋯⋯⋯⋯⋯ 142

03 피동 표현과 사동 표현 ⋯⋯⋯⋯⋯ 146

04 음절의 끝소리 규칙 ⋯⋯⋯⋯⋯ 150

05 사잇소리 현상 ⋯⋯⋯⋯⋯ 154

어휘

한자어

한자어는 한자에 기초하여 만들어진 말입니다.

12 선고 宣告

11 손실 損失

10 원심력 遠心力

09 침략 侵略

13 고갈 枯渴

14 미생물 微生物

15 허구 虛構

16 수요 需要

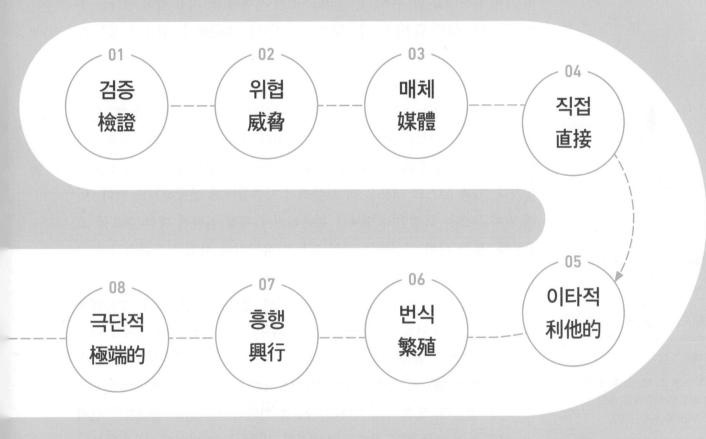

01 검증 檢證
02 위협 威脅
03 매체 媒體
04 직접 直接
05 이타적 利他的
06 번식 繁殖
07 흥행 興行
08 극단적 極端的

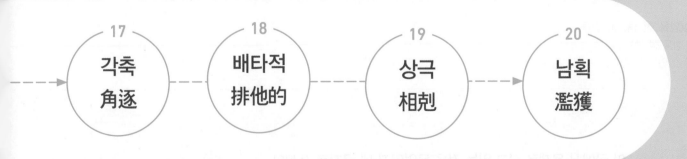

17 각축 角逐
18 배타적 排他的
19 상극 相剋
20 남획 濫獲

01

검증

검 檢 – 검사하다
증 證 – 증명하다

검사하여 증명함.

검증 없이 퍼지는 '가짜 뉴스'

최근 가짜 뉴스가 쏟아져 사회 문제가 되고 있다. 지난주에는 유명인 A 씨가 결혼을 한다는 가짜 뉴스가 퍼져 A씨가 직접 사실이 아니라고 **해명**하기도 하였다. 가짜 뉴스는 어떤 이익을 얻거나 누군가를 **모함**하기 위해 ㉠고의로 만들어 퍼뜨린 거짓 정보를 말한다. 가짜 뉴스의 일부 내용은 사실인 경우도 있어서 뉴스만 보고 가짜 뉴스인지 아닌지를 판단하기가 쉽지 않다.   5

가짜 뉴스의 역사는 꽤 오래되었다. 기록으로 볼 때는 백제 시대 서동이 선화 공주와 결혼하려는 목적으로 지었다고 전해지는 노래 '서동요'가 최초의 가짜 뉴스라고 할 수 있다. 그리고 조선 시대에 조 씨가 왕이 된다는 뜻의 '주초위왕(走肖爲王)'이 나뭇잎에 새겨졌다는 소문이나, 일제 강점기 때   10
일본에 대지진이 일어나자 조선인이 우물에 독을 탔다는 소문이 퍼진 것도 대표적인 가짜 뉴스이다.

오늘날의 가짜 뉴스는 사실처럼 꾸며져 언론 보도의 형태를 한 채, 인터넷을 통해 짧은 시간 안에 매우 넓게 퍼진다. 특히 동영상 공유 서비스에 동영상을 만들어 올리는 사람 중 일부는 자극적인 내용의 가짜 뉴스를 만   15
들거나, 가짜 뉴스의 내용을 더 부풀려서 사람들에게 전달하기도 한다. 이런 가짜 뉴스는 특정인의 명예를 훼손하거나 특정 집단에 대한 혐오를 **조장한다**. 또한 사회 구성원들 간의 갈등을 유발하여 사회를 혼란스럽게 만들기도 한다.

[가]
그러므로 가짜 뉴스에 속지 않으려면 정보를 비판적으로 **수용해야**   20
한다. ○○대 언론정보학과 ○○○ 교수는 "정보의 출처나 근거를 확인하고, 그것이 믿을 만한지를 ㉡검증해야 한다."라며, "해당 정보와 관련된 다른 정보를 찾아 비교함으로써 사실 여부를 따져 보아야 한다."라고 말했다. 또한 전문가에게 사실을 확인하거나 정보 전달자의 **신뢰성**을 따져 보는 것도 가짜 뉴스인지를 검증하는 방법이다. 뉴스를 보는   25
사람들이 현명할수록 가짜 뉴스는 설 자리를 잃게 될 것이다.

- **해명**(풀 해 解, 밝을 명 明) 어떤 의심스러운 일에 대해 이유나 내용을 밝히는 것.
- **모함**(꾀할 모 謀, 빠질 함 陷) 나쁜 꾀로 남을 어려운 처지에 빠지게 함.
- **조장**(도울 조 助, 길 장 長)**한다** 바람직하지 않은 일을 더 심해지도록 부추긴다.
- **수용**(받을 수 受, 얼굴 용 容)**해야** 어떠한 것을 받아들여야.
- **신뢰성**(믿을 신 信, 힘 입을 뢰 賴, 성품 성 性) 굳게 믿고 의지할 수 있는 성질.

1

문제 상황

이 글에서 문제로 삼고 있는 것은 무엇인지 네 글자로 쓰세요.

• (   )가 쏟아지는 것

2 가짜 뉴스에 대한 설명으로 알맞지 <u>않은</u> 것은 무엇인가요? (   )

① 최근 사회 문제가 되고 있다.

② 인터넷을 통해 순식간에 퍼진다.

③ 기록상 최초의 가짜 뉴스는 '서동요'이다.

④ 모든 내용이 거짓 정보로 꾸며진 것을 말한다.

⑤ 개인이나 특정 집단뿐 아니라 사회 전체에 피해를 주기도 한다.

3 [가]를 참고할 때, 뉴스의 정보를 비판적으로 수용하는 태도로 알맞지 <u>않은</u> 것은 무엇인가요?

(   )

① 정보의 출처가 믿을 만한지 확인해 봐야겠군.

② 정보의 근거가 타당성을 지니는지 따져 봐야겠군.

③ 정보가 얼마나 빨리 유포되었는지 따져 봐야겠군.

④ 정보를 전달하는 사람의 신뢰성을 따져 봐야겠군.

⑤ 정보와 관련된 다른 정보를 찾아 비교해 봐야겠군.

4 ㉠을 나타내기에 알맞은 한자 성어는 것은 무엇인가요? (   )

① 유언비어: 아무 근거 없이 널리 퍼진 소문.

② 동문서답: 물음과는 전혀 상관없는 엉뚱한 대답.

③ 개과천선: 지난날의 잘못이나 허물을 고쳐 올바르고 착하게 됨.

④ 금상첨화: 좋은 일 위에 또 좋은 일이 더하여짐을 비유적으로 이르는 말.

⑤ 마이동풍: 남의 말을 귀담아듣지 아니하고 지나쳐 흘려버림을 비유적으로 이르는 말.

5 ㉡과 바꾸어 쓸 수 있는 말은 무엇인가요? (   )

① 증명   ② 변호   ③ 선언

④ 설명   ⑤ 주장

어휘 학습

동영상 강의

검 檢 – 검사하다 | 증 證 – 증명하다

검증

검사하여 증명함

검사하여 증명함.

예 이론이 타당한지 ❶☐☐하는 데에는 여러 가지 방법이 사용된다.

☑ **비슷한말 증명** 어떤 사항이나 판단 따위에 대해서 그것이 진실인지 아닌지 증거를 들어서 밝힘.

답 ❶ (   )

확장

검 檢(1. 검사하다 2. 조사하다)이 들어가는 한자어

검역 검 檢 – 검사하다 | 역 疫 – 전염병

전염병을 막기 위하여 사람·화물 등에 병균이 있는지를 검사하는 것.

예 외국에서 들어오는 화물은 모두 ❷☐☐ 과정을 거친다.

답 ❷ (   )

검색 검 檢 – 조사하다 | 색 索 – 찾다

1. **범죄나 사건을 밝히기 위한 단서나 증거를 찾기 위해 살펴 조사함.**

예 경찰은 사건의 범인을 찾아내기 위해 주변 지역 검색을 강화했다.

2. **책이나 컴퓨터에서, 목적에 따라 필요한 자료들을 찾아내는 일.**

예 도서관에서 자료 ❸☐☐을 하면 필요한 책을 빨리 찾을 수 있다.

답 ❸ (   )

검산 검 檢 – 조사하다 | 산 算 – 계산

계산의 결과가 맞는지 다시 조사하는 일. 또는 그러기 위한 별도의 계산.

예 ❹☐☐을 하면 계산 과정의 잘못을 바로잡을 수 있다.

답 ❹ (   )

이해 다음 낱말과 뜻을 알맞게 선으로 이으세요.

1 검산 •

• ㉮ 검사하여 증명함.

2 검색 •

• ㉯ 책이나 컴퓨터에서, 목적에 따라 필요한 자료들을 찾아내는 일.

3 검역 •

• ㉰ 계산의 결과가 맞는지 다시 조사하는 일. 또는 그러기 위한 별도의 계산.

4 검증 •

• ㉱ 전염병을 막기 위하여 사람·화물 등에 병균이 있는지를 검사하는 것.

적용 밑줄 친 부분과 비슷한 뜻을 가진 낱말을 보기 에서 찾아 쓰세요.

> **보기**
>
> 검산　　　검역　　　검증　　　검색

5 <u>사실인지 검사하여 증명하지</u> 않은 이론은 신뢰하기 어렵다. (　　　　)

6 그녀는 여행갈 지역의 특색 있는 음식점을 <u>찾아보고</u> 있다. (　　　　)

7 조류 독감이 빠르게 퍼지면서 수입 축산물에 대한 <u>바이러스 검사</u>가 강화되었다.
(　　　　)

8 나는 수학 문제를 풀고 <u>계산 결과가 맞는지 확인하기 위한 별도의 계산</u>을 해 보았다.
(　　　　)

심화 **9** 다음 글에서 빈칸에 들어갈 알맞은 낱말은 무엇인가요? (　　　　)

> 　책을 읽고, 우리 조상들은 색에 의미를 부여했다는 것을 새로 알게 되었다. 예를 들어 조상들은 간장 독에 붉은 고추를 끼운 새끼줄을 매달아 놓았는데, 이는 붉은색이 귀신을 물리친다고 믿었기 때문이다. 나는 색과 관련된 우리 문화를 더 알아보기 위해 [　　　　] 해 보기로 했다.

① 검산　　　② 검색　　　③ 검역　　　④ 수용　　　⑤ 유포

핵심어

위협

위 威 – 힘
협 脅 – 으르다

힘으로 으르고 협박함.

- **동경**(그리워할 동 憧, 깨달을 경 憬) 어떤 것을 간절히 그리워하여 그것만을 생각함.

- **궤도**(바큇자국 궤 軌, 길 도 道) 행성, 혜성, 인공위성 따위가 중력의 영향을 받아 다른 천체의 둘레를 돌면서 그리는 곡선의 길.

- **관측**(볼 관 觀, 잴 측 測) 자연 현상을 관찰하여 어떤 사실을 조사하거나 알아내는 것.

- **대기권**(큰 대 大, 기운 기 氣, 우리 권 圈) 지구를 둘러싸고 있는 대기의 범위.

- **잔해** 부서지거나 못 쓰게 되어 남아 있는 물체.

- **기금**(터 기 基, 쇠 금 金) 어떤 목적이나 사업, 행사에 쓸 기본적인 자금. 또는 기초가 되는 자금.

지구를 위협하는 우주 쓰레기

아주 먼 옛날부터 우주는 인류에게 **동경**의 대상이었다. 1957년 소련에서 인공위성을 최초로 발사하면서 인간의 힘이 우주 공간에 미치기 시작했다. 이후 수천 개의 인공위성과 우주 탐사선이 우주로 쏘아 올려졌다. 우리나라도 1992년 우리별 1호를 시작으로, 2013년에는 우주 발사체 나로호를, 2022년에는 달 탐사선 다누리호를 쏘아 올리면서 우주 개발에 힘을 더하고 있다. 지구 **궤도**를 도는 인공위성은 기상 **관측**과 해외 방송 중계, 자동차 내비게이션과 휴대 전화에 이용되는 GPS 등 생활 전반에 활용된다.

그런데 수명이 다하거나 고장 난 인공위성, 우주 발사체에서 떨어져 나온 부품 등 수많은 우주 쓰레기가 우주 개발의 걸림돌이 되고 있다. 미국 항공 우주국(NASA)은 10센티미터 이상의 우주 쓰레기가 최소 2만 개 이상 지구 궤도를 돌고 있다고 발표하였다. 게다가 우주 쓰레기는 서로 부딪히면서 잘게 부서져 더 많은 우주 쓰레기를 만들고 있다.

우주 쓰레기는 매우 빠른 속도로 지구를 돌고 있기 때문에 작은 크기라도 인공위성을 부술 만큼 큰 ⬚ ㉠ ⬚이 있다. 많은 비용을 들여 쏘아 올린 인공위성이 우주 쓰레기에 부딪혀 한순간에 파괴될 수 있는 것이다. 또한 우주 쓰레기는 인공위성뿐만 아니라 지구에 사는 사람을 ⬚ ㉡ ⬚ 하기도 한다. 지구로 떨어지는 우주 쓰레기는 대부분 **대기권**에서 타 버리지만 일부는 타지 않고 지구로 떨어지기도 하기 때문이다. 2018년에는 중국의 우주 정거장인 천궁 1호가 고장 나면서 그 **잔해**가 태평양에 떨어지기도 하였다.

따라서 우주 개발에만 몰두할 것이 아니라 우주 쓰레기 청소에도 국제적 관심과 협력이 필요하다. 우주 쓰레기 문제를 해결하기 위해서는 막대한 비용과 새로운 기술의 개발이 필요하므로, 국제적으로 공동 **기금**을 마련하고 우주 쓰레기 청소에 관한 연구 성과를 ㉢공유하는 시스템을 만들어야 한다.

5

10

15

20

25

1

문제 상황

이 글에서 문제로 삼고 있는 것은 무엇인지 세 글자로 쓰세요.

• 우주 (   )의 위험성

2

내용 이해

이 글의 내용과 일치하지 <u>않는</u> 것은 무엇인가요? (   )

① 소련에서 인공위성을 최초로 발사했다.

② 우주 쓰레기를 처리하는 데에는 막대한 비용이 든다.

③ 우주 쓰레기는 매우 빠른 속도로 지구 궤도를 돌고 있다.

④ 우리나라 최초의 우주 개발 성과는 우주 발사체 나로호이다.

⑤ 우주 쓰레기가 지구로 떨어질 때 대부분 대기권에서 타 버린다.

3

주제

이 글에서 글쓴이가 주장하는 내용은 무엇인가요? (   )

① 우주 쓰레기를 제거하기 위해 국제적으로 협력해야 한다.

② 인공위성을 우리나라 기술로 만들 수 있도록 노력해야 한다.

③ 인류의 편리함을 위해 더 많은 인공위성을 쏘아 올려야 한다.

④ 빠른 속도로 움직이는 우주 쓰레기를 없애는 일은 매우 어렵다.

⑤ 우주 쓰레기는 지구에서 살아가는 인간의 생명을 위협할 수 있다.

4

어휘

적용

㉠과 ㉡에 들어갈 낱말이 모두 알맞게 연결된 것은 무엇인가요? (   )

	㉠	㉡
①	권력	위협
②	위력	위기
③	위력	위협
④	위협	시위
⑤	위협	위력

5

어휘

관계

밑줄 친 낱말이 ㉢과 반대의 뜻으로 쓰인 것은 무엇인가요? (   )

① <u>공감하며</u> 대화하면 기분 좋은 대화를 할 수 있다.

② 선생님은 나에게 미술을 배워 보라고 <u>권유하셨다</u>.

③ 내 단짝 친구는 나와 어릴 때부터 <u>함께한</u> 사이이다.

④ 이 식당은 국제 요리 대회에서 우승을 <u>차지한</u> 곳이다.

⑤ 그녀는 외동딸로 태어나 부모님의 사랑을 <u>독차지했다</u>.

↓ 핵심어

위 **威** – 힘 | 협 **脅** – 으르다

위협

힘으로 **으르고** 협박함.

힘으로 으르고 협박함.

예 숲에 총소리가 울리자 동물들은 ❶ ☐☐을 느끼고 모두 숨어 버렸다.

☑ **비슷한 말 으름장** 말과 행동으로 위협하는 짓.

답 ❶ (   )

위 **威** (1. 위엄 2. 힘)가 들어가는 한자어

위력 위 **威** – 힘 | 력 **力** – 힘

상대를 압도할 만큼 강력함. 또는 그런 힘.

예 큰 파도를 보고 자연의 ❷ ☐☐을 느꼈다.

☑ **비슷한 말 위세** 사람을 두렵게 하여 복종하게 하는 힘.

답 ❷ (   )

권위 권 **權** – 권세 | 위 **威** – 힘

1. **남을 지휘하거나 통솔하여 따르게 하는 힘.**

   예 대통령의 ❸ ☐☐는 국민의 지지를 바탕으로 세워진다.

2. **일정한 분야에서 사회적으로 인정을 받고 영향력을 끼칠 수 있는 위신.**

   예 그는 밤낮으로 연구에 힘쓴 덕분에 물리학 분야에서 가장 권위 있는 학자가 되었다.

답 ❸ (   )

시위 시 **示** – 보이다 | 위 **威** – 위엄

1. **위력이나 기세를 떨쳐 보임.**

2. **많은 사람이 공공연하게 의사를 표시하여 집회나 행진을 하며 위력을 나타내는 일.**

   예 거리는 ❹ ☐☐를 하기 위해 모인 사람들로 북적였다.

답 ❹ (   )

이해 다음 낱말의 뜻을 보기 에서 찾아 기호를 쓰세요.

보기

㉠ 힘으로 으르고 협박함.

㉡ 상대를 압도할 만큼 강력함. 또는 그런 힘.

㉢ 남을 지휘하거나 통솔하여 따르게 하는 힘.

㉣ 많은 사람이 공공연하게 의사를 표시하여 집회나 행진을 하며 위력을 나타내는 일.

1 권위 (   )   **2** 시위 (   )

3 위력 (   )   **4** 위협 (   )

적용 빈칸에 들어갈 낱말을 보기 에서 찾아 쓰세요.

보기

권위   시위   위력   위협

5 임금은 (   )을/를 세우기 위해 높은 곳에 앉았다.

6 독립운동가들은 일제의 (   )에도 뜻을 굽히지 않았다.

7 핵무기는 도시 전체를 파괴할 만큼의 (   )을/를 가지고 있다.

8 민주주의 사회에서 국민의 (   )은/는 법으로 보장되는 권리이다.

심화 **9** 다음 글에서 밑줄 친 말과 바꾸어 쓸 수 있는 말을 찾아 두 글자로 쓰세요.

조선 후기에는 지방 관리들이 백성을 위협하는 경우가 많았다. 지방 관리들은 애꿎은 백성에게 없는 죄를 씌워, 감옥에 가두거나 매를 때리겠다고 으름장을 놓았다. 그러면 그 백성은 누명을 벗기 위해 관리에게 소나 비단, 돈 같은 재물을 바칠 수밖에 없었다. 이처럼 자신의 이익을 위해 백성을 괴롭히는 관리를 '탐관오리'라고 한다.

(   )

핵심어

매체

매 媒 – 매개
체 體 – 물체

어떤 작용을 한쪽에서 다른 쪽으로 전달하는 물체. 또는 그런 수단.

- **계기**(맺을 계 契, 틀 기 機) 어떤 일이 일어나거나 변하도록 만드는 결정적인 원인이나 기회.

- **개척**(열 개 開, 헤칠 척 拓) 새로운 영역, 운명, 진로 따위를 처음으로 열어 나감.

- **혁신적**(가죽 혁 革, 새 신 新, 과녁 적 的) 묵은 풍속, 관습, 조직, 방법 따위를 완전히 바꾸어 새롭게 하는 것.

- **모색**(본뜰 모 摸, 찾을 색 索) 일이나 사건 따위를 해결할 수 있는 방법이나 실마리를 더듬어 찾음.

- **보편적** 모든 것에 두루 미치거나 통하는 것.

- **상식**(항상 상 常, 알 식 識) 사람들이 보통 알고 있거나 알아야 하는 지식.

전자 매체를 활용한 백남준의 예술

1963년 독일 북서부의 소도시 부퍼탈에서 백남준의 첫 개인전 「음악의 전시-전자 텔레비전」이 열렸다. 이 전시는 텔레비전이라는 전자 ㉮매체를 예술의 영역으로 가져온 최초의 작업이면서, 비디오 아트라는 예술 분야가 탄생하는 **계기**가 되었다. 그리고 백남준은 비디오 아트를 세계 최초로 **개척**한 예술가가 되었다.

일제 강점기에 조선에서 태어난 백남준은 음악을 공부하기 위해 독일로 유학을 떠났다. 그곳에서 백남준은 존 케이지의 공연을 보게 된다. 당시 존 케이지는 피아노 앞에 앉은 연주자가 피아노를 연주하지 않고 관객의 소음만으로 음악을 완성하는 **혁신적**인 방식을 선보였다. 백남준은 이를 통해 음악은 ㉠악기 소리뿐만이 아니라는 것을 깨닫는다.

그 후 백남준은 새로운 예술 세계를 **모색**하며, **보편적**인 음악에서 벗어난 예술을 추구하였다. 그리고 그 과정에서 텔레비전에 주목하여 이를 예술에 활용할 방법을 연구하였다. 그 결과 백남준은 첫 개인전에서 다양한 장치가 연결된 ㉡피아노와 열세 대의 텔레비전 작품을 함께 전시함으로써 전자 매체를 예술의 영역으로 끌어들이는 데 성공했다.

전시회의 작품들은 모두 사람들의 **상식**을 깨는 것들이었다. '총체 피아노'라는 작품은 피아노에 여러 가지 전자 장치를 연결한 것이다. 관람자가 피아노의 어떤 건반을 누르면 피아노 소리 대신 헤어드라이어에서 뜨거운 바람이 나왔다. 다른 건반을 누르면 실내의 전원이 모두 꺼지기도 하였다. 또한 텔레비전에 라디오, 녹음기가 연결된 작품에서는 녹음기에서 나오는 음악과 라디오 전파에 따라 화면에 다양한 모양의 무늬가 쉬지 않고 나타났다. 관람자가 직접 소리를 연주하면 소리에 해당하는 이미지가 텔레비전 화면에 나타나는 작품도 있었다. 이처럼 백남준의 작품은 일상적인 전자 매체를 활용하여 관람자가 직접 참여하는 예술을 선보였다는 점에서 의의가 있다.

5

10

15

20

25

1
인물

'비디오 아트'라는 예술 장르를 최초로 개척한 사람은 누구인지 쓰세요.

(   )

2

내용 이해

이 글의 내용과 일치하지 <u>않는</u> 것은 무엇인가요? (   )

① 백남준은 음악을 공부하기 위해 독일로 유학을 떠났다.
② 백남준은 관람자가 직접 참여할 수 있는 작품을 만들었다.
③ 백남준은 존 케이지의 공연을 보고 새로운 깨달음을 얻었다.
④ 백남준은 전자 매체인 텔레비전을 예술의 영역으로 가져왔다.
⑤ 백남준은 사람들의 인정을 받기 위해 음악에 전자 매체를 이용하였다.

3

글의 특징

이 글의 특징으로 알맞은 것은 무엇인가요? (   )

① 권위 있는 사람의 말을 인용하여 내용을 뒷받침하고 있다.
② 다른 대상에 빗대어 비디오 아트의 특징을 강조하고 있다.
③ 구체적인 예를 들어 비디오 아트에 대한 이해를 돕고 있다.
④ 묻고 답하는 방식으로 비디오 아트의 개념을 제시하고 있다.
⑤ 비디오 아트의 긍정적인 점과 부정적인 점을 분석하고 있다.

4

어휘

뜻

㉠의 뜻으로 알맞은 것은 무엇인가요? (   )

① 구체적인 형태를 가지고 있는 것.
② 사물의 작용이나 어떤 행동의 주가 되는 것.
③ 생활이나 행동 또는 목적 따위를 같이하는 집단.
④ 전체나 집단에 상대하여 하나하나의 낱개를 이르는 말.
⑤ 어떤 작용을 한쪽에서 다른 쪽으로 전달하는 물체. 또는 그런 수단.

5

어휘

관계

보기 를 참고할 때 '㉠–㉡'의 두 낱말의 관계와 같게 짝 지은 것은 무엇인가요? (   )

> 보기
>
> 한 낱말의 뜻이 다른 낱말의 뜻을 포함하는 두 낱말의 관계를 상하 관계 또는 포함 관계라고 한다. 이때 일반적인 뜻을 지닌 낱말을 상의어, 구체적인 뜻을 지닌 낱말을 하의어라고 한다.

① 땅 – 하늘   ② 시작 – 끝   ③ 남쪽 – 북쪽
④ 동물 – 토끼   ⑤ 가다 – 오다

매 媒 – 매개 | 체 體 – 물체

매체

어떤 것을 **매개**하는 **물체**

어떤 작용을 한쪽에서 다른 쪽으로 전달하는 물체. 또는 그런 수단.

예 대중 ❶☐는 건전한 사회를 만드는 데 앞장서야 한다.

답 ❶ (   )

매 媒 (1. 중매 2. 매개)가 들어가는 한자어

매개 매 媒 – 매개 | 개 介 – 끼이다

둘 사이에 껴서 양편의 관계를 맺어 줌.

예 나들이를 갈 때는 진드기를 ❷☐로 하는 전염병에 주의해야 한다.

☑ **비슷한 말 다리** 둘 사이의 관계를 이어 주는 사람이나 사물을 비유적으로 이르는 말.

답 ❷ (   )

중매 중 仲 – 가운데 | 매 媒 – 중매

결혼이 이루어지도록 중간에서 매개하며 소개하는 일. 또는 그런 사람.

예 부부는 각자 제일 친한 친구 둘을 ❸☐했다.

답 ❸ (   )

촉매 촉 觸 – 닿다 | 매 媒 – 매개

1. 자신은 변화하지 않으면서 다른 물질의 화학 반응을 매개하여 반응 속도를 빠르게 하거나 늦추는 일.

2. 어떤 일을 유도하거나 변화시키는 일 따위를 비유적으로 이르는 말.

예 지역 특산물 축제는 지역 발전에 ❹☐ 역할을 한다.

답 ❹ (   )

이해 다음 뜻에 알맞은 낱말을 넣어 십자말풀이를 완성하세요.

1·2		
		3
	4	

1 (가로) 둘 사이에 껴서 양편의 관계를 맺어 줌.

2 (세로) 어떤 작용을 한쪽에서 다른 쪽으로 전달하는 물체. 또는 그런 수단.

3 (세로) 자신은 변화하지 않으면서 다른 물질의 화학 반응을 매개하여 반응 속도를 빠르게 하거나 늦추는 일.

4 (가로) 결혼이 이루어지도록 중간에서 매개하여 소개하는 일. 또는 그런 사람.

적용 빈칸에 들어갈 낱말을 **보기** 에서 찾아 쓰세요.

보기

매개	매체	중매	촉매

5 문학 작품은 글쓴이와 읽는 이를 (   )한다.

6 텔레비전의 광고 효과는 다른 (   )보다 강력하다.

7 조선 시대에는 연애결혼보다 (   )결혼이 일반적이었다.

8 인터넷의 발달은 시민들의 정치 참여에 (   ) 역할을 했다.

심화 **9** 다음 글에서 밑줄 친 말과 바꾸어 쓸 수 있는 말을 찾아 두 글자로 쓰세요.

> 내가 전학 온 날, 가장 먼저 나에게 말을 걸어 준 친구는 영지였다. 우리 반 반장인 영지는 말수가 적고 낯을 가리는 나를 잘 챙겨 주었다.
> "혜수야, 내가 우리 반 친구들과 친해질 수 있는 다리가 되어 줄게."
> 나는 영지를 매개로 반 친구들과 친해질 수 있었다. 덕분에 나는 새로운 학교 생활에 금세 적응했다.

(   )

04

직접

직 直 – 바로
접 接 – 접하다

사이에 남이나 다른 사물이 끼이지 않게 바로.

• **공터** 집이나 시설물이 없는 빈터.

• **무성**(우거질 무 茂, 성할 성 盛)**하게** 풀이나 나무 따위가 자라서 우거져 있게.

• **토종**(흙 토 土, 씨 종 種) 가축이나 농작물이 예전부터 한 지방에서 나는 종류.

• **비유했다고** 어떤 현상이나 사물을 직접 설명하지 아니하고 다른 비슷한 현상이나 사물에 빗대어서 설명했다고.

산책로에서 직접 본 [   ]

아파트로 이사 온 날 경비 아저씨에게 근처에 식물이 많은 산책로가 있으니 꼭 가 보라는 말을 들었다. '식물 박사' 소리를 들을 만큼 식물에 관심이 많았지만, 짐 정리를 하느라 바빠 경비 아저씨의 말을 잊어버리고 말았다. 그러던 어느 날 경비 아저씨의 말이 떠올라 산책로를 가 보기로 했다.

산책로를 천천히 오르는데, 큰 나무 아래에서 다람쥐가 먹이를 먹고 있 5
었다. 다람쥐를 자세히 보려고 조심스럽게 다가갔지만 다람쥐는 곧 도망가 버리고 말았다. 아쉬운 마음을 뒤로 하고 5분쯤 더 오르자 작은 **공터**가 나왔다. 공터 한편에 **무성하게** 자란 풀들 사이로 민들레 몇 송이가 보였다. 그런데 평소에 보던 민들레와는 조금 달라 보였다. 평소에 흔히 ㉠접하는 민들레는 대부분 샛노란 꽃을 피우는 서양 민들레인데, 이 꽃은 식물 백과 10
사전에서 본 **토종** 민들레였다. 책에서 토종 민들레는 연노란색 또는 흰색의 꽃을 피우며, 꽃의 크기도 서양 민들레보다 상대적으로 작아 소박한 아름다움이 느껴진다고 한 게 기억났다. 책에서만 보았던 토종 민들레를 ㉡직접 보니 몹시 반가웠다.

민들레는 꽃이 핀 것도 있고, 꽃이 지고 하얀 씨앗들이 탐스럽게 맺힌 15
것도 있었다. 민들레에 붙어 있는 솜털 같은 씨앗을 보니, 며칠 전 학교에서 들었던 선생님의 말씀이 떠올랐다. 민들레는 겨울에 줄기가 죽지만 다음해에 다시 살아나는 강한 생명력을 지닌 식물이라고 한다. 그래서 옛날에는 꿋꿋하게 살아가는 백성을 민들레에 **비유했다고** 한다.

나는 허리를 굽혀 씨앗이 맺힌 민들레에 바람을 '후' 하고 불었다. 하얀 20
솜털이 순식간에 날아올랐다. 씨앗들은 사방으로 흩어졌다가 땅에 떨어져 단단히 뿌리를 내릴 것이다. 추위를 이겨 내고 꽃을 피우는 민들레처럼 나도 어려움을 씩씩하게 이겨 내는 사람이 되어야겠다는 생각을 하며, 산책로를 내려왔다.

1

빈칸에 알맞은 낱말을 넣어 이 글의 제목을 완성하세요.

제목

산책로에서 직접 본 [   ]

(   )

2 민들레에 대한 설명으로 알맞지 <u>않은</u> 것은 무엇인가요? (   )

내용 이해

① 민들레는 강한 생명력을 지닌 식물이다.

② 서양 민들레보다 토종 민들레의 크기가 작다.

③ 서양 민들레는 겨울에도 샛노란 꽃을 피운다.

④ 토종 민들레는 연노란색 또는 흰색의 꽃을 피운다.

⑤ 민들레는 꽃이 지면 솜털 같은 하얀 씨앗이 맺힌다.

3 이 글의 특징으로 알맞지 <u>않은</u> 것은 무엇인가요? (   )

글의 특징

① 글쓴이는 과거와 현재를 오가며 내용을 전개하고 있다.

② 글쓴이가 '나'라는 서술자로 글 속에 직접 등장하고 있다.

③ 글쓴이가 일상에서 경험한 일을 사실적으로 드러내고 있다.

④ 글쓴이가 자연물을 통해 깨달은 삶의 교훈을 제시하고 있다.

⑤ 글쓴이가 전하고자 하는 바를 형식의 제약 없이 표현하고 있다.

4 <u>어휘</u>

적용

보기 를 참고할 때, 밑줄 친 낱말이 ㉠과 <u>다른</u> 뜻으로 쓰인 것은 무엇인가요? (   )

> **보기**
>
> 접하다 「동사」
>
> 　1. (무엇과 무엇이) 가까이 있거나 마주 붙어 있다.
>
> 　2. (무엇을) 알게 되거나 경험하다.

① 우리는 일상생활에서 수많은 어려움을 <u>접하게</u> 된다.

② 우리나라는 삼면이 바다에 <u>접해</u> 있는 반도 국가이다.

③ 나는 그들을 <u>접하면서</u> 사람마다 다른 개성을 발견했다.

④ 그녀는 여행을 통해 한국 사회와는 다른 문화를 <u>접했다</u>.

⑤ 시험이 연기된다는 소식을 <u>접한</u> 아이들은 소리를 질렀다.

5 <u>어휘</u>

관계

밑줄 친 부분이 ㉡과 뜻이 반대되는 것은 무엇인가요? (   )

① 왕은 <u>친히</u> 나성을 둘러보았다.

② 날아오는 돌멩이에 <u>직통</u>으로 맞았다.

③ 책을 읽으며 즐거운 모험을 <u>간접</u> 경험했다.

④ 시골에 계신 부모님은 채소를 <u>손수</u> 가꾸셨다.

⑤ 그녀는 사업을 경영하며 경제를 <u>몸소</u> 체험했다.

↓ 핵심어

직 **直** – 바로 | 접 **接** – 접하다

직접

바로 접해서

사이에 남이나 다른 사물이 끼이지 않게 바로.

예 식목일을 맞아 화분에 ❶ ☐ 씨앗을 심었다.

답 ❶ (   )

확장

접 **接** (접하다)이 들어가는 한자어

밀접 밀 **密** – 가깝다 | 접 **接** – 접하다

아주 가깝게 맞닿아 있음. 또는 그런 관계에 있음.

예 기후와 환경은 ❷ ☐ 한 관련이 있다.

☑ 비슷한 말 **밀착** 1. 빈틈없이 단단히 붙음.
　　　　　　　 2. 서로의 관계가 매우 가깝게 됨.

답 ❷ (   )

접촉 접 **接** – 접하다 | 촉 **觸** – 닿다

1. **서로 맞닿음.**
　　예 사거리에서 차량끼리 ❸ ☐ 사고가 났다.

2. **가까이 대하고 사귐.**
　　예 그는 누구와도 접촉하지 않고 방 안에만 있었다.

답 ❸ (   )

접속 접 **接** – 접하다 | 속 **續** – 잇다

1. **서로 붙거나 맞닿아 이어지는 것.**
　　예 고쳐쓰기를 할 때는 문장의 ❹ ☐ 이 자연스러운지 점검해야 한다.

2. **컴퓨터 통신 등이 연결되는 것.**
　　예 인터넷에 접속하면 언제든지 원하는 정보를 얻을 수 있다.

답 ❹ (   )

이해 다음 낱말과 뜻을 알맞게 선으로 이으세요.

1 직접 •

• ㉮ 서로 맞닿음.

2 접촉 •

• ㉯ 서로 붙거나 맞닿아 이어지는 것.

3 밀접 •

• ㉰ 사이에 남이나 다른 사물이 끼이지 않게 바로.

4 접속 •

• ㉱ 아주 가깝게 맞닿아 있음. 또는 그런 관계에 있음.

적용 밑줄 친 부분과 비슷한 뜻을 가진 낱말을 보기 에서 찾아 쓰세요.

> 보기
>
> 밀접   접속   직접   접촉

5 컴퓨터와 프린터를 연결하여 사용하세요. ( )

6 아기는 어머니와 살을 서로 맞닿음으로써 편안함을 느낀다. ( )

7 어느새 스마트폰은 우리 생활과 가깝게 맞닿아 있는 도구가 되었다. ( )

8 요즘 소비자들은 중간에 아무것도 끼지 않고 만나서 하는 거래를 선호한다.

( )

심화 9 다음 글에서 밑줄 친 말과 바꾸어 쓸 수 있는 말을 찾아 두 글자로 쓰세요.

> 정치와 경제는 밀접한 관련을 갖고 있다. 그중에서도 정치인과 기업가 사이에서 이루어지는 부도덕한 밀착 관계를 '정경 유착'이라고 한다. 기업가는 정치인의 정치 활동에 필요한 자금을 지원하고, 정치인은 기업가에게 혜택을 주어 서로 부당한 이익을 챙기는 것이다.

이해 ( )

노 키즈 존을 막는 이타적 행동

핵심어

이타적

이 利 - 이롭다
타 他 - 다른 사람
적 的 - ～의

자기의 이익보다는 다른
이의 이익을 더 꾀하는.

최근 들어 노 키즈 존을 내세우는 가게가 늘고 있다. 노 키즈 존은 어린이의 **출입**을 금지하는 곳으로, 일반적으로 어린이를 ㉠동반한 사람들을 출입하지 못하게 하는 음식점이나 카페 따위를 말한다. 노 키즈 존은 다른 사람을 배려하지 않고, 자신의 이익만 중요하게 여기는 우리 사회의 모습을 **단적으로** 보여 준다. 5

노 키즈 존을 찬성하는 사람들은 음식점이나 카페에서 아이들이 큰 소리로 떠들거나 뛰어다니는 행동으로 인해 ㉡손해를 보지 않으려는 입장이다. 음식점이나 카페 주인의 경우, 아이들의 행동 때문에 안전사고가 일어났을 때 주인인 자신이 책임을 져야 하는 것을 피하기 위해서 노 키즈 존을 찬성한다. 그리고 손님들은 아이들의 행동으로 인해 조용히 음식을 먹지 못하거나 여유를 즐길 수 없기 때문에 노 키즈 존을 찬성한다. 10

그러나 노 키즈 존은 아이들이 일부 식당이나 카페를 이용할 ㉢권리를 빼앗았다. 또한 노키즈 존은 아이들에 대한 부정적인 **인식**을 갖게 한다. ㉣은연중에 아이들을 '다수에게 피해를 주는 존재', '멀리해야 하는 존재'로 여기게 하는 것이다. 아이들에 대한 이러한 차별은 또 다른 사람들에 대한 15 차별로 확대될 수 있다.

그런데 노 키즈 존이 생기게 된 데에는 누군가의 **이기적** 행동이 자리잡고 있다. 바로 다른 사람에게 피해를 끼칠 정도로 아이가 ㉤소란을 피우거나 위험하게 돌아다니는 행동을 했을 때 이를 막지 않은 보호자이다. '우리 아이니까 괜찮아.'라고 생각하며 다른 사람을 배려하지 않은 행동이 결국 20 부메랑이 되어 돌아온 것이다.

노 키즈 존과 같이 이기적 공간이 계속 생기지 않게 하려면 우리 모두 ㉮이타적 행동을 해야 한다. 자신의 이익보다 다른 사람을 먼저 생각하며 배려하는 이타적 행동은 당장 손해처럼 보일지 몰라도, 그것이 점차 쌓여 서로를 돕고 신뢰하는 사회를 만들어 낸다. 그리고 결국에는 그 사회를 살 25 아가는 우리 모두에게 이롭게 되돌아온다는 점을 기억해야 한다.

1 이 글에서 문제로 삼고 있는 것에 ○표 하세요.

문제 상황

(1) 아이들을 데리고 식당이나 카페를 이용하는 것 ( )

(2) 당장의 손해를 보지 않으려고 이기적으로 행동하는 것 ( )

2 글쓴이의 주장을 뒷받침하는 근거로 알맞은 것을 모두 고르세요. (,   )

내용 이해

① 이타적인 행동은 다른 사람에 대한 차별로 확대될 수 있다.

② 이타적인 행동은 서로를 돕고 신뢰하는 사회를 만들어 낸다.

③ 이타적인 행동은 다른 사람들에 대한 부정적 인식을 갖게 한다.

④ 이타적인 행동으로 만들어진 사회는 그곳에서 살아가는 우리 모두에게 이로움을 준다.

⑤ 이타적인 행동은 식당이나 카페에서 안전사고가 일어나도 주인이 책임을 피할 수 있게 한다.

3 노 키즈 존에 대해 글쓴이와 생각이 같은 친구는 누구인지 쓰세요.

적용

> 성민: 지난번에 가족들과 외식을 하러 나갔는데, 어린아이가 큰 소리로 떠들어서 눈살이 찌푸려졌어.
>
> 민지: 식당이나 카페를 이용할 수 있는 권리를 어린이라는 이유만으로 **빼앗는** 것은 차별이라고 생각해.
>
> 다솜: 식당이나 카페에서 손님들이 조용히 여유를 즐기거나 편안히 음식을 먹을 권리가 가장 중요하다고 생각해.

(   )

어휘

4 ㉮와 뜻이 반대되는 낱말로 알맞은 것은 무엇인가요? (   )

관계

① 이기적   ② 이색적   ③ 이국적

④ 이중적   ⑤ 이질적

어휘

5 이 글에 쓰인 낱말의 뜻풀이가 바르지 <u>않은</u> 것은 무엇인가요? (   )

뜻

① ㉠: 일을 하거나 길을 가는 따위의 행동을 할 때 함께 짝을 함. 또는 그 짝.

② ㉡: 물질적으로나 정신적으로 밑짐.

③ ㉢: 어떤 일을 자기 마음대로 할 수 있는 올바른 자격.

④ ㉣: 남이 모르는 가운데.

⑤ ㉤: 뜻밖에 일어난 불행한 일.

◐ 핵심어

이 **利** – 이롭다 | 타 **他** – 다른 사람 | 적 **的** – ～의

이타적

다른 이의 이익을 꾀하는

자기의 이익보다는 다른 이의 이익을 더 꾀하는.

예 평생 봉사 활동과 나눔을 한 그의 ❶ ☐☐☐ 삶을 본받아야 한다.

답❶ ( )

확장

이 **利** (1. 이롭다 2. 이익 3. 이자)가 들어가는 한자어

편리 편 **便** – 편하다 | 리 **利** – 이롭다

편하고 이로우며 이용하기 쉬움.

예 과학의 발전은 생활에 ❷ ☐☐를 제공했다.

☑ **반대되는 말 불편** 어떤 것을 사용하거나 이용하는 것이 거북하거나 괴로움.

답❷ ( )

이윤 이 **利** – 이익 | 윤 **潤** – 윤택하다

장사 따위를 하여 남은 돈.

예 그는 싹싹하고 장사 수완이 좋아서 큰 ❸ ☐☐을 남겼다.

☑ **비슷한 말 이익** 물질적으로나 정신적으로 보탬이 되는 것.

답❸ ( )

금리 금 **金** – 돈 | 리 **利** – 이자

빌려준 돈이나 예금 따위에 붙는 이자. 또는 그 비율.

예 ❹ ☐☐가 낮아지면 주택을 구매하려는 사람들이 많아진다.

☑ **비슷한 말 이자** 남에게 돈을 빌려 쓴 대가로 치르는 일정한 비율의 돈.

답❹ ( )

이해 **보기** 에서 글자들을 골라, 뜻에 알맞은 낱말을 만드세요.

보기

빈	이	타	윤	리	적	비
성	편	제	강	담	지	금

1 장사 따위를 하여 남은 돈.   (   )

2 편하고 이로우며 이용하기 쉬움.   (   )

3 자기의 이익보다는 다른 이의 이익을 더 꾀하는.   (   )

4 빌려준 돈이나 예금 따위에 붙는 이자. 또는 그 비율.   (   )

적용 빈칸에 들어갈 낱말을 **보기** 에서 찾아 쓰세요.

보기

금리	이윤	편리	이타적

5 기업의 목표는 (   )을/를 추구하는 것이다.

6 (   )이/가 높아서 은행에서 빌린 돈을 갚기 어렵다.

7 시민들의 (   )을/를 위한 공공시설을 더 많이 만들어야 한다.

8 자신이 가진 것을 이웃과 나누려는 (   ) 마음을 가집시다.

심화 **9** 다음 글에서 빈칸에 들어갈 알맞은 낱말은 무엇인가요? (   )

> 일반적으로 국가의 경제 상황이 좋지 않으면 국민들의 삶도 어려워진다. 그래서 정부는 기업의 경제 활동이 활발하게 이루어지도록 이자를 낮추는 정책을 편다. □□□이/가 낮아지면 기업이 은행에서 돈을 더 많이 빌릴 수 있으므로, 투자와 고용을 늘리기 때문이다.

① 금리   ② 수명   ③ 신뢰   ④ 접촉   ⑤ 편리

06

핵심어

번식

번 繁 - 많다
식 殖 - 붇다

생물의 수가 늘거나 널리 퍼지는 것.

식물은 어떻게 [   ]할까?

생물이 번식을 하는 방법은 다양하다. 동물은 짝짓기를 통해 새끼를 낳아 기르고, 식물은 ㉠씨를 퍼뜨려 수를 늘려 나간다. 그중에서 식물이 씨앗을 퍼뜨리는 방법은 식물의 **종**에 따라 다르다.

첫 번째, 바람을 통해 씨앗이 퍼지는 방법이다. 어린 시절, 민들레 씨앗을 입으로 불어 본 경험이 한 번쯤 있을 것이다. 민들레는 씨앗에 달린 하 5
얀 솜털이 날개 역할을 해서 씨앗이 날아오른다. 바람을 통해 멀리 날아가 흙에 뿌리를 내리는 것이다. 이처럼 바람을 통해 번식하는 식물에는 소나무, 단풍나무, 억새 등이 있다.

두 번째, 씨앗이 동물의 먹이가 되는 방법이다. 동물이 열매를 먹으면 식물 안에 있던 씨앗은 소화되지 않고 그대로 **배설**된다. 동물의 이동과 배 10
설을 통해 씨앗이 퍼지는 것이다. 이러한 식물의 특징은 열매가 화려한 색을 가지고 있거나 열매의 맛이 좋다. 그래야만 쉽게 동물의 먹이가 될 수 있어 번식에 유리하기 때문이다. 동물의 배설을 통해 번식하는 식물로는 딸기, 사과, 포도 등이 있다.

세 번째, 열매를 싸고 있는 껍질인 꼬투리가 터지면서 씨앗이 퍼지는 방 15
법이다. 예를 들어 콩은 기다란 꼬투리 안에서 열매가 익는다. 열매가 완전히 익으면 꼬투리가 터지면서 ㉡종자가 흩어진다. 봉숭아, 나팔꽃, 참깨 등도 콩과 같은 방법으로 번식한다.

네 번째, 씨앗이 동물의 몸에 붙어 퍼지는 방법이다. 이러한 번식 방법을 가진 식물들은 동물의 몸에 잘 붙을 수 있도록 씨앗이 털을 가지고 있거 20
나 **갈고리** 모양으로 되어 있다. 동물의 몸에 붙은 씨앗이 우연히 흙에 떨어지면서 씨앗이 퍼진다. 도깨비바늘, 가막사리, 우엉 등은 이러한 방법을 통해 번식하는 식물이다.

이처럼 식물의 씨앗을 퍼뜨리는 방법이 다양한 것은 씨앗을 널리 퍼뜨려 ㉢번식하기 위함이다. 종을 유지하기 위한 각각의 생존 방법인 것이다. 우 25
리는 식물의 다양한 번식 방법을 통해 생명의 강인함을 알 수 있다.

- **종**(씨 종 種) 사물의 부문을 나누는 갈래.
- **배설**(물리칠 배 排, 샐 설 泄) 안에서 밖으로 새어 나가게 함.
- **갈고리** 끝이 뾰족하고 꼬부라진 물건. 흔히 쇠로 만들어 물건을 걸고 끌어당기는 데 쓴다.

1

제목

빈칸에 알맞은 낱말을 넣어 이 글의 제목을 완성하세요.

식물은 어떻게 [   ]할까?

(   )

2 내용 이해

식물의 번식 방법에 대한 설명으로 알맞지 않은 것은 무엇인가요? (   )

① 봉숭아와 민들레는 씨앗을 퍼뜨리는 방법이 같다.

② 민들레 씨앗에 달린 하얀 솜털은 날개 역할을 한다.

③ 동물의 배설을 통해 번식하는 식물들은 열매의 맛이 좋다.

④ 콩은 꼬투리 안에서 열매가 익으면 꼬투리가 터지며 번식한다.

⑤ 씨앗이 털을 가지고 있거나 갈고리 모양으로 된 것은 동물의 몸에 잘 붙기 위해서이다.

3 추론

이 글을 통해 답을 알 수 있는 질문이 아닌 것은 무엇인가요? (   )

① 소나무는 어떻게 번식하는가?

② 동물의 몸에 붙어 퍼지는 씨앗은 어떤 모양인가?

③ 씨앗을 퍼뜨리는 방법이 다양한 이유는 무엇인가?

④ 땅에 심은 씨앗이 꼬투리가 되는 과정은 무엇인가?

⑤ 동물의 먹이가 되어 씨앗을 퍼뜨리는 식물의 특징은 무엇인가?

4 관계

'㉠-㉡'의 관계와 다르게 짝 지은 것은 무엇인가요? (   )

① 친구 – 동무   ② 부모 – 어버이

③ 돕다 – 거들다   ④ 펴다 – 구부리다

⑤ 예쁘다 – 아름답다

5 뜻

밑줄 친 낱말이 ㉢과 비슷한 뜻으로 쓰인 것은 무엇인가요? (   )

① 참나리 꽃은 꽃이 아닌 싹으로 생식한다.

② 할머니께서는 집 앞 텃밭에서 상추를 재배하신다.

③ 세종 대왕은 훌륭한 인재를 양성하기 위해 노력했다.

④ 옛날에는 양식이 떨어져 굶주리는 일이 많았다고 한다.

⑤ 돼지는 다른 가축에 비해 새끼를 많이 낳고 발육이 빠르다.

동영상 강의

번 繁 – 많다 | 식 殖 – 붇다

번식

↓

수가 **많아짐**

생물의 수가 늘거나 널리 퍼지는 것.

예 진딧물은 여름 동안 수백만 마리의 새끼를 낳을 만큼 **❶**[ ]이 빠른 동물이다.

답❶ ( )

확장

번 **繁**(1. 많다 2. 번성하다 3. 자주)이 들어가는 한자어

번성 번 繁 – 많다 | 성 盛 – 성하다

(세력이) 커지거나 많이 퍼짐.

예 문명은 강을 끼고 **❷**[ ]하였다.

☑ **비슷한 말 번영** 번성하고 영화롭게 됨.

답❷ ( )

번화 번 繁 – 번성하다 | 화 華 – 빛나다

번성하고 화려함.

예 서울은 우리나라에서 가장 **❸**[ ]한 도시이다.

☑ **비슷한 말 화려하다** 환하고 빛나며 곱고 아름답다.

답❸ ( )

빈번 빈 頻 – 자주 | 번 繁 – 자주

번거로울 정도로 어떤 일이 자주.

예 가을에는 건조한 날씨 때문에 화재가 **❹**[ ]하게 일어난다.

☑ **비슷한 말 잦다** 잇따라 자주 있다.

☑ **반대되는 말 드물다** 어떤 일이 일어나는 일이 잦지 아니하다.

답❹ ( )

이해 다음 낱말과 뜻을 알맞게 선으로 이으세요.

1 번식 •
• ㉮ 번성하고 화려함.

2 빈번 •
• ㉯ (세력이) 커지거나 많이 퍼짐.

3 번성 •
• ㉰ 번거로울 정도로 어떤 일이 자주.

4 번화 •
• ㉱ 생물의 수가 늘거나 널리 퍼지는 것.

적용 밑줄 친 부분과 비슷한 뜻을 가진 낱말을 보기 에서 찾아 쓰세요.

보기

| 번화 | 번성 | 번식 | 빈번 |

5 도시의 밤거리는 매우 번성하고 화려하다. ( )

6 최근 큰 비를 동반한 초대형 태풍이 자주 발생한다. ( )

7 습기가 많은 곳에서는 세균이 퍼지고 많아지기 쉽다. ( )

8 아버지께서 열심히 노력하신 덕분에 아버지의 사업이 커질 수 있었다. ( )

심화 **9** 다음 글에서 밑줄 친 말과 뜻이 반대되는 말을 찾아 두 글자로 쓰세요.

새 학기를 맞아 어린이 보호 구역에서 교통 법규를 어기는 차량에 대한 단속을 시작했다. 어린이들은 몸집이 작아 운전자의 눈에 잘 띄지 않기 때문에, 어린이 보호 구역에서는 교통사고가 빈번하다. 그러나 어린이 보호 구역에서 주위를 잘 살피는 운전자는 드물다. 운전자들은 어린이 보호 구역을 지나갈 때 반드시 속도를 줄이고 주위를 잘 살펴야 한다.

( )하다

07

흥행

흥 興 – 일어나다
행 行 – 유행하다

공연 상영 따위가 상업적
으로 큰 수익을 거둠.

- **계승**(이을 계 繼, 받들 승 承)
  조상의 전통이나 문화유산, 업
  적 따위를 물려받아 이어 나
  감.
- **소리꾼** 판소리나 잡가 따위를
  아주 잘하는 사람.
- **고수**(북 고 鼓, 손 수 手) 북이
  나 장구 따위를 치는 사람.
- **추임새** 판소리에서 북 치는
  이가 흥을 돋우기 위해 가락
  의 끝 구절마다 가볍게 지르
  는 짧은 소리.
- **극적** 극을 보는 것처럼 큰 긴
  장이나 감동을 불러일으키는
  것.
- **왜곡**(비뚤 왜 歪, 굽을 곡 曲)
  사실과 다르게 해석하거나 그
  릇되게 함.
- **여가** 일이 없어 남는 시간.

조선 후기에 흥행한 서민 문화

조선 후기에 들어서면서 사회적·경제적으로 많은 변화가 나타났다. 농업과 상업이 발달하면서 경제적으로 여유가 생긴 서민이 늘어난 것이다. 이 때문에 양반 계층만 누렸던 문화 활동에 서민들도 관심을 가지기 시작했다. 그래서 조선 후기에는 서민 문화가 형성되기 시작했다. 특히 판소리, 탈놀이, 풍속화는 신분에 상관없이 많은 사람들에게 인기를 얻으며 흥행했다. 그래서 오늘날까지 민속 문화로 ㉠계승되고 있다.　　　　　　　　　　5

판소리는 **소리꾼**이 북장단에 맞추어 몸짓을 하면서 리듬감이 있는 대사와 설명으로 이야기를 엮어 나가는 예술이다. 즉, 「춘향전」, 「심청전」, 「흥부전」 같은 옛이야기에 노랫가락과 몸짓을 붙인 것이다. 소리꾼이 노래를 부르고 이야기를 하면, 북장단을 치는 **고수**나 이를 보는 관객이 '얼쑤'와 같이　10
흥을 돋우는 **추임새**를 넣는다. 판소리는 관객의 흥을 돋우고, 관객이 공연에 참여할 수 있어서 사람들에게 널리 사랑받았다.

탈놀이는 연기자가 사람이나 동물의 탈을 쓰고 **극적**인 내용을 공연하는 연극으로, 주로 명절이나 큰 행사가 있을 때 공연되었다. 탈놀이는 각시탈, 양반탈, 할미탈 등의 탈을 쓰고 양반들의 **왜곡**된 모습을 비꼬거나 잘못을　15
꾸짖어 웃음이 나게 하는 내용이 많았다. 조선 후기에는 탈놀이만 전문적으로 공연하는 집단이 나타나 전국의 장터를 돌아다니며 ㉡큰 수익을 거두기도 했다.

풍속화는 당시 사람들의 삶을 있는 그대로 담은 그림이다. 풍속화를 그린 대표적인 작가로는 김홍도와 신윤복이 있다. 김홍도는 주로 서민들이　20
일하는 모습이나 **여가**를 즐기는 모습을 자연스럽고 정감 있는 표현으로 그려 냈다. 이와 달리 신윤복은 주로 양반들의 삶을 그려 냈고, 특히 여인의 모습이나 남녀 간 사랑을 화려한 색채와 섬세한 모습으로 표현했다.

1

설명 대상

이 글에서 설명하는 것은 무엇인지 빈칸에 알맞은 말을 쓰세요.

조선 시대 [　　　　]한 서민 문화

(　　　　　)

2

내용 이해

조선 후기의 문화에 대한 설명으로 알맞지 않은 것은 무엇인가요? (   )

① 탈놀이만 전문적으로 공연하는 집단이 있었다.

② 풍속화는 서민들의 삶보다 양반들의 삶을 주로 그린 그림이다.

③ 판소리는 관객이 추임새를 넣으며 공연에 함께 참여할 수 있었다.

④ 판소리는 신분에 상관없이 많은 사람들에게 사랑받았던 문화이다.

⑤ 경제적으로 여유를 지닌 서민이 늘어나면서 서민들의 문화가 형성되었다.

3

추론

이 글을 통해 답을 알 수 있는 질문이 아닌 것은 무엇인가요? (   )

① 판소리를 공연할 때 고수의 역할은 무엇일까?

② 판소리가 서민들에게 인기를 끈 까닭은 무엇일까?

③ 탈놀이에 사용하는 탈을 만드는 재료는 무엇일까?

④ 조선 후기에 서민들이 주로 즐겼던 문화는 무엇일까?

⑤ 김홍도와 신윤복이 그린 풍속화의 특징은 무엇일까?

4 어휘

관계

밑줄 친 낱말이 ㉠과 뜻이 반대되는 것에 ○표 하세요.

(1) 세자는 왕위를 <u>승계</u>하였다.   (   )

(2) 태호는 800미터 <u>계주</u>에 마지막 선수로 뽑혔다.   (   )

(3) 마젤란 호는 탐사를 시작할 당시 통신이 <u>단절</u>되었다.   (   )

5 어휘

뜻

㉡의 뜻을 지닌 낱말은 무엇인가요? (   )

① 대행했다   ② 실행했다   ③ 미행했다

④ 진행했다   ⑤ 흥행했다

어휘 학습

흥 興 – 일어나다 | 행 行 – 유행하다

흥행

유행이 일어나 크게 이익을 봄

천만 관객 돌파

공연 상영 따위가 상업적으로 큰 수익을 거둠.

예 그 감독은 만드는 영화마다 ❶[　]에 성공했다.

답 ❶ (　　　　)

확장

흥 興(일어나다)이 들어가는 한자어

흥망　흥 興 – 일어나다 | 망 亡 – 망하다

잘되어 일어남과 못되어 없어짐.

예 옛날 사람들은 국가의 ❷[　]이 하늘의 뜻이라고 생각했다.

☑ 비슷한말 성쇠 성하고 쇠퇴함.

답 ❷ (　　　　)

부흥　부 復 – 다시 | 흥 興 – 일어나다

세력이나 기운이 약하던 것이 다시 일어남. 또는 그렇게 되게 함.

예 쓰러져 가는 나라를 ❸[　]시키려면 국민 모두가 마음을 모아야 한다.

☑ 비슷한말 재건 1. 허물어진 건물이나 조직 따위를 다시 일으켜 세움.
　　　　　　 2. 없어지거나 쇠퇴한 이념이나 사상 따위를 다시 일으켜 세움.

답 ❸ (　　　　)

즉흥적　즉 卽 – 곧 | 흥 興 – 일어나다 | 적 的 – ~의

어떤 준비나 미리 계획한 것이 없이 곧바로 일어나는 기분이나 생각에 따라 하는 (것).

예 필요하지 않은 물건을 ❹[　　]으로 구매하면 나중에 후회하기 쉽다.

답 ❹ (　　　　)

이해 다음 낱말의 뜻을 보기 에서 찾아 기호를 쓰세요.

> **보기**
>
> ㉠ 잘되어 일어남과 못되어 없어짐.
> ㉡ 공연 상영 따위가 상업적으로 큰 수익을 거둠.
> ㉢ 세력이나 기운이 약하던 것이 다시 일어남. 또는 그렇게 되게 함.
> ㉣ 어떤 준비나 미리 계획한 것이 없이 곧바로 일어나는 기분이나 생각에 따라 하는 (것).

1 흥행 (   )   **2** 부흥 (   )

3 흥망 (   )   **4** 즉흥적 (   )

적용 빈칸에 들어갈 낱말을 보기 에서 찾아 쓰세요.

> **보기**
>
> 흥망   흥행   부흥   즉흥적

5 연극이 (   )하여 공연 기간이 늘어났다.

6 피아니스트는 영감이 떠올라 (   )으로 건반을 두드렸다.

7 인재를 기르는 일은 나라의 (   )을 결정짓는 중요한 일이다.

8 그는 몰락한 집안을 (   )시키기 위해 물불 가리지 않고 열심히 일했다.

심화 **9** 다음 글에서 빈칸에 들어갈 알맞은 낱말은 무엇인가요? (   )

> 6·25 전쟁이 끝난 1950년대만 해도 우리나라는 매우 가난했습니다. 그래서 우리나라 국민들은 나라를 일으켜 세우기 위해 힘을 합쳐 노력했습니다. 그 결과 우리나라는 기적처럼 경제적 [   ]을 이루었고, 이를 '한강의 기적'이라고 부릅니다.

① 계승   ② 즉흥   ③ 부흥   ④ 왜곡   ⑤ 흥망

08

핵심어

극단적

극 極 – 매우
단 端 – 끝
적 的 – ~의

한쪽으로 크게 치우치는.

[　　　] 방법의 다이어트는 위험하다

　　나이와 성별에 관계없이 다이어트 하는 사람을 주변에서 쉽게 만날 수 있다. 비만을 예방하며 건강을 챙기는 것은 바람직한 현상이다. 그러나 잘못된 방법으로 다이어트를 하는 경우가 문제이다. 예를 들어 다이어트를 할 때 사과나 바나나 같은 과일이나 요구르트 등 한 가지 음식만 먹는가 하면, 식사량을 ㉠극도로 줄이기도 한다. 그렇다면 올바른 다이어트 방법은 무엇인지 알아보자.

　　첫째, 우리 몸에 필요한 영양소를 골고루 **섭취**해야 한다. 한 가지 식품만 먹거나 음식량을 ㉡극단적으로 줄이면 **영양실조**, 위장 장애, 빈혈과 같은 병이 생길 수 있다. 그리고 면역력이 떨어져 각종 질병에 걸리기 쉽다.

　　둘째, 자신의 몸 상태에 맞는 운동을 꾸준히 해야 한다. 운동할 때는 전문가와 상담하여 자신의 몸 상태에 적합한 운동을 선택하고, 운동 시간과 **강도**를 잘 조절해야 한다. 그래야 무리하지 않고 신체 건강을 지키며 다이어트를 할 수 있다. 다이어트를 할 때 운동을 **병행하지** 않으면, 살을 빼더라도 원래의 체중으로 돌아가거나 그 이상으로 증가하는 요요 현상이 나타나기 쉽다.

　　셋째, 체중을 극단적으로 **감량하려는** 생각을 버려야 한다. 무조건 살을 많이 빼야 한다고 생각하면 건강보다 체중에 집착하게 된다. 그래서 무작정 굶는 것과 같은 극단적 방법을 선택하게 된다. 또한 표준 체중이거나 그 이하인데도 살을 빼다가는 건강을 해칠 수 있다.

　　각종 성인병을 유발하는 비만을 예방하고 건강을 유지하기 위한 다이어트는 필요하다. 그렇지만 극단적 방법의 다이어트는 오히려 건강을 해친다. 건강한 다이어트는 필수 영양소를 적절하게 섭취하면서 꾸준하게 운동하는 방식으로 이루어져야 한다.

5

10

15

20

- **섭취**(당길 섭 攝, 가질 취 取) 생물체가 양분 따위를 몸속으로 빨아들이는 일.

- **영양실조** 영양소의 부족으로 일어나는 신체의 이상 상태.

- **강도**(강할 강 強, 법도 도 度) 센 정도.

- **병행**(竝 아우를 병, 行 다닐 행)**하지** 둘 이상의 일을 한꺼번에 행하지.

- **감량**(덜 감 減, 헤아릴 량 量)**하려는** 수량이나 무게를 줄이려는.

1

제목

빈칸에 알맞은 낱말을 넣어 이 글의 제목을 완성하세요.

[　　　] 방법의 다이어트는 위험하다

(　　　　　)

2
중심 내용

이 글의 중심 내용은 무엇인가요? (   )

① 비만의 위험성
② 올바른 다이어트 방법
③ 요요 현상이 일어나는 이유
④ 표준 체중을 계산하는 방법
⑤ 영양소를 골고루 섭취해야 하는 이유

3
적용

이 글의 내용을 바르게 실천한 친구는 누구인지 쓰세요.

> 아론: 나는 짧은 기간 내에 다이어트를 하고 싶어. 그래서 운동은 하지 않고 과일만 먹는 다이어트를 할 거야.
>
> 진아: 나는 표준 체중이지만 더 예뻐지고 싶어서 다이어트를 하려고 해. 수단과 방법을 가리지 않고 5킬로그램을 감량할 거야.
>
> 나리: 의사 선생님께서 건강을 위해 체중을 조금 감량하는 것이 좋겠다고 하셨어. 나는 끼니를 거르지 않고 음식을 골고루 먹으면서 운동할 거야.

(   )

4
어휘
뜻

㉠의 뜻으로 알맞은 것은 무엇인가요? (   )

① 온갖 말을 다하여.
② 더할 수 없는 정도.
③ 한쪽으로 크게 치우친.
④ 어떤 과정의 마지막이나 끝.
⑤ 절대 알려져서는 안 되는 중요한 일.

5
어휘
적용

빈칸에 ㉡을 넣었을 때 어울리지 <u>않는</u> 것은 무엇인가요? (   )

① 자기 행복만 생각하는 [   ] 개인주의는 옳지 않다.
② 그는 가끔 [   ] 태도를 보여 우리를 당황스럽게 만든다.
③ 이것이 아니면 안 된다는 식의 [   ] 생각은 피해야 한다.
④ 어떤 목표를 이루려면 [   ] 실천 방안이 마련되어야 한다.
⑤ 광복 직후에 우리나라는 [   ] 이념의 대립으로 혼란스러웠다.

↓ 핵심어

극 極 – 매우 | 단 端 – 끝 | 적 的 – ～의

극단적

매우 끝으로 치우치는

한쪽으로 크게 치우치는.

예 ❶ ☐☐☐ 사고 방식은 사람들 간의 갈등을 일으킨다.

☑ **반대되는 말 균형적** 어느 한쪽으로 기울거나 치우치지 아니하고 고른 것.

답 ❶ ( )

극 極 (1. 지극하다 2. 매우 3. 멀다)이 들어가는 한자어

극대화　극 極 – 매우 | 대 大 – 크다 | 화 化 – 되다

아주 커짐. 또는 아주 크게 함.

예 기업의 목표는 이익의 ❷ ☐☐☐이다.

☑ **반대되는 말 극소화** 아주 작아짐. 또는 아주 작게 함.

답 ❷ ( )

적극적　적 積 – 쌓다 | 극 極 – 매우 | 적 的 – ～의

대상에 대한 태도가 긍정적이고 활발한 (것).

예 그는 봉사 활동에 ❸ ☐☐☐으로 나섰다.

☑ **비슷한 말 능동적** 다른 것에 이끌리지 아니하고 스스로 일으키거나 움직이는 것.

답 ❸ ( )

양극화　양 兩 – 둘 | 극 極 – 멀다 | 화 化 – 되다

서로 점점 더 달라지고 멀어짐.

예 정부는 국민들의 소득 ❹ ☐☐☐를 해결하기 위해서 복지 정책을 확대했다.

답 ❹ ( )

이해 다음 뜻에 알맞은 낱말을 넣어 십자말풀이를 완성하세요.

		1·2		**4**
3				

1 (가로) 한쪽으로 크게 치우치는.

2 (세로) 아주 커짐. 또는 아주 크게 함.

3 (가로) 서로 점점 더 달라지고 멀어짐.

4 (세로) 대상에 대한 태도가 긍정적이고 활발한 (것).

적용 밑줄 친 부분과 비슷한 뜻을 가진 낱말을 보기 에서 찾아 쓰세요.

> 보기
>
> 극단적　　　　극대화　　　　양극화　　　　적극적

5 운동 후 단백질을 섭취하면 운동 효과를 더 크게 할 수 있다. 　　　　(　　　　)

6 남북은 한쪽으로 크게 치우친 이념의 대립으로 분단되었다. 　　　　(　　　　)

7 나는 문제가 생겼을 때 긍정적이고 활발하게 문제를 해결하려고 노력한다.

(　　　　)

8 서민들의 생활은 어려워졌지만 고소득층의 소비는 증가하며 소비 양상이 서로 점점 더 달라지고 있다. 　　　　(　　　　)

심화 9 다음 글에서 빈칸에 들어갈 알맞은 낱말은 무엇인가요? (　　　　)

> 　토론은 어떤 문제에 대해 여러 사람이 의견을 펼치며 의논하는 것이다. 토론할 때는 타당한 근거를 들어 자신의 의견을 밝혀야 하는데, 이때 자신의 생각이 아니면 모두 틀렸다는 식의 [　　　　] 태도를 가져서는 안 된다. 토론의 목적은 생각의 폭을 넓히고, 문제를 합리적으로 해결하는 데 있기 때문이다.

① 가급적　　　② 극단적　　　③ 비교적　　　④ 소극적　　　⑤ 적극적

09

침략

침 侵 – 침노하다
략 略 – 다스리다

정당한 이유 없이 남의 나
라에 쳐들어감.

● **국교**(나라 국 國, 사귈 교 交)
나라와 나라 사이에 맺는 외
교 관계.

● **사신**(부릴 사 使, 신하 신 臣)
임금이나 국가의 명령을 받고
외국에 사절로 가는 신하.

● **정식**(바를 정 正, 법 식 式) 정
당한 격식이나 의식.

● **대등**(대답할 대 對, 같을 등
等)**한** 서로 견주어 높고 낮음
이나 낫고 못함이 없이 비슷
한.

● **활약**(살 활 活, 뛸 약 躍) 활발
히 활동함.

● **번영**(많을 번 繁, 꽃 영 榮) 번
성하고 영화롭게 됨.

● **기틀** 어떤 일의 중요한 계기
나 조건.

싸우지 않고 거란의 **침략**을 물리친 서희

고려 시대 때, 옛 중국 땅은 송나라와 거란이 차지하고 있었다. 거란은
강한 군사력을 바탕으로 송나라와 고려를 위협했다. 고려는 옛 고구려 땅
을 차지한 거란과 외교 관계를 맺지 않고 송나라와만 **국교**를 맺고 있었지
만, 송나라는 고려가 자신들에게 아무런 도움을 주지 않는다고 불만을 품
고 있었다. 고려는 영리하고 말솜씨가 뛰어난 서희를 송나라에 **사신**으로   5
보냈다. 서희는 송나라의 왕을 만나 고려의 사정을 설명하고, 송나라와 **정
식** 외교 관계를 맺었다.

그런데 서희가 52세가 되던 해에 거란의 장수 소손녕이 80만 대군을 이
끌고 고려로 ㉠쳐들어왔다. 거란의 군대를 본 고려의 신하들은 거란에게
땅 일부를 바치고 항복하자고 주장하였다. 그러나 서희의 생각은 달랐다.   10

'㉡우리가 비록 힘이 약하지만 거란이 진짜 원하는 것을 파악한다면, 땅
을 주지 않고도 이 상황을 해결할 수 있을 거야.'

서희는 소손녕에게 만남을 제안하였다. 소손녕은 서희를 만나자 자신에
게 절을 하라고 하였다. 하지만 서희는 당당한 태도로 거부했다.

"나는 고려의 왕을 대신하여 온 것이므로 장군과 **대등한** 입장이오."   15

소손녕은 서희의 당당한 태도에 놀라 자세를 고쳐 앉았다. 서희는 대화
를 나누며 소손녕의 속마음을 살폈다. 그리고 거란의 목표는 송나라를 공
격하는 것이며, 고려가 송나라를 돕기 위해 뒤에서 거란을 칠까 봐 걱정하
는 것임을 알아챘다.

"그동안 고려와 거란 사이에 여진이 있어 고려와 거란이 통하기 어려웠   20
오. 여진을 없애면 고려와 거란이 통할 수 있지 않겠는가?"

"그렇게만 되면 좋지!"

"그렇다면 고려에서 거란으로 가는 길목인 압록강 동쪽 땅을 우리에게
주시오. 그러면 우리가 거란과 통하는 길을 열겠소."

서희의 말이 타당하다고 여긴 소손녕은 서희의 요구를 들어주고 고려를   25
떠났다. 서희의 **활약**으로 고려는 거란의 침략을 물리치고 영토를 넓혀 **번
영**의 **기틀**을 다질 수 있었다.

1
인물

이 글에서 중심이 되는 인물은 누구인지 쓰세요.

(   )

2 이 글의 내용과 일치하는 것은 무엇인가요? (   )

내용 이해

① 거란은 고려와 대등한 위치가 되기를 원했다.

② 서희는 소손녕과 대화를 통해 거란의 침략에서 벗어났다.

③ 고려는 송나라의 반대로 거란과 외교 관계를 맺지 않았다.

④ 거란의 목표는 고려를 침략하여 송나라와 가깝게 지내려는 것이다.

⑤ 거란이 고려로 쳐들어왔을 때 고려의 신하들은 전쟁을 하자고 주장했다.

3 이 글에 대한 반응으로 알맞지 <u>않은</u> 것은 무엇인가요? (   )

적용

① 서희는 위기 상황을 이용하여 오히려 고려의 영토를 넓혔군.

② 거란은 고려와 여진이 힘을 합쳐 쳐들어올 것을 두려워하였군.

③ 서희의 당당한 태도와 논리적인 주장이 좋은 결과를 가져왔군.

④ 서희는 전쟁이 아닌 대화로 문제를 해결할 수 있다고 생각했군.

⑤ 서희가 소손녕을 설득하지 못했다면 고려에 큰 피해가 생겼겠군.

4 ㉠과 바꾸어 쓸 수 있는 말은 무엇인가요? (   )

어휘
관계

① 파견하였다　　　　② 교류하였다　　　　③ 번영하였다

④ 침략하였다　　　　⑤ 위협하였다

5 ㉡의 상황에 어울리는 한자성어는 무엇인가요? (   )

어휘
적용

① 유언비어: 아무 근거 없이 널리 퍼진 소문.

② 전전긍긍: 몹시 두려워서 벌벌 떨며 조심함.

③ 지피지기: 적의 사정과 나의 사정을 자세히 앎.

④ 경거망동: 제대로 생각하거나 판단하지 않고 함부로 행동하는 것.

⑤ 감언이설: 남을 속이기 위하여 남의 비위에 맞게 이로운 듯이 꾸며서 하는 말.

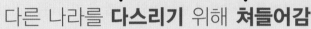

핵심어

침 侵 – 침노하다 | 략 略 – 다스리다

침략

다른 나라를 **다스리기** 위해 **쳐들어감**

정당한 이유 없이 남의 나라에 쳐들어감.

예 고려는 주변 나라의 ❶ ☐☐을 막기 위해 산성을 쌓았다.

☑ **비슷한 말 침노** 남의 나라를 불법으로 쳐들어가거나 쳐들어옴.

답 ❶ (　　　　)

침 侵(침노하다)이 들어가는 한자어

침입　침 侵 – 침노하다 | 입 入 – 들어가다

함부로 남의 나라나 영역이나 집에 들어가는 것.

예 명절에는 도둑이 빈집에 ❷ ☐☐하여 물건을 훔쳐 가는 일이 자주 있다.

☑ **비슷한 말 난입** 어지럽게 함부로 들어오거나 들어감.

답 ❷ (　　　　)

침해　침 侵 – 침노하다 | 해 害 – 해롭다

함부로 남의 일에 끼어들어 해를 끼치는 것.

예 정부가 언론을 막는 것은 국민의 알 권리를 ❸ ☐☐하는 것이다.

☑ **비슷한 말 침범** 남의 영토나 권리, 재산, 신분 따위를 침노하여 범하거나 해를 끼침.

답 ❸ (　　　　)

불가침　불 不 – 아니다 | 가 可 – 옳다 | 침 侵 – 침노하다

침범하여서는 안 됨.

예 많은 나라가 전쟁을 피하려고 이웃 나라와 ❹ ☐☐☐ 조약을 맺는다.

답 ❹ (　　　　)

이해 다음 낱말의 뜻을 보기 에서 찾아 기호를 쓰세요.

보기

㉠ 침범하여서는 안 됨.
㉡ 정당한 이유 없이 남의 나라에 쳐들어감.
㉢ 함부로 남의 일에 끼어들어 해를 끼치는 것.
㉣ 함부로 남의 나라나 영역이나 집에 들어가는 것.

1 침략 ( ) **2** 침입 ( )

3 침해 ( ) **4** 불가침 ( )

적용 다음 낱말이 들어갈 문장을 찾아 선으로 이으세요.

5 침략 •
•㉮ 우리는 외세의 ( )에 맞서 싸울 것이다.

6 침입 •
•㉯ 인권은 반드시 지켜야 할 ( )의 권리이다.

7 침해 •
•㉰ 그는 주인인 척하여 남의 집에 ( )하였다.

8 불가침 •
•㉱ 인터넷의 발달은 저작권 ( ) 문제를 빚어냈다.

심화 **9** 다음 글에서 밑줄 친 말과 바꾸어 쓸 수 있는 말을 찾아 두 글자로 쓰세요.

남의 권리를 <u>침범하여 해를 끼쳤을</u> 경우에는 그 행위에 대한 처벌을 받는다. 그리고 침해 때문에 발생한 손해를 돈이나 물건으로 보상해야 하는데, 이를 손해 배상이라고 한다.

( )했을

자전거에 작용하는 관성과 원심력

설명문 | 과학

핵심어

원심력

원 遠 - 멀다
심 心 - 중심
력 力 - 힘

(물체가 둥글게 빙빙 돌며 운동을 할 때) 그 물체가 중심에서 바깥쪽으로 향하는 힘.

원숭이도 나무에서 떨어지듯이 자전거를 오랫동안 탄 사람도 자전거를 타다가 넘어질 때가 있다. 자전거는 바퀴가 두 개뿐이라 넘어지지 않고 **균형**을 잡기 쉽지 않다. 그렇다면 자전거를 넘어지지 않고 타려면 어떻게 해야 할까? 자전거를 탈 때에는 자전거에 **작용**하는 관성과 원심력을 이용해야 한다.

모든 물체는 주위에서 힘을 가하지 않으면 본래의 운동 상태를 유지하려는 성질이 있는데, 이를 관성이라고 한다. 도로를 달리는 버스 안에 서 있는 승객을 떠올려 보자. 빠른 속도로 달리던 버스가 갑자기 멈추어 서면 승객의 몸은 앞으로, 즉 버스가 달리던 방향으로 쏠리게 된다. 이는 앞으로 계속 나아가려는 버스의 관성이 승객의 몸에 작용했기 때문이다. 자전거도 마찬가지다. 자전거를 타고 달리기 시작하면 달리는 동안에는 쉽게 넘어지지 않는다. 빠르게 돌아가는 자전거 바퀴에는 계속 돌고자 하는 관성이 있기 때문에 넘어지지 않고 계속 ㉠전진하는 것이다. 다만 너무 천천히 달리면 관성이 약해져서 오히려 넘어질 수 있다.

그런데 자전거 **초보**가 흔히 하는 실수가 있다. 바로 회전하며 달리던 자전거가 넘어지려고 할 때 자전거가 기울어지는 반대 방향으로 **핸들**을 트는 것이다. 하지만 자전거가 넘어지지 않으려면 자전거가 기울어지는 방향으로 핸들을 돌려야 한다. 왜 그럴까? 자전거 바퀴가 회전할 때는 물체를 원의 중심으로 끌어당기는 힘인 ㉡구심력과 물체가 중심에서 바깥으로 나아가려는 힘인 ㉢원심력이 동시에 작용한다. 두 힘의 작용 방향은 반대이기 때문에 힘의 크기가 서로 같으면 자전거가 균형을 이룬다. 그런데 자전거가 기울어지면 기울어진 방향으로 구심력이 작용한다. 그러므로 자전거가 넘어지는 쪽으로 핸들을 돌려야 바깥으로 나아가려는 힘인 원심력이 생겨서 자전거가 넘어지지 않고 앞으로 나아갈 수 있다. 이때 작용하는 원심력은 관성 때문에 나타나는 **가상**의 힘이다. 버스가 빠른 속도로 왼쪽으로 돌 때 버스 안에 있던 승객의 몸이 버스의 반대 방향인 오른쪽으로 쏠리는 현상과 같은 원리이다.

- **균형** 어느 한쪽으로 기울거나 치우치지 아니하고 고른 상태.
- **작용**(지을 작 作, 쓸 용 用) 어떤 현상이나 행동을 생기게 하는 것. 또는 그런 현상이나 행동.
- **초보**(처음 초 初, 걸음 보 步) 학문이나 기술 따위를 익힐 때의 그 처음 단계나 수준.
- **핸들** 기계나 기구, 자동차, 선박 따위를 운전하거나 작동하는 손잡이.
- **가상** 사실이 아니거나 사실 여부가 분명하지 않은 것을 사실이라고 가정하여 생각함.

1 이 글에서 설명하는 것에 ○표 하세요.

설명 대상

(1) 관성과 구심력의 공통점과 차이점 ( )

(2) 자전거를 탈 때 작용하는 관성과 원심력 ( )

2
내용 이해

이 글의 내용과 일치하는 것은 무엇인가요? (　　　)

① 원심력은 관성 때문에 나타나는 실재의 힘이다.

② 원심력과 구심력은 힘의 크기가 달라야 균형을 이룬다.

③ 모든 물체는 외부에서 힘을 주어도 본래의 운동 상태를 유지하려고 한다.

④ 버스가 회전할 때 버스 안에 있던 승객은 버스의 회전 방향으로 몸이 쏠린다.

⑤ 회전하며 달리는 자전거가 쓰러지려는 방향으로 핸들을 틀어야 넘어지지 않는다.

3
글의 특징

이 글의 특징으로 알맞지 <u>않은</u> 것은 무엇인가요? (　　　)

① 속담을 활용하여 독자의 흥미를 끌고 있다.

② 질문을 던지며 독자의 관심을 유도하고 있다.

③ 비슷한 상황을 예로 들어 내용을 쉽게 전달하고 있다.

④ 대상의 종류를 나누어 대상을 구체적으로 설명하고 있다.

⑤ 핵심 용어의 개념을 명확하게 밝혀 내용에 대한 이해를 돕고 있다.

4
뜻

㉠의 뜻으로 알맞은 것은 무엇인가요? (　　　)

① 앞으로 나아가는.

② 다그쳐 빨리 나아가게 하는.

③ 다른 방향이나 상태로 바꾸는.

④ 물체를 밀어 앞으로 내보내는.

⑤ 계급, 등급, 학년 따위가 올라가는.

5
관계

'㉡-㉢'의 두 낱말 관계와 <u>다르게</u> 짝 지은 것은 무엇인가요? (　　　)

① 가다 - 오다　　　　　　② 있다 - 없다

③ 덥다 - 춥다　　　　　　④ 메아리 - 산울림

⑤ 할아버지 - 할머니

↓ 핵심어

원 遠 – 멀다 | 심 心 – 중심 | 력 力 – 힘

원심력

중심에서 멀어지는 힘

(물체가 둥글게 빙빙 돌며 운동을 할 때) 그 물체가 중심에서 바깥쪽으로 향하는 힘.

예 비에 젖은 우산을 돌리면 ❶ ☐☐☐ 에 의해 빗물을 바깥으로 털어버릴 수 있다.

답 ❶ (   )

확장

원 遠(멀다)이 들어간 한자어

원격   원 遠 – 멀다 | 격 隔 – 막다

멀리 떨어져 있음.
예 무인 비행기는 조종사가 비행기에 타지 않고 ❷ ☐☐ 으로 조종한다.
☑ 비슷한 말 **원거리** 먼 거리.

답 ❷ (   )

원정   원 遠 – 멀다 | 정 征 – 치다

1. **먼 곳으로 싸우러 나감.**
   예 ❸ ☐☐ 을 떠났던 군대가 승리했다는 소식이 전해졌다.

2. **먼 곳으로 운동 경기 따위를 하러 감.**
   예 국가 대표 팀은 원정 경기에서 우승하기 위해 훈련에 열중했다.

답 ❸ (   )

원근법   원 遠 – 멀다 | 근 近 – 가깝다 | 법 法 – 법도

(미술에서) 화면에 사물들의 멀고 가까운 것을 나타내어 사실과 닮아 보이게 하는 방법.
예 ❹ ☐☐☐ 을 이용하여 그림을 그리려면 가까운 것은 크게, 먼 것은 작게 그려야 한다.

답 ❹ (   )

이해 다음 낱말과 뜻을 알맞게 선으로 이으세요.

1 원격 •

• ㉮ 멀리 떨어져 있음.

2 원정 •

• ㉯ 먼 곳으로 싸우러 나감.

3 원근법 •

• ㉰ (물체가 빙빙 돌며 운동을 할 때) 그 물체가 중심에서 바깥쪽으로 향하는 힘.

4 원심력 •

• ㉱ (미술에서) 화면의 멀고 가까운 것을 나타내어 사실과 닮아 보이게 하는 방법.

적용 빈칸에 들어갈 낱말을 보기 에서 찾아 쓰세요.

> 보기
>
> 원격   원근법   원심력   원정

5 밖에서 (   )으로 집의 보일러를 켰다.

6 나폴레옹은 러시아 (   )에 실패하였다.

7 승객들은 버스가 급히 모퉁이를 돌 때 (   )을 느꼈다.

8 어린아이들은 (   )을 사용하지 않고 그림을 그려서 거리감이 느껴지지 않는다.

심화 **9** 다음 글에서 밑줄 친 낱말과 뜻이 비슷한 말을 찾아 두 글자로 쓰세요.

> ○○회사는 애플리케이션을 통해 집에서 진료를 받을 수 있는 원격 진료 서비스를 개발했다. 이 애플리케이션을 사용하면 <u>원거리</u>에서도 진료가 가능하기 때문에 몸이 불편해 이동이 어려운 사람들에게 큰 도움이 될 것이라고 예상한다.

(   )

관광 개발 사업이 가져온 손실

산호는 '바다의 꽃'으로 불릴 만큼 바닷속을 아름답게 하는 생물이다. 이러한 산호의 서식지인 산호초는 해양 생태계에서 매우 중요한 역할을 한다. 산호초는 산소 함량이 높고 먹이가 풍부하며 해양 생물이 적으로부터 몸을 숨기기에 적합해서 해양 생물의 25% 이상이 산호초를 생활 공간으로 이용한다. 그래서 해양 학자들은 산호초를 '모든 생명의 **토대**'라고 말하기 5 도 한다. 이러한 산호초는 수백 년에 걸쳐 이루어진다.

○○ 지역은 산호초가 아름답고 자연 경관이 훌륭하기로 유명한 곳이었다. 이에 지역에서는 세계적인 관광지 조성을 목표로 하여 수천억 원을 들여 개발 사업을 진행하였다. 개발이 이루어지고 관광 단지가 들어선 후 이 지역의 관광객 수는 전에 비해 약 4배, 관광 수입은 약 15배가 늘었다. 10

그러나 관광 개발 사업은 오히려 여러 가지 ⊙손실을 가져왔다. 이 지역의 바다에는 600여 종에 달하는 산호와 희귀 열대어를 비롯한 다양한 어류가 **서식**하고 있었다. 그런데 개발로 인해 산호초가 크게 파괴되면서 이곳에 살던 어류가 50퍼센트 이상 감소하였다. 이에 따라 어류 수확량이 크게 줄어 어민들의 피해도 눈덩이처럼 불어났다. 개발 사업으로 인해 생태계가 15 훼손된 것이다. 결국 이 지역은 자연 경관이 아름다운 지역으로서의 **명성**도 잃고 말았다.

이러한 문제는 개발 사업이 지역 환경에 미칠 영향을 충분히 고려하지 않았기 때문에 발생하였다. 개발 과정에서 환경 전문가들이 여러 차례 경고했지만, 개발로 인한 이익에 눈 멀어 관광 단지를 서둘러 조성하려는 계 20 획 때문에 이들의 경고는 무시되었다.

이 지역의 상황은 우리에게 개발에 대한 ⓒ경종을 울린다. 지역 개발이 꼭 필요한 상황이라면 환경 파괴를 최소화하여 개발을 진행하고, 개발이 끝난 후에도 **정기적**인 환경 실태 조사를 통해 환경 보호에 힘써야 한다. 그것이 손실을 막는 진정한 개발인 것이다. 25

● **토대**(흙 토 土, 돈대 대 臺) 어떤 사물이나 사업의 밑바탕이 되는 기초와 밑천을 비유적으로 이르는 말.

● **서식**(깃들일 서 棲 , 숨쉴 식 息) 생물 따위가 일정한 곳에 자리를 잡고 삶.

● **명성**(이름 명 名, 소리 성 聲) 세상에 널리 퍼져 평판 높은 이름.

● **정기적**(정할 정 定, 기약할 기 期, 과녁 적 的) 기한이나 기간이 일정하게 정하여져 있는 것.

1

문제 상황

이 글에서 문제로 삼고 있는 것에 ○표 하세요.

(1) 해양 에너지 개발의 소극적 태도 　　　　　　　　　　　(　　)

(2) 환경을 고려하지 않는 무분별한 개발 　　　　　　　　　(　　)

2 산호초에 대한 설명으로 알맞지 <u>않은</u> 것은 무엇인가요? (   )

내용 이해

① 산호의 서식지를 산호초라고 한다.

② 산호초는 수백 년에 걸쳐 이루어진다.

③ 산호초는 해양 생물의 먹이가 풍부하다.

④ 산호초는 산소 함량이 높아서 육지 생물도 살아갈 수 있다.

⑤ 해양 생물의 25% 이상이 산호초를 생활 공간으로 이용한다.

3 보기 에서 관광 개발 사업에 따른 손실이 <u>아닌</u> 것의 기호를 쓰세요.

세부 내용

> 보기
> ㉮ 관광객 수
> ㉯ 어류의 종류
> ㉰ 어민들의 어류 수확량
> ㉱ 자연 경관이 아름다운 지역으로서의 명성

(   )

4 어휘

㉠에 대해 알맞게 말한 친구는 누구인지 쓰세요.

적용

> 재진: '이득'으로 바꾸어 써도 뜻이 통해.
> 초희: '~을 입다', '~을 보다', '~이 생기다' 등과 어울려 쓸 수 있어.
> 은서: 병이 들거나 몸의 일부분이 다쳤을 때도 사용할 수 있는 말이야.

(   )

5 어휘

㉡의 뜻으로 알맞은 것은 무엇인가요? (   )

뜻

① 재미나 의욕이 없어지다.

② 일이 몹시 절박하게 닥치다.

③ 서로의 사이가 벌어지거나 틀어지다.

④ 무엇을 달라고 요구하거나 구걸하다.

⑤ 잘못이나 위험을 미리 경계하여 주의를 환기시키다.

어휘 학습

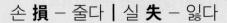

↓ **핵심어**

손 損 – 줄다 | 실 失 – 잃다

손실

양이 **줄어들거나 잃어버림**

줄어들거나 잃어버려서 손해를 보는 것.

예 농촌 지역은 긴 가뭄 때문에 농사일에 ❶ ☐ 을 입었다.

☑ 비슷한 말 **손해** 물질적으로나 정신적으로 밑짐.

답❶ ( )

확장

손 損(1. 덜다 2. 줄다 3. 잃다 4. 상하게 하다)이 들어가는 한자어

결손 결 缺 – 없다 | 손 損 – 잃다

어느 부분이 없거나 잘못되어서 불완전함.

예 수업 ❷ ☐ 때문에 보충 수업을 해야 한다.

답❷ ( )

손상 손 損 – 상하게 하다 | 상 傷 – 상처

1. **물체가 깨지거나 상함.**

   예 잦은 염색으로 머릿결이 ❸ ☐ 되었다.

2. **병이 들거나 다침.**

   예 그는 교통사고를 당해서 몸에 큰 손상을 입었다.

답❸ ( )

훼손 훼 毀 – 헐다 | 손 損 – 상하게 하다

1. **체면이나 명예를 손상함.**

   예 가짜 뉴스는 근거 없는 정보로 다른 사람의 명예를 ❹ ☐ 한다.

2. **헐거나 깨뜨려 못 쓰게 만듦.**

   예 문화유산을 훼손하지 말자.

답❹ ( )

이해 보기 에서 글자들을 골라, 뜻에 알맞은 낱말을 만드세요.

> 보기
>
> | 결 | 과 | 정 | 시 | 손 | 인 | 상 |
> |---|---|---|---|---|---|---|
> | 훼 | 실 | 판 | 강 | 난 | 유 | 의 |

1 물체가 깨지거나 상함. ( )

2 체면이나 명예를 손상함. ( )

3 줄어들거나 잃어버려서 손해를 보는 것. ( )

4 어느 부분이 없거나 잘못되어서 불완전함. ( )

적용 밑줄 친 부분과 비슷한 뜻을 가진 낱말을 보기 에서 찾아 쓰세요.

> 보기
>
> 결손   손상   손실   훼손

5 이번 사건으로 우리 가문의 체면이 구겨졌다. ( )

6 전문가들의 노력 끝에 깨진 조각 작품이 회복되었다. ( )

7 지난 비행기 사고로 항공사는 막대한 손해를 보았다. ( )

8 자동차 엔진의 잘못된 부분 때문에 교통사고가 일어났다. ( )

심화 **9** 다음 빈칸에 들어갈 알맞은 낱말은 무엇인가요? ( )

> 한여름 밤을 아름답게 수놓던 반딧불이는 무분별한 개발과 농약의 사용으로 자연이 □되어, 그 수가 급격히 줄었다.

① 결손   ② 번성   ③ 위협   ④ 침해   ⑤ 훼손

사형 선고 대 사형 집행

국제앰네스티의 **통계**에 따르면 2021년에 18개국에서 총 579건의 사형이 ㉠집행되었다. 사형 집행 건수가 가장 많은 국가는 중국이며 이란, 이집트, 사우디아라비아, 시리아 등이 그 뒤를 이었다. 북한과 베트남은 사형을 집행하고 있지만, 관련 정보를 공개하지 않아 통계에는 포함되지 않았다.

이처럼 세계 곳곳에서 여전히 사형이 집행되고 있지만, 전 세계적으로 사형 집행은 ㉡폐지되는 ㉢추세이다. 하지만 사형 집행에 대한 논쟁은 계속되고 있다. 우리나라에서 사형이 마지막으로 집행된 것은 1997년 12월 30일이다. 그 이후에도 사형을 선고하고 있지만 집행되지는 않았다. 그래서 우리나라는 사형 ㉮선고만 할 뿐 실제로 집행하지 않는 '실질적 사형 폐지국'에 해당한다.

사형을 선고하지만 집행하지 않는 가장 큰 이유는 잘못된 판단으로 죄 없는 사람의 생명을 앗아갔을 때 그 생명을 다시 되돌릴 수 없기 때문이다. 사형 집행을 반대하는 사람들은 국가가 범죄자에게 **참회와 속죄**의 기회를 주지 않고 생명을 빼앗는 것은 또 다른 살인일 뿐이라고 말한다. 또한 사형이 다른 형벌에 비해 범죄 ㉣예방 효과가 높다는 근거가 부족하다고 주장한다. 범죄자를 평생 감옥에 가두어 사회와 **격리**하는 종신형이 사형보다 범죄 예방에 더 큰 효과가 있다는 것이다.

이와 달리 사형 집행에 찬성하는 사람들도 있다. 그들은 범죄자가 저지른 잘못에 **상응**하는 처벌을 받아야 한다고 주장한다. 누군가에게 큰 해를 끼쳤는데도 범죄자의 인권을 보호하기 위해 범죄자를 살려 두는 것은 옳지 않다는 것이다. 이들은 사형 집행이 사람들에게 두려움을 심어 주어 강력 범죄를 예방하는 효과가 있다는 점과 다수의 ㉤여론이 사형 제도에 찬성한다는 점을 근거로 들며 사형을 집행해야 한다고 주장한다.

5

10

15

20

1

이 글은 무엇에 대한 글인지 쓰세요.

설명 대상

(   )

2
내용 이해

이 글을 통해 알 수 있는 내용이 아닌 것은 무엇인가요? (   )

① 우리나라는 실질적 사형 폐지국이다.

② 전 세계적으로 사형 제도는 폐지되는 추세이다.

③ 2021년에 사형 집행을 가장 많이 한 나라는 베트남이다.

④ 2021년에는 18개국에서 579건의 사형 집행이 이루어졌다.

⑤ 우리나라는 1998년부터 사형을 선고하지만 집행하지는 않았다.

3
적용

사형 제도에 대해 찬성하는 친구는 누구인가요?

> 연우: 범죄자를 평생 감옥에 가두는 것이 사형보다 범죄를 예방하는 데 더 큰 효과가 있을 거야.
>
> 세진: 국가는 범죄가 일어날 경우, 피해자 편에 서서 범죄자에게 그 잘못에 상응하는 처벌을 내려야 해.
>
> 수아: 국가 기관이든 사람이든 누구나 잘못 판단할 수 있어. 그런데 사형은 그 생명을 다시 되돌릴 수 없으므로 신중해야 해.

(   )

4
뜻

이 글에 쓰인 낱말의 뜻풀이가 바르지 않은 것은 무엇인가요? (   )

① ㉠: 법률, 명령, 재판, 처분 따위의 내용을 실행하는 일.

② ㉡: 조심하거나 삼가도록 미리 주의를 줌. 또는 그 주의.

③ ㉢: 어떤 현상이 일정한 방향으로 나아가는 경향.

④ ㉣: 질병이나 재해 따위가 일어나기 전에 미리 대처하여 막는 일.

⑤ ㉤: 사회 대중의 공통된 의견.

5
관계

밑줄 친 낱말이 ㉮와 같은 뜻으로 쓰인 것에 ○표 하세요.

(1) 의사는 안타까운 표정으로 할아버지의 병명을 <u>선고</u>하였다.　　　　　(　　　)

(2) 재판부는 피고에게 1심보다 높은 징역 3년 6개월을 <u>선고</u>하였다.　　　(　　　)

(3) 심판은 반칙 판정에 거칠게 항의하는 선수에게 퇴장을 <u>선고</u>하였다.　　(　　　)

어휘 학습

선 宣 – 널리 펴다 | 고 告 – 알리다

선고

재판의 결과를 **널리 알리는** 것

법정에서 재판관이 재판의 판결을 당사자에게 알리는 것.

예 그는 무죄 ❶◻◻를 받아 누명을 벗었다.

답 ❶ (   )

고 告(1. 아뢰다 2. 알리다)가 들어가는 한자어

경고 경 警 – 경계하다 | 고 告 – 알리다

1. **조심하거나 삼가도록 미리 주의를 줌. 또는 그 주의.**
   예 수업 시간에 친구와 떠들어 선생님의 ❷◻◻를 받았다.

2. **운동 경기나 조직 생활에서 규칙이나 규범을 어겼을 때 주는 벌칙의 하나.**
   예 심판은 상대편 선수를 다치게 한 선수에게 경고를 주었다.

답 ❷ (   )

광고 광 廣 – 넓다 | 고 告 – 알리다

1. **세상에 널리 알림. 또는 그런 일.**

2. **상품이나 서비스에 대한 정보를 여러 가지 매체를 통해서 소비자에게 널리 알리는 의도적인 활동. 또는 그 표현물.**
   예 교복 ❸◻◻ 모델은 주로 학생들에게 인기가 많은 연예인이다.

답 ❸ (   )

고발 고 告 – 알리다 | 발 發 – 드러내다

세상에 잘 알려지지 않은 잘못이나 비리 따위를 드러내어 알림.

예 환경 단체들은 댐 건설로 인한 환경 파괴의 심각성을 ❹◻◻했다.

☑ **비슷한 말 폭로** 알려지지 않았거나 감추어져 있던 사실을 드러냄.

답 ❹ (   )

이해 다음 낱말의 뜻을 보기 에서 찾아 기호를 쓰세요.

보기
ㄱ 조심하거나 삼가도록 미리 주의를 줌. 또는 그 주의.
ㄴ 법정에서 재판관이 재판의 판결을 당사자에게 알리는 것.
ㄷ 세상에 잘 알려지지 않은 잘못이나 비리 따위를 드러내어 알림.
ㄹ 상품이나 서비스에 대한 정보를 여러 가지 매체를 통해서 소비자에게 널리 알리는 의도적인 활동. 또는 그 표현물.

1 선고 (   )　　　　　**2** 경고 (   )

3 광고 (   )　　　　　**4** 고발 (   )

적용 빈칸에 들어갈 낱말을 보기 에서 찾아 쓰세요.

보기
경고　　　　고발　　　　광고　　　　선고

5 재판에서 유죄가 (   )되면 죗값을 치러야 한다.

6 소비자 보호 단체의 (   )로 경찰이 기업 조사에 나섰다.

7 (   )을/를 볼 때에는 과장하거나 감춘 내용이 있는지 살펴야 한다.

8 그는 접근하지 말라는 (   )을/를 무시하고 개를 만졌다가 사고를 당했다.

심화 **9** 다음 글에서 밑줄 친 말과 바꾸어 쓸 수 있는 말을 찾아 두 글자로 쓰세요.

　　이야기 중에는 동물을 사람처럼 표현하는 것들이 많다. 사람 대신 동물을 내세운 것은 도리에 어긋나는 사회의 모습을 고발하기 위해서이다. 현실을 직접적으로 비판하기 어려울 때 간접적인 방법으로 <u>폭로</u>하는 것이다.

(   )

핵심어

고갈

고 枯 - 마르다
갈 渴 - 마르다

어떤 일의 바탕이 되는 돈이나 물자, 소재, 인력 따위가 다하여 없어짐.

- **산림**(메 산 山, 수풀 림 林) 산과 숲, 또는 산에 있는 숲.

- **가동**(심을 가 稼, 움직일 동 動) 사람이나 기계 따위가 움직여 일함. 또는 기계 따위를 움직여 일하게 함.

- **기하급수적** 증가하는 수나 양이 아주 많은 것.

- **효율** 들인 노력과 얻은 결과의 비율.

- **보유**(보전할 보 保, 있을 유 有) 가지고 있거나 간직하고 있음.

- **최소화**(가장 최 最, 적을 소 少, 될 화 化) 가장 적게 함.

- **미미하다** 보잘것없이 아주 작다.

자원이 고갈되어 간다

에너지란 물체를 움직이거나 일을 하는 힘을 말한다. 인류는 석탄, 석유, 물, **산림** 등의 자원을 이용하여 다양한 방법으로 에너지를 만들어 왔다. 이를 통해 어둠을 밝히고, 자동차나 기차로 사람이나 물건을 먼 곳까지 옮기고, 기계를 **가동**해 생활에 필요한 여러 가지 도구를 만들어 내면서, 과거보다 편리하고 풍족한 생활을 누려 왔다.

하지만 자원은 한정되어 있어서 에너지를 쓸수록 지구의 자원은 줄어들 수밖에 없다. 현재 서울에서 하루에 쓰는 에너지양은 조선 시대 전체에 걸쳐 전국에서 사용한 에너지양보다 많다. 우리의 생활이 편리해진 만큼 에너지 사용량은 **기하급수적**으로 증가한 것이다.

그러자 사람들은 기술을 발전시켜 보다 적은 자원으로 더 많은 에너지를 만들 수 있는 기계를 개발하였다. 그렇다면 자원이 줄어드는 속도는 늦춰졌을까? 그렇지 않다. 에너지 **효율**이 좋은 기계가 개발되자 그 기계를 이용하는 사람들도 늘면서 더 많은 자원이 빠른 속도로 소비되고 있기 때문이다.

오늘날 각종 기계의 에너지 효율은 예전보다 훨씬 높아졌다. 하지만 기계의 종류와 수가 많아지면서 전체 에너지 사용량은 늘었다. 예를 들어 전보다 기름이 적게 필요한 자동차와 전기가 덜 사용되는 냉장고가 개발되었다. 그러나 40년 전에 약 50만 대에 불과했던 우리나라의 자동차 수는 현재 2,400만 대를 넘어섰다. 그리고 냉장고는 1가구당 **보유** 수량이 늘었을 뿐 아니라 그 종류까지 다양해졌다.

이처럼 기술의 발전만으로는 자원이 ㉠고갈되는 것을 막을 수 없다. 과학자들이 에너지 자원의 사용을 **최소화**할 수 있는 기술을 ㉡갈망하며 연구하고 있지만, 그 성과는 아직 **미미하다**. 기술보다 중요한 것은 사람들이 자원 고갈의 심각성을 깨닫고, 에너지를 아끼기 위한 노력을 함께하는 것이다. 그러므로 우리는 평소 사용하지 않는 전기 코드를 빼고, 가까운 거리는 걸어 다니는 등 실생활에서 에너지 절약을 실천해야 한다.

5

10

15

20

25

1

문제 상황

이 글에서 문제로 삼고 있는 것은 무엇인지 두 글자로 쓰세요.

• 에너지의 과다한 사용으로 인한 자원의 (   )

2
글의 특징

이 글의 특징으로 알맞지 <u>않은</u> 것은 무엇인가요? (   )

① 구체적 예를 들어 관련 내용을 뒷받침하고 있다.
② 핵심적 용어의 뜻을 밝혀 내용 이해를 돕고 있다.
③ 전문가의 견해를 인용하여 주장을 강화하고 있다.
④ 과거와 현재를 비교하여 문제 상황을 강조하고 있다.
⑤ 스스로 묻고 답하는 방식으로 내용을 전개하고 있다.

3
내용 이해

보기 에서 글쓴이의 주장을 뒷받침하는 내용을 모두 찾아 기호를 쓰세요.

보기
ⓐ 자원의 양은 한정되어 있다.
ⓑ 각종 기계의 에너지 효율이 예전보다 낮아졌다.
ⓒ 기술의 발전만으로는 자원이 고갈되는 것을 막을 수 없다.
ⓓ 적은 자원으로 많은 에너지를 생산하는 기계를 개발하였다.

(,   )

4
적용
어휘

빈칸에 ㉠을 넣었을 때 어울리지 <u>않는</u> 것은 무엇인가요? (   )

① 화재로 인해 산림 자원이 [   ]되었다.
② 그 단체는 자금의 [   ]로 어려움을 겪고 있다.
③ 할머니는 교육에 [   ]을 느껴 늦은 나이에 한글을 배우셨다.
④ 마라톤 선수는 체력이 [   ]되어 더 이상 속도를 내지 못했다.
⑤ 석유 에너지의 [   ]을 대비하여 대체 에너지를 개발해야 한다.

5
뜻
어휘

㉡의 뜻으로 알맞은 것은 무엇인가요? (   )

① 간절히 바람.   ② 먼 곳을 바라봄.
③ 부러워하여 바람.   ④ 모든 희망을 다 버림.
⑤ 앞날을 헤아려 내다봄.

↓ 핵심어

고 枯 – 마르다 | 갈 渴 – 마르다

고갈

말라 없어짐

어떤 일의 바탕이 되는 돈이나 물자, 소재, 인력 따위가 다하여 없어짐.

예 오랜 전쟁으로 물자와 인력이 ❶ ☐☐되었다.

답 ❶ (   )

확장

갈 渴(목마르다)이 들어가는 한자어

갈망 갈 渴 – 목마르다 | 망 望 – 바라다

간절히 바람.

예 아버지는 지식을 ❷ ☐☐하며 항상 배우는 것을 즐거워하셨다.

☑ **비슷한 말 열망** 열렬하게 바람.

답 ❷ (   )

갈증 갈 渴 – 목마르다 | 증 症 – 증세

1. **목이 말라 물을 마시고 싶은 느낌.**

   예 땀 흘려 운동하고 나면 ❸ ☐☐이 난다.

2. **목이 마른 듯이 무언가를 몹시 조급하게 바라는 마음을 비유적으로 이르는 말.**

   예 학생들의 눈빛에서 배움에 대한 갈증이 느껴졌다.

답 ❸ (   )

해갈 해 解 – 풀다 | 갈 渴 – 목마르다

1. **목마름을 해소함.**

   예 ❹ ☐☐을 위해 물을 연거푸 석 잔을 마셨다.

2. **비가 내려 가뭄을 겨우 벗어남.**

   예 큰 비가 내려 해갈에 도움이 되었다.

답 ❹ (   )

이해 다음 뜻에 알맞은 낱말을 넣어 십자말풀이를 완성하세요.

1·2		
		3
	4	

1 (가로) 목이 말라 물을 마시고 싶은 느낌.

2 (세로) 간절히 바람.

3 (세로) 목마름을 해소함.

4 (가로) 어떤 일의 바탕이 되는 돈이나 물자, 소재, 인력 따위가 다하여 없어짐.

적용 빈칸에 들어갈 낱말을 [보기]에서 찾아 쓰세요.

> 보기
>
> 갈망   갈증   고갈   해갈

5 부모는 자식의 행복을 (   )한다.

6 (   )을 위해 우물에서 물을 길어 왔다.

7 시원한 수박 몇 조각으로 (   )을 해소했다.

8 화석 연료가 (   )되기 전에 새로운 에너지 자원을 찾아야 한다.

심화 9 다음 글에서 빈칸에 들어갈 알맞은 말은 무엇인가요? (   )

> 한자 '목마를 갈(渴)'이 들어가는 한자 성어에는 '갈이천정'과 '갈민대우'가 있다. '갈이천정'은 '목마른 놈이 우물 판다'라는 속담을 한자로 적은 것으로, 제일 급하고 일이 필요한 사람이 그 일을 서둘러 하게 되어 있다는 뜻이다. 또 '갈민대우'는 목마른 백성이 비를 기다린다는 뜻으로, 무엇인가를 간절히 [   ]함을 이르는 말이다.

① 갈망   ② 갈증   ③ 고갈   ④ 미미   ⑤ 보유

설명문 | 과학

☐☐☐의 작용으로 일어나는 발효와 부패

미생물

미 微 – 작다
생 生 – 나다
물 物 – 만물

눈으로 볼 수 없는 아주 작은 생물.

　　빵, 김치, 요구르트, 치즈, 된장, 젓갈 등은 모두 **발효** 식품이다. 발효 식품은 젖산균이나 효모 등 미생물의 발효 작용을 이용하여 만든 식품으로, 독특한 ㉠풍미를 지닌다. 그런데 식품이 발효되는 과정에서 원래 의도와 다르게 **부패**되기도 한다. 발효와 부패는 ㉮미생물이 작용하여 물질이 **분해**되는 현상으로 그 ㉡원리가 비슷하기 때문이다. 그렇다면 발효와 부패의 차이는 무엇일까?　　　　　　　　　　　　　　　　　　　　　　　　5

　　첫째, 발효와 부패는 분해되는 환경이 다르다. 발효는 특정한 조건이 갖추어졌을 때 효모와 같은 발효균이 **효소** 작용을 하며 일어난다. 이때 식재료의 종류와 발효 목적에 따라 발효 조건은 달라진다. 이와 달리 부패는 식재료를 **상온**에 일정 시간 이상 ㉢방치할 경우에 나타나는데, 특히 **고온 다**　　10
습한 환경에서 잘 일어난다. 예를 들어 갓 짜낸 우유를 상온에 오랫동안 내버려 두면 상해 버리지만, 발효를 일으키는 효소를 넣어 두면 치즈가 된다. 하지만 상온에서 발효를 너무 오래 하면 부패로 이어질 수도 있으므로 적당한 때에 냉장 보관하는 것이 좋다.

　　둘째, 발효와 부패는 물질 분해 과정이 다르다. 부패균과 발효균은 분해　　15
과정에서 각각 다르게 작용한다. 예를 들어 부패균이 활동하면 식재료가 분해되는 과정에서 아민이나 황화 수소 같은 물질이 만들어져 심한 ㉣악취를 풍긴다. 그러나 발효균이 활동했을 때는 그런 물질이 만들어지지 않는다. 물론 발효 음식 중에는 강한 냄새를 풍기는 것도 있지만, 이는 아민이나 황화 수소와는 다른 성분으로 인한 것이다.　　　　　　　　　　　　　　　20

　　셋째, 사람이 먹을 수 있는지가 다르다. 미생물이 식재료를 분해하여 인간에게 유용한 물질이 만들어지면 발효라고 하고, 식재료를 사용할 수 없게 되거나 몸에 나쁜 물질이 만들어지면 부패라고 한다. 발효된 식품은 우리 몸에서 문제없이 소화되지만, 부패된 식품은 우리 몸에서 잘 소화되지 않고 ㉤유해하게 작용하여 설사나 구토를 일으킬 수 있다.　　　　　　25

● **발효** 미생물이나 효소의 작용으로 유기물이 화학적으로 변화하는 현상.

● **부패** 물질이 썩어 못 쓰게 되는 것.

● **분해**(나눌 분 分, 풀 해 解) 결합되어 있는 것을 여러 조각으로 가르는 것.

● **효소** 생물체 안에서 만들어지는 단백질을 중심으로 한 화합물로, 술이나 된장 등을 만드는 데 쓰는 곰팡이.

● **상온**(항상 상 常, 따뜻할 온 溫) 가열하거나 냉각하지 않은 자연 그대로의 기온.

● **고온 다습**(높은 고 高, 따뜻할 온 溫, 많을 다 多, 축축할 습 濕) 온도가 높고 습기가 많음.

---

1 빈칸에 알맞은 낱말을 넣어 이 글의 제목을 완성하세요.

제목

☐☐☐의 작용으로 일어나는 발효와 부패

(　　　　　　　)

2 이 글을 통해 알 수 있는 내용이 <u>아닌</u> 것은 무엇인가요? (   )

내용 이해

① 발효와 부패의 공통점
② 음식이 부패하는 상황
③ 발효 식품의 구체적인 예
④ 발효 식품을 먹었을 때의 효과
⑤ 부패한 식품에서 악취가 나는 까닭

3 이 글을 통해 추론할 수 있는 내용이 <u>아닌</u> 것은 무엇인가요? (   )

추론

① 발효 식품은 건강에 좋다.
② 발효 식품의 발효 시간은 모두 같다고 말할 수 없다.
③ 강한 냄새가 난다고 다 부패한 음식이라고 할 수는 없다.
④ 부패한 음식에는 아민이나 황화 수소 같은 물질이 들어 있다.
⑤ 식재료를 빨리 발효시키려면 고온 다습한 환경을 조성해야 한다.

어휘

4 ㉠~㉤의 뜻으로 알맞지 <u>않은</u> 것은 무엇인가요? (   )

뜻

① ㉠: 음식의 고상한 맛.
② ㉡: 사물의 근본이 되는 이치.
③ ㉢: 마음을 다잡지 아니하고 풀어 놓아 버림.
④ ㉣: 나쁜 냄새.
⑤ ㉤: 해로움이 있음.

어휘

5 보기 를 참고할 때, ㉮의 하의어로 알맞은 낱말은 무엇인가요? (   )

관계

> 보기
>
> 한 낱말의 뜻이 다른 낱말의 뜻을 포함하는 두 낱말의 관계를 상하 관계 또는 포함 관계라고 한다. 이때 일반적인 뜻을 지닌 낱말을 상의어, 구체적이고 자세한 뜻을 지닌 낱말을 하의어라고 한다.

① 동물   ② 생물   ③ 효모   ④ 치즈   ⑤ 식물

↓ 핵심어

미 微 – 작다 | 생 生 – 나다 | 물 物 – 만물

미생물

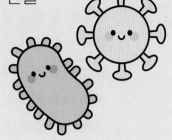

아주 **작은 생물**

눈으로는 볼 수 없는 아주 작은 생물.

예 과학 시간에 현미경으로 ❶ ☐☐☐ 을 관찰하였다.

답 ❶ (   )

확장

미 微 (1. 작다 2. 적다 3. 조금)가 들어가는 한자어

미세 미 微 – 작다 | 세 細 – 가늘다

알아보기 어려울 정도로 매우 가늘고 작음.

예 ❷ ☐☐ 먼지 때문에 하늘이 부옇다.

답 ❷ (   )

미량 미 微 – 적다 | 량 量 – 헤아리다

아주 적은 분량.

예 오래된 수도관에서 ❸ ☐☐의 납 성분이 확인되어 수도관을 바꾸었다.

☑ 비슷한 말 **소량** 적은 분량.
☑ 반대되는 말 **다량** 많은 분량.

답 ❸ (   )

미동 미 微 – 조금 | 동 動 – 움직이다

약간 움직임.

예 어머니는 생각에 잠겨 ❹ ☐☐도 없이 먼 곳만 바라보셨다.

답 ❹ (   )

이해 다음 낱말과 뜻을 알맞게 선으로 이으세요.

1 미량 •   • ㉮ 약간 움직임.

2 미동 •   • ㉯ 아주 적은 분량.

3 미세 •   • ㉰ 눈으로 볼 수 없는 아주 작은 생물.

4 미생물 •   • ㉱ 알아보기 어려울 정도로 매우 가늘고 작음.

적용 빈칸에 들어갈 낱말을 보기 에서 찾아 쓰세요.

> 보기
>
> 미동   미량   미생물   미세

5 개는 (   )도 하지 않고 가만히 주인을 기다렸다.

6 호르몬은 (   )(이)라도 몸 전체에 영향을 미친다.

7 도자기에는 눈에 잘 띄지 않는 (   )한 금이 가 있다.

8 갯벌에 사는 (   )은/는 오염 물질을 깨끗하게 해 주는 역할을 한다.

심화 9 다음 글에서 밑줄 친 말과 뜻이 반대되는 말을 찾아 두 글자로 쓰세요.

> 과일과 채소에 <u>다량</u> 들어 있는 식이 섬유는 장 활동을 원활하게 한다. 그러므로 평소에 과일과 채소를 충분히 먹는 것이 좋다. 과일과 채소는 겉에 미량의 농약이 묻어 있을 수 있으므로, 흐르는 물에 충분히 씻은 후 먹어야 한다.

이해

(   )

시대를 보여 주는 허구적 이야기, 『홍길동전』

핵심어

허구

허 虛 – 없다
구 構 – 꾸며대다

사실에 없는 일을 사실처럼 꾸며 만듦.

국어 시간에 읽고 싶은 책 한 권을 도서관에서 빌려 오라고 했다. 얼마 전 소설 『홍길동전』의 주인공이 **실존** 인물인지 아닌지를 다루는 텔레비전 프로그램을 본 것이 생각이 나서 책 『홍길동전』을 골랐다.

『홍길동전』은 조선 시대를 배경으로 하는 이야기이다. 조선 시대에는 지금과는 다르게 **신분 제도**가 있었는데 주인공 길동은 양반인 아버지 홍 판서와 천민인 어머니 춘섬 사이에서 태어난 **서자**였다. 조선 시대에 서자는 정식 부인의 자식인 적자와 달리 양반으로 인정받지 못했다. 그래서 길동은 양반인 아버지를 아버지라 부르지 못하고, 적자인 형을 형이라 부를 수 없었다. 또한 서자는 과거 시험을 볼 때 문과에는 응시하지 못했다. 이에 길동은 학문을 두루 익히고 도술도 부릴 만큼 능력이 뛰어났음에도 높은 벼슬을 할 수 없다는 점을 늘 슬퍼하였다. 그러던 어느 날, 홍 판서의 **첩**인 초란이 길동을 죽이려고 **자객**을 보낸다. 이를 안 길동은 집을 나와 떠돌다가 우연히 만난 도적 집단의 우두머리가 된다. 길동은 무리의 이름을 가난한 사람들을 살리는 무리라는 뜻의 '활빈당'으로 짓고, 백성들을 괴롭히는 **탐관오리**의 재물을 훔쳐 가난한 백성들에게 나누어 준다. 관리들이 활빈당에게 재물을 빼앗기자, 나라에서는 길동을 잡으려고 한다. 그러나 길동은 ⟨ ㉠ ⟩한 재주를 부리며 잡히지 않았고, 자신에게 병조판서 벼슬을 주면 잡히겠다고 말한다. 결국 왕은 길동에게 벼슬을 내려, 길동이 신분으로 인해 겪은 서러움을 풀어 준다. 이후 길동은 활빈당을 이끌고 율도국으로 건너가서 왕이 된다.

『홍길동전』은 실제 존재하지 않았던 홍길동을 주인공으로 내세운 ㉡**허구적인 이야기**이지만, 당시 조선 시대의 모습을 잘 보여 준다. 지금과 달리 조선 시대에는 신분이 낮다는 이유로 사람을 차별하기도 하고, 신분이 높은 양반들은 여러 명의 첩을 둘 수도 있었다. 또한 백성을 괴롭히는 탐관오리들도 있었다. 새로운 나라에 가서 왕이 된 홍길동은 아마도 **부패한** 조선을 **개혁하여** 새로운 세상을 만들고 싶었던 작가의 꿈이 아니었을까?

5
10
15
20
25

● **실존**(열매 실 實, 있을 존 存) 실제로 존재함. 또는 그런 존재.

● **신분 제도** (봉건 사회에서) 사람을 몇 개의 계급으로 나누어 그 계급에서 벗어나지 못하게 하는 제도.

● **서자**(여러 서 庶, 아들 자 子) 첩이 낳은 아들.

● **첩** 정식 아내 외에 데리고 사는 여자.

● **자객** 사람을 몰래 죽이는 일을 전문으로 하는 사람.

● **탐관오리** 백성의 재물을 탐내어 빼앗는, 행실이 깨끗하지 못한 관리.

● **부패**(썩을 부 腐, 패할 패 敗)한 정치, 사상, 의식 따위가 타락한.

● **개혁**(고칠 개 改, 가죽 혁 革)하여 제도나 기구 따위를 뜯어고쳐.

1

대상

이 글은 무엇에 대한 글인지 네 글자로 쓰세요.

• (   )에 대한 감상

2

내용 이해

『홍길동전』의 홍길동에 대한 설명으로 알맞지 <u>않은</u> 것은 무엇인가요? (   )

① 조선을 떠나 율도국의 왕이 되었다.

② 학문과 도술에 뛰어난 능력을 지니고 있었다.

③ 도적의 우두머리가 되었지만, 가난한 백성들을 도왔다.

④ 벼슬에는 관심이 없어서 왕이 내린 병조판서 벼슬을 거절했다.

⑤ 양반 신분이 아니라서 양반인 아버지를 아버지라 부를 수 없었다.

3

세부 내용

『홍길동전』을 통해 알 수 있는 조선 시대의 모습으로 알맞은 것을 기호로 모두 쓰세요.

> ㉠ 백성들을 괴롭히는 탐관오리들이 있었다.
>
> ㉡ 양반들은 정식 부인 외에도 첩을 둘 수 있었다.
>
> ㉢ 농민들이 상인들보다 더 높은 신분을 지니고 있었다.
>
> ㉣ 능력이 뛰어난 여성들은 남성만큼 사회에서 인정받을 수 있었다.
>
> ㉤ 신분 제도가 있어서, 낮은 신분은 벼슬을 하는 데 차별을 당했다.

(,   ,   )

4

어휘

적용

㉠에 들어갈 알맞은 한자 성어에 ○표 하세요.

(1) 연목구어: 도저히 불가능한 일을 굳이 하려 함.   (   )

(2) 신출귀몰: 그 움직임을 쉽게 알 수 없을 만큼 자유자재로 나타나고 사라짐.   (   )

(3) 당랑거철: 제 역량을 생각하지 않고 강한 상대나 되지 않을 일에 덤벼드는 무모한 행동거지.

(   )

5

어휘

뜻

㉡의 뜻으로 알맞은 것은 무엇인가요? (   )

① 사실에 없는 일을 사실처럼 꾸며 만듦.

② 좋은 것은 다 빠지고 남은 허름한 물건.

③ 무가치하고 무의미하게 느껴져 매우 허전하고 쓸쓸함.

④ 실제보다 지나치게 과장하여 믿음성이 없는 말이나 행동.

⑤ 실제 없는 것이 있는 것처럼 나타나 보이거나 실제와는 다른 것으로 드러나 보이는 모습.

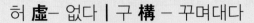
↓ 핵심어

허 虛– 없다 | 구 構 – 꾸며대다

허구

진짜보다
더 진짜 같은
이야기

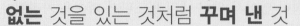
없는 것을 있는 것처럼 **꾸며 낸** 것

사실에 없는 일을 사실처럼 꾸며 만듦.

예 소설은 실제로 일어날 만한 일을 다루지만 ❶ □□적 이야기이다.

답❶ ( )

확장

허 **虛** (1. 없다 2. 비다)가 들어가는 한자어

허세   허 **虛** – 없다 | 세 **勢** – 기세

겉으로만 있는 척하여 보이는 힘.

예 겸손한 사람은 ❷ □□를 부리지 않는다.

☑ **비슷한 말 허풍** 실제보다 지나치게 과장하여 믿음성이 없는 말이나 행동.

답❷ ( )

허기   허 **虛** – 비다 | 기 **飢** – 주리다

몹시 굶어서 배고픈 느낌.

예 아침 식사를 거르면 오전 내내 ❸ □□가 진다.

☑ **비슷한 말 공복감** 배 속이 빈 듯한 느낌.

답❸ ( )

허점   허 **虛** – 비다 | 점 **點** – 점찍다

불충분하거나 허술한 점. 또는 주의가 미치지 못하거나 틈이 생긴 구석.

예 토론에서 이기기 위해서는 상대측 주장의 논리적 ❹ □□을 지적해야 한다.

☑ **비슷한 말 맹점** 미처 생각이 미치지 못한, 모순되는 점이나 틈.

답❹ ( )

이해 다음 낱말의 뜻을 보기 에서 찾아 기호를 쓰세요.

> 보기
>
> ㉠ 몹시 굶어서 배고픈 느낌.
>
> ㉡ 겉으로만 있는 척하여 보이는 힘.
>
> ㉢ 사실에 없는 일을 사실처럼 꾸며 만듦.
>
> ㉣ 불충분하거나 허술한 점. 또는 주의가 미치지 못하거나 틈이 생긴 구석.

1 허구 (   ) 　　　**2** 허기 (   )

3 허세 (   ) 　　　**4** 허점 (   )

적용 빈칸에 들어갈 낱말을 보기 에서 찾아 쓰세요.

> 보기
>
> 　　허구　　　　허기　　　　허세　　　　허점

5 적의 (   )을/를 파악하여 전략을 세웠다.

6 군인들은 주먹밥으로 겨우 (   )을/를 채웠다.

7 역사 소설은 사실과 (   )이/가 섞여 있는 이야기이다.

8 그는 사람들 앞에서 (   )을/를 부리며 부자인 척을 했다.

심화 **9** 다음 글에서 빈칸에 들어갈 알맞은 낱말은 무엇인가요? (   )

> 　　누리 소통망 게시글을 보고 다른 사람과 자신을 비교하며 우울감을 느끼는 사람들이 있다. 하지만 누리 소통망 게시물 중에는 자신을 자랑하기 위해 ☐☐을/를 부리며, 경험하지 않은 것을 경험한 것처럼 꾸며 쓴 경우가 많다. 그러므로 다른 사람의 누리 소통망 게시글을 보고 자신의 처지가 나쁘다고 생각할 이유는 없는 것이다.

① 허구　　　② 허가　　　③ 허락　　　④ 허세　　　⑤ 허점

수요와 공급의 양에 따라 결정되는 가격

수요

수 需 – 필요로 하는 물건
요 要 – 원하다

어떤 물건이나 서비스를
일정한 가격으로 사려고
하는 욕구.

몇 해 전 마스크 가격이 급격히 ㉠상승한 적이 있었다. 당시 코로나19 바이러스가 퍼지면서 마스크를 필요로 하는 사람들이 많아졌고, 마스크를 구하기 어려웠기 때문이다. 그렇다면 상품의 가격은 어떻게 결정될까?

경제 현상은 기본적으로 시장의 수요와 공급에 따라 나타난다. 수요란 소비자가 상품과 서비스를 구매하고자 하는 욕구이다. 수요는 제품의 가격, 소비자의 **소득**과 취향 등 여러 ㉡요인의 영향을 받지만, 상품의 가격에 가장 큰 영향을 받는다. 백화점에서 할인 행사를 하면 물건을 저렴하게 구매할 수 있으므로 물건을 사려는 사람이 많아지는 것이 수요가 증가하는 대표적인 예이다. 이처럼 상품의 가격이 낮아지면 수요가 늘고, 상품의 가격이 높아지면 수요는 줄어든다.

이와 달리 공급은 생산자가 상품을 생산하고자 하는 욕구이다. 공급은 수요에 따라 ㉢결정된다. 수요가 늘어서 상품 판매량이 많아지면 생산자는 더 큰 이익을 얻을 수 있으므로 공급이 증가하게 된다. 코로나19 바이러스가 확산되어 마스크에 대한 사람들의 수요가 증가하자, 생산자가 더 많은 이익을 얻기 위해 마스크 생산량을 늘린 것이 그 예이다. 반면 수요가 적으면 공급 또한 적어진다.

상품의 가격은 **수요량**과 **공급량**이 만나는 지점에서 결정된다. 그런데 수요량과 공급량은 ㉣일정하지 않기 때문에 상품의 가격은 계속해서 변하게 된다. ㉮ 에 비해 ㉯ 이 많으면, 소비자는 원래보다 더 많이 **지불하더라도** 물건을 구매하려 한다. 이런 경우 상품의 가치가 높아지기 때문에 상품의 가격이 오르게 된다. 반면에 ㉮ 에 비해 ㉯ 이 적으면, 팔리지 못한 상품이 많아지게 된다. 생산자는 상품을 아예 팔지 못하는 것보다 가격을 낮춰서라도 상품을 판매하는 것이 ㉤이득이기 때문에, 상품의 가격은 떨어지게 되는 것이다.

5

10

15

20

● **소득**(바 소 所, 얻을 득 得) 일한 결과로 얻은 정신적·물질적 이익.

● **수요량** 수요의 크기를 나타내는 양.

● **공급량** 공급의 크기를 나타내는 양.

● **지불**(지탱할 지 支, 떨칠 불 拂)**하더라도** 돈을 내어 주더라도. 또는 값을 치르더라도.

1 설명 대상

이 글에서 설명하는 것은 무엇인지 두 글자로 쓰세요.

● 수요와 공급이 ( )에 미치는 영향

2

내용 이해

이 글의 내용과 일치하는 것은 무엇인가요? (   )

① 수요가 증가하면 공급은 감소한다.

② 수요량과 공급량은 항상 일정하다.

③ 공급이 늘면 생산자는 제품을 더 적게 생산한다.

④ 수요에 가장 큰 영향을 주는 요인은 소비자의 취향이다.

⑤ 상품의 가격은 수요량과 공급량이 만나는 지점에서 결정된다.

3

적용

이 글을 읽고 보기 를 잘못 이해한 친구에 ○표 하세요.

> **보기**
>
> 극심한 가을 가뭄으로 인해 많은 사람들이 기다리고 있는 김장철 배추 공급에 비상이 걸렸다. 한 달 이상 비가 내리지 않아 배추 생산량이 지난해보다 크게 감소할 것으로 보인다.

(1) 도진: 가뭄으로 인해 배추의 공급량이 줄어들겠군.   (   )

(2) 다인: 배추 가격이 떨어져서 배추 생산자가 큰 손해를 보겠네.   (   )

(3) 혜은: 이번 김장철에는 사람들이 지난해 배추 가격보다 더 많이 지불하려고 할 거야.

(   )

4 어휘

뜻

㉠~㉤의 뜻으로 알맞지 않은 것은 무엇인가요? (   )

① ㉠: 낮은 데서 위로 올라감.

② ㉡: 어떤 주장이나 의견이 옳음을 뒷받침하는 까닭.

③ ㉢: 행동이나 태도를 분명하게 정함. 또는 그렇게 정해진 내용.

④ ㉣: 어떤 것의 양, 성질, 상태 계획 따위가 달라지지 아니하고 한결같지.

⑤ ㉤: 이익을 얻음. 또는 그 이익.

5 어휘

적용

㉮와 ㉯에 들어갈 알맞은 낱말을 보기 에서 찾아 쓰세요.

> **보기**
>
> | 가격 | 공급량 | 수요량 |
> | --- | --- | --- |

(1) ㉮: (   )   (2) ㉯: (   )

어휘 학습

 핵심어

수 需 – 필요로 하는 물건 | 요 要 – 원하다

수요

필요한 물건을 **원하는** 것

어떤 물건이나 서비스를 일정한 가격으로 사려고 하는 욕구.

예 때 이른 무더위로 에어컨에 대한 ❶◻️가 증가하였다.

답 ❶ (   )

 확장

수 需 (1. 구하다 2. 쓰이다 3. 필요로 하는 물건)가 들어가는 한자어

성수기
성 盛 – 성하다 | 수 需 – 쓰이다 | 기 期 – 때

어떤 상품이 한창 잘 팔리는 시기.

예 ❷◻️◻️의 비행기 요금은 평소보다 비싸다.

☑ **반대되는 말 비수기** (어떤 상품이) 잘 안 팔리는 기간.

답 ❷ (   )

필수품
필 必 – 반드시 | 수 需 – 구하다 | 품 品 – 물건

일상생활에 없어서는 안 되는 반드시 필요한 물건.

예 휴대 전화는 현대인의 ❸◻️◻️으로 자리잡았다.

답 ❸ (   )

혼수
혼 婚 – 혼인하다 | 수 需 – 필요로 하는 물건

혼인에 필요한 물품이나 비용.

예 어머니께서는 딸의 ❹◻️로 두꺼운 솜이불 한 채를 마련하셨다.

답 ❹ (   )

이해 다음 낱말과 뜻을 알맞게 선으로 이으세요.

1 성수기 •

2 수요 •

3 필수품 •

4 혼수 •

• ㉮ 혼인에 필요한 물품이나 비용.

• ㉯ 어떤 상품이 한창 잘 팔리는 시기

• ㉰ 일상생활에 없어서는 안 되는 반드시 필요한 물건.

• ㉱ 어떤 물건이나 서비스를 일정한 가격으로 사려고 하는 욕구.

적용 밑줄 친 부분과 비슷한 뜻을 가진 낱말을 보기 에서 찾아 쓰세요.

보기

성수기	수요	필수품	혼수

5 아이스크림이 가장 잘 팔리는 시기는 여름이다. ( )

6 혼인에 필요한 물품이나 비용을 따지는 문화는 사라져야 한다. ( )

7 건강을 생각한 자연 식품에 대한 소비자의 요구가 증가하고 있다. ( )

8 재해에 피해를 입은 사람들은 일상생활에 필요한 물건들이 턱없이 부족했다.

( )

심화 **9** 다음 글에서 빈칸에 들어갈 알맞은 낱말은 무엇인가요? ( )

고전 소설 『허생전』에서 주인공 허생은 전국에서 나는 과일을 원래 가격의 두 배를 주고 몽땅 사들인다. 그러자 제사에 [ ]인 과일을 구해야만 하는 사람들은 난리가 난다. 사람들은 어쩔 수 없이 원래 가격의 열 배 값을 주고 허생에게 과일을 다시 살 수밖에 없었다.

① 공산품 ② 기호품 ③ 부품 ④ 소모품 ⑤ 필수품

세계가 각축을 벌이는 애니메이션 시장

우리나라 사람들이 가장 재미있게 본 ㉠애니메이션은 무엇일까? 대표적인 애니메이션으로 디즈니사의 ㉡「겨울왕국」이 있다. 전 세계에 개봉한 「겨울왕국」은 **역대** 영화 중 세계 매출 5위를 기록했고, 우리나라에서는 천만 관객을 **돌파할** 만큼 큰 인기를 끌었다. 이처럼 애니메이션은 더 이상 아이들만의 **전유물**이 아닌 모두의 즐길 거리가 되었다. 　　　　5

애니메이션이란 만화나 인형을 살아 움직이는 것처럼 **생동감** 있게 표현한 영상을 말한다. 쉽게 말해 움직이는 그림이다. 전통적인 애니메이션은 여러 장의 그림이나 사진을 연결하여 움직이는 것처럼 보이게 만들었다. 현대에 와서는 소재나 효과 면에서 독특하고 다양한 형태의 애니메이션이 등장하여 애니메이션 시장을 확장하고 있다. 예를 들어 종이나 셀 위에 그　10 림을 그리고 촬영하여 움직임을 만드는 셀 애니메이션, 모래나 점토를 이용한 클레이 애니메이션, 인형을 이용한 인형 애니메이션, 컴퓨터 프로그램을 활용하는 3D 애니메이션 등이 있다.

최근에는 키덜트 열풍으로 어른들을 **주** 소비층으로 겨냥한 애니메이션도 만들어지고 있다. 키덜트는 아이(Kid)와 어른(Adult)의 합성어로 아이　15 와 같은 감성을 간직한 어른을 뜻한다. 키덜트 족은 자신이 좋아하는 특정 애니메이션 상품에 아낌없이 소비하며, 애니메이션 시장의 **판도**를 바꾸고 있다.

이처럼 애니메이션 시장이 다양화되는 까닭은 애니메이션 시장의 경제적 가치가 나날이 커지고 있기 때문이다. 애니메이션 그 자체도 훌륭한 상　20 품이지만, 애니메이션 캐릭터를 활용하는 산업의 규모 또한 엄청나다. 이 거대한 애니메이션 시장을 차지하기 위해 전 세계 관련 기업들은 ㉢각축을 벌이고 있다. 일본과 미국의 애니메이션 시장은 이미 영화 산업의 큰 **축**을 이루고 있으며, 중국과 남미 등의 애니메이션 산업 성장률도 빠르게 증가하고 있다. 우리나라 또한 애니메이션 시장에서의 경쟁력을 높이기 위해　25 애니메이션 제작과 판매에 대한 지원을 늘리고 있다.

* **역대**(지날 역 歷, 대신할 대 代) 대대로 이어 내려온 여러 대. 또는 그동안.
* **돌파**(부딪칠 돌 突, 깨뜨릴 파 破)할 일정한 기준이나 기록 따위를 지나서 넘어설.
* **전유물**(오로지 전 專, 있을 유 有, 만물 물 物) 혼자 독차지하여 가지는 물건.
* **생동감**(날 생 生, 움직일 동 動, 느낄 감 感) 생기 있게 살아 움직이는 듯한 느낌.
* **주** '주요한', '일차적인'의 뜻을 나타내는 말.
* **판도** 어떤 세력이 미치는 영역 또는 범위.
* **축** 활동이나 회전의 중심.

1 이 글에서 설명하는 것은 무엇인지 다섯 글자로 쓰세요.

설명 대상

• (　　　　　　　　　) 시장

2

중심 내용

이 글의 중심 내용은 무엇인가요? (   )

① 애니메이션에 대한 고정 관념을 버려야 한다.

② 애니메이션 시장의 경제적 가치가 커지고 있다.

③ 캐릭터의 개성이 애니메이션의 인기를 좌우한다.

④ 젊은 세대가 좋아하는 애니메이션을 만들어야 한다.

⑤ 일본이나 미국의 애니메이션 제작 방법을 본받아야 한다.

3

내용 이해

애니메이션에 대한 설명으로 알맞지 <u>않은</u> 것은 무엇인가요? (   )

① 키덜트 족을 겨냥한 애니메이션이 만들어지고 있다.

② 다양한 형태의 애니메이션은 애니메이션 시장을 확장하고 있다.

③ 과거에는 여러 장의 그림이나 사진을 연결하여 애니메이션을 만들었다.

④ 클레이 애니메이션은 셀 위에 그림을 그리고 촬영하여 움직임을 만든다.

⑤ 애니메이션 시장에서 애니메이션 캐릭터를 활용한 산업의 규모도 매우 크다.

4 어휘

관계

'㉠-㉡'의 두 낱말의 관계와 <u>다르게</u> 짝 지은 것은 무엇인가요? (   )

① 근심 - 걱정   ② 매체 - 사진

③ 동물 - 당나귀   ④ 과일 - 오렌지

⑤ 학용품 - 색종이

5 어휘

뜻

㉢의 뜻으로 알맞은 것은 무엇인가요? (   )

① 쫓아내거나 몰아냄.

② 서로 이기려고 다투며 덤벼듦.

③ 말로 옳고 그름을 가리는 다툼.

④ 몹시 무섭거나 두려워 몸이 벌벌 떨림.

⑤ 시설이나 건물 등을 짓거나 고치는 것.

⬇ 핵심어

각 角 – 다투다 | 축 逐 – 쫓다

각축

쫓고 쫓으며 **다툼**.

서로 이기려고 다투며 덤벼듦.

예 선수들은 금메달을 두고 ❶ ☐ ☐ 을 벌였다.

☑ 비슷한 말 **경쟁** 같은 목적에 대하여 이기거나 앞서려고 서로 겨룸.

답 ❶ (   )

확장

각 角 (1. 뿔 2. 다투다 3. 각도 4. 구석)이 들어간 한자어

두각 두 頭 – 머리 | 각 角 – 뿔

1. 짐승의 머리에 있는 뿔.

2. 뛰어난 학식이나 재능을 비유적으로 이르는 말.

예 음악에 남다른 ❷ ☐ ☐ 을 보이던 그는 세계적인 작곡가가 되었다.

☑ 비슷한 말 **재능** 어떤 일을 하는 데 필요한 재주와 능력.

답 ❷ (   )

시각 시 視 – 보다 | 각 角 – 각도

사물을 관찰하고 파악하는 기본적인 자세.

예 긍정적인 ❸ ☐ ☐ 으로 세상을 바라보자.

☑ 비슷한 말 **관점** 사물이나 현상을 관찰할 때, 그 사람이 보고 생각하는 태도나 방향 또는 처지.

답 ❸ (   )

일각 일 一 – 하나 | 각 角 – 구석

한 귀퉁이. 또는 한 방향.

예 ❹ ☐ ☐ 에서는 인터넷 실명제의 도입을 주장하고 있다.

☑ 비슷한 말 **한구석** 한쪽 면. 또는 한쪽 부분.

답 ❹ (   )

이해 | 보기 에서 글자들을 골라, 뜻에 알맞은 낱말을 만드세요.

> **보기**
>
> | 관 | 우 | 시 | 목 | 각 | 비 | 축 |
> |---|---|---|---|---|---|---|
> | 성 | 일 | 수 | 희 | 도 | 두 | 망 |

1 한 귀퉁이. 또는 한 방향.   (   )

2 서로 이기려고 다투고 덤벼듦.   (   )

3 사물을 관찰하고 파악하는 기본적인 자세.   (   )

4 뛰어난 학식이나 재능을 비유적으로 이르는 말.   (   )

적용 | 빈칸에 들어갈 낱말을 보기 에서 찾아 쓰세요.

> **보기**
>
> 시각   일각   각축   두각

5 같은 사건일지라도 (   )에 따라 다르게 보인다.

6 일본과 러시아는 조선을 차지하기 위해 (   )을 벌였다.

7 그가 전국 대회에서 (   )을 보인 것은 끊임없는 연습의 결과이다.

8 교육계 (   )에서는 새로운 교육 제도가 필요하다는 목소리가 나온다.

심화 | **9** 다음 글에서 밑줄 친 말과 바꾸어 쓸 수 있는 말을 찾아 두 글자로 쓰세요.

> 건전하고 공정한 <u>경쟁</u>은 개인이나 집단의 발전을 가져온다. 그러나 지나치게 각축을 벌이는 것은 오히려 개인이나 집단을 지치게 한다. 따라서 경쟁을 부추기는 사회가 아닌 협동과 조화를 추구하는 사회가 되어야 한다.

(   )

18

배타적

배 排 - 밀어내다
타 他 - 남
적 的 - ~의

남이나 남의 것을 받아들이지 않거나 밀어내는.

- **이주민**(옮길 이 移, 살 주 住, 백성 민 民) 다른 곳으로 옮겨 가서 사는 사람. 또는 다른 지역에서 옮겨 와서 사는 사람.

- **임금** 일한 값으로 주거나 받은 돈.

- **다반사**(차 다 茶, 밥 반 飯, 일 사 事) 차를 마시고 밥을 먹는 일이라는 뜻으로, 보통 있는 예사로운 일을 이르는 말.

- **단일 민족**(홑 단 單, 하나 일 一, 백성 민 民, 겨레 족 族) 한 나라의 주민이 단일한 인종으로 구성되어 있는 민족.

- **전환하기** 다른 방향이나 상태로 바뀌거나 바꾸기.

- **전반**(온전할 전 全, 옮길 반 般) 어떤 일이나 부문에 대하여 그것에 관계되는 전체. 또는 통틀어서 모두.

배타적 태도가 차별을 낳는다

다른 나라와의 교류가 많아지고 나라 사이의 경계가 느슨해지면서, 많은 나라가 다문화 사회로 변화하고 있다. 우리나라 또한 예외가 아니다. 2020년에 통계청이 발표한 자료에 따르면, 전체 혼인에서 다문화 혼인이 차지하는 비중은 7.6%이고, 출생아 100명 중 6명은 다문화 가정에서 태어난 출생아이다. 5

다문화 가정이란 가족 내에 다양한 문화가 공존하고 있는 가정을 뜻한다. 한국인과 외국인이 결혼해 이룬 국제결혼 가정, 외국인 근로자가 자기 나라나 우리나라에서 결혼하여 이룬 외국인 근로자 가정, 유학생이나 북한 이탈 주민의 자녀로 이루어진 기타 **이주민** 가정 등이 여기에 속한다.

다문화 가정은 이미 우리 사회의 한 구성원들임에도 불구하고 우리는 다 10 문화 가정에 대해 ㉠배타적 태도를 강하게 드러내고 있다. 이는 다문화 가정에 대한 차별로 이어져 다문화 가정을 힘겹게 만들고 있다. 첫 번째는 경제 활동의 어려움이다. 이주 근로자는 외국인이라는 이유로 일자리를 구하는 것이 쉽지 않다. 또한, 일자리를 얻더라도 **임금** 차별이 있는 경우가 **다반사**이다. 두 번째는 다문화 가정 자녀에 대한 차별이다. 다문화 가정 자녀 15 는 차별적 인식 때문에 학교생활을 하는 데도 어려움을 겪는다. 또한 이 과정에서 다문화 가정의 자녀들은 가치관의 혼란을 겪기도 한다.

우리나라가 다문화 가정에 대해 배타적인 태도를 드러내는 이유는 이들이 우리와 다르다는 생각 때문이다. 우리는 **단일 민족**이라는 의식을 지니고 있다. 이러한 의식은 우리 민족을 하나로 합쳐 역사적으로 어려운 시기 20 도 함께 이겨 내게 하기도 하였으나 반면 우리와 다른 언어나 문화, 역사를 ㉡포용하는 것을 어렵게 한다. 이제는 다문화 가정을 같은 사회의 구성원으로 인정하고, 함께 살아갈 수 있는 사회로 나아가야 한다. 이를 위해서는 평등한 관계에서 서로를 바라보려는 개개인의 노력은 물론이고, 차별적 인식을 **전환하기** 위한 법률 제도나 광고 같은 사회 **전반**의 노력이 필요하다. 25

1

문제 상황

이 글에서 문제로 삼고 있는 것은 무엇인지 세 글자로 쓰세요.

• 다문화 가정에 대한 (　　　　　　) 태도

2

주제

이 글에서 글쓴이가 주장하는 것은 무엇인가요? (   )

① 우리나라에는 다양한 문화가 존재한다.

② 우리나라 사람의 출산율을 높여야 한다.

③ 다문화 가정을 인정하고 함께 살아가야 한다.

④ 단일 민족 의식으로 어려움을 이겨 내야 한다.

⑤ 다문화 가정 자녀들에게 우리 문화를 가르쳐야 한다.

3

내용 이해

이 글의 내용과 일치하지 <u>않는</u> 것은 무엇인가요? (   )

① 많은 나라가 다문화 사회로 변화하고 있다.

② 외국인 근로자 가정은 다문화 가정에 해당하지 않는다.

③ 다문화 가정은 임금 차별 때문에 경제적 어려움을 겪기도 한다.

④ 가족 내에 다양한 문화가 공존하고 있는 가정을 다문화 가정이라고 한다.

⑤ 다문화 가정에 대해 배타적인 태도를 보이는 것은 우리와 다르다는 생각 때문이다.

4

어휘

뜻

㉠의 뜻으로 알맞은 것은 무엇인가요? (   )

① 그러하거나 옳다고 인정하는.

② 물건이나 자리 따위를 독차지하는.

③ 일부에 한정되지 아니하고 전체에 걸치는.

④ 남이나 남의 것을 받아들이지 않거나 밀어내는.

⑤ 그렇지 아니하다고 단정하거나 옳지 아니하다고 반대하는.

5

어휘

관계

보기 를 참고할 때, ㉡과 뜻이 반대되는 말로 알맞은 것은 무엇인가요? (   )

보기

> 포용: 남을 너그럽게 감싸 주거나 받아들임.

① 동의   ② 수긍   ③ 이해

④ 배척   ⑤ 호감

어휘
학습

배 排 – 밀어내다 | 타 他 – 남 | 적 的 – ~의

배타적

×

남을 밀어내는

남이나 남의 것을 받아들이지 않거나 밀어내는.

예 시야를 넓히기 위해서 ❶ ☐☐☐ 사고방식을 버려야 한다.

답 ❶ (   )

확장

배 排 (1. 물리치다 2. 밀어내다 3. 늘어서다)가 들어가는 한자어

배척   배 排 – 밀어내다 | 척 斥 – 물리치다

따돌리거나 거부하여 밀어 내침.

예 흥선 대원군은 서양 문물을 ❷ ☐☐ 하였다.

☑ 비슷한 말 배격 어떤 사상, 의견, 물건 따위를 물리침.

답 ❷ (   )

배출   배 排 – 밀어내다 | 출 出 – 나가다

안에서 밖으로 밀어 내보냄.

예 포유류는 땀을 통해 노폐물을 ❸ ☐☐ 하고 체온을 조절한다.

답 ❸ (   )

배열   배 排 – 늘어서다 | 열 列 – 벌이다

일정한 차례나 간격에 따라 벌여 놓음.

예 많은 책들이 가지런하게 ❹ ☐☐ 되어 있다.

☑ 비슷한 말 나열 죽 벌여 놓음. 또는 죽 벌여 있음.

답 ❹ (   )

이해 다음 낱말과 뜻을 알맞게 선으로 이으세요.

1 배열 •   • ㉮ 안에서 밖으로 밀어 내보냄.

2 배척 •   • ㉯ 따돌리거나 거부하여 밀어 내침.

3 배출 •   • ㉰ 일정한 차례나 간격에 따라 벌여 놓음.

4 배타적 •   • ㉱ 남이나 남의 것을 받아들이지 않거나 밀어내는.

적용 밑줄 친 부분과 비슷한 뜻을 가진 낱말을 보기 에서 찾아 쓰세요.

> 보기
>
> 배열   배척   배출   배타적

5 친구들은 걸핏하면 거짓말을 하는 소년을 <u>따돌렸다</u>.   (   )

6 상품을 보기 좋게 <u>벌여 놓아야</u> 고객의 시선을 끌 수 있다.   (   )

7 인근 공장에서 <u>내보낸</u> 오염 물질 때문에 하천이 오염되었다.   (   )

8 통일을 위해서는 남북이 <u>서로를 받아들이지 않으려는</u> 태도를 버려야 한다.

(   )

심화 **9** 다음 글에서 밑줄 친 말과 바꾸어 쓸 수 있는 말을 찾아 두 글자로 쓰세요.

> 문화에 대한 극단적 태도로 국수주의와 문화 사대주의가 있다. 국수주의란 자기 나라의 문화가 뛰어나다고 믿고 다른 문화를 무조건적으로 <u>배격</u>하는 태도이다. 반면 문화 사대주의란 다른 문화가 자기 나라의 문화보다 훨씬 뛰어나다고 생각하여 다른 문화를 섬기는 태도를 뜻한다. 우리는 다른 문화를 마냥 배척하거나 섬기지 말고, 자주적으로 받아들이는 태도가 필요하다.

(   )

19

상극

상 相 – 서로
극 尅 – 이기다

두 사물이 서로 맞서거나
해를 끼쳐 어울리지 아니
함. 또는 그런 사물.

약과 함께 먹으면 안 되는 상극 음식

함께 먹으면 **영양**에 도움이 되는 음식들이 있는 반면, ㉮서로 부정적인
영향을 미치는 음식들이 있다. 예를 들어 토마토를 먹을 때는 토마토가 지
닌 비타민 B의 흡수를 ㉠방해하는 설탕과 함께 먹지 않는 것이 좋고, 무를
먹을 때는 무에 있는 비타민을 파괴하는 오이와 함께 먹지 않는 것이 좋다.
이렇게 음식에도 어울리지 않는 것들이 있는 것처럼, 약과 음식도 서로 해   5
를 끼치는 것들이 있다. 그렇다면 약을 먹을 때 함께 먹어서 안 되는 음식
에는 무엇이 있을까?

첫 번째 약과 상극인 음식의 조합은 감기약과 카페인이 ㉡함유된 음식
이다. 감기약을 먹은 뒤 졸음이 쏟아진 경험을 해 본 적 있을 것이다. 그 까
닭은 감기약에 들어 있는 항히스타민제 때문이다. 항히스타민제는 코막힘   10
이나 재채기와 같은 증상을 **완화하는** 효과도 있지만, 졸음과 같은 **부작용**
을 일으키기도 한다. 이 때문에 감기약에는 졸음을 막아 줄 카페인 성분이
일부 들어가기도 한다. 그런데 카페인이 들어간 커피나 초콜릿 등을 감기
약과 함께 먹게 되면 카페인의 ㉢과다 작용으로 구토와 메스꺼움, 두근거
림 등과 같은 증상이 나타날 수 있다.   15

두 번째는 변비약과 우유이다. 변비약은 위를 거쳐 장까지 이동한 후에
약이 녹아야만 약의 효과가 나타난다. 그런데 변비약과 우유를 함께 먹으
면, 변비약이 장까지 이동하기 전에 우유가 변비약을 녹여 버리게 된다. 이
과정에서 위가 자극되어 복통과 같은 부작용을 ㉣유발할 수 있으므로 ㉤주
의가 필요하다.   20

만일 약과 상극인 음식을 함께 먹게 되는 경우에는 충분한 시간 간격을 두
어야 한다. 감기약을 먹은 뒤라면 두 시간 이상이 지난 뒤에 카페인이 들어간
음식을 먹는 것이 안전하다. 또한 변비약을 먹은 뒤라면 한 시간 이상이 지난
뒤에 우유를 먹어야 부작용을 줄일 수 있다.

● **영양** 생물이 생명을 유지하고
성장하고 활동하기 위해 필요
한 물질. 또는 그것을 몸에 가
지고 있는 상태.

● **완화**(느릴 완 緩, 화목할 화
和)**하는** 병의 증상이 줄어들
거나 누그러지는.

● **부작용**(버금 부 副, 지을 작
作, 쓸 용 用) 어떤 일에 부수
적으로 일어나는 바람직하지
못한 일.

1

설명 대상

이 글에서 설명하는 것은 무엇인지 한 글자로 쓰세요.

• (⠀⠀⠀⠀⠀)와/과 함께 먹으면 안 되는 음식

2
글의 특징

이 글의 특징으로 알맞은 것은 무엇인가요? (   )

① 설명 대상의 개념을 정의하여 설명하고 있다.

② 화제에 대한 사례를 나열하여 설명하고 있다.

③ 두 대상의 차이점을 드러내어 설명하고 있다.

④ 하나의 대상을 요소별로 나누어 설명하고 있다.

⑤ 여러 대상을 일정한 기준으로 묶어 설명하고 있다.

3
내용 이해

이 글의 내용과 일치하지 <u>않는</u> 것은 무엇인가요? (   )

① 토마토와 설탕은 함께 먹지 않는 것이 좋다.

② 변비약을 우유와 함께 먹으면 복통을 겪을 수 있다.

③ 우유는 변비약의 성분이 장까지 이동하기 전에 변비약을 녹여 버린다.

④ 감기약과 카페인이 들어간 음식을 함께 먹으면 항히스타민제가 과다 작용한다.

⑤ 감기약을 먹은 뒤에는 두 시간 이상의 간격을 두고 카페인이 함유된 음식을 먹어야 한다.

4
어휘
관계

㉮와 바꾸어 쓸 수 있는 말은 무엇인가요? (   )

① 상극인   ② 상대인   ③ 상기하는

④ 상생하는   ⑤ 상쇄하는

5
어휘
뜻

이 글에 쓰인 낱말의 뜻풀이가 바르지 <u>않은</u> 것은 무엇인가요? (   )

① ㉠: 남의 일을 간섭하고 막아 해를 끼침.

② ㉡: 물질이 어떤 성분을 포함하고 있음.

③ ㉢: 보잘것없이 아주 작은.

④ ㉣: 어떤 것이 다른 일을 일어나게 함.

⑤ ㉤: 마음에 새겨 두고 조심함.

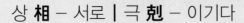

어휘
학습

상 相 – 서로 ┃ 극 尅 – 이기다

상극

서로 이기려고 맞섬

두 사물이 서로 맞서거나 해를 끼쳐 어울리지 아니함. 또는 그런 사물.

예 자석과 전자 기기는 ❶[　]이므로 멀리 떨어뜨려 놓는 것이 좋다.

답❶ (　　　　)

확장

상 相(서로)이 들어가는 한자어

상응　상 相 – 서로 ┃ 응 應 – 응하다

서로 응하거나 어울림.

예 그는 자신의 능력에 ❷[　]하는 대우를 받고 있다.

☑ 비슷한 말 대응 어떤 일이나 사태에 맞추어 태도나 행동을 취함.

답❷ (　　　　)

상담　상 相 – 서로 ┃ 담 談 – 말씀

문제를 해결하거나 궁금증을 풀기 위하여 서로 의논함.

예 나는 고민이 있어 선생님과 ❸[　]하였다.

☑ 비슷한 말 상의 어떤 일을 서로 의논함.

답❸ (　　　　)

상호　상 相 – 서로 ┃ 호 互 – 서로

상대가 되는 이쪽과 저쪽 모두.

예 두 나라는 ❹[　]　협력을 통해 문제를 해결하였다.

☑ 비슷한 말 서로 짝을 이루거나 관계를 맺고 있는 상대.

답❹ (　　　　)

이해 다음 낱말의 뜻을 보기 에서 찾아 기호를 쓰세요.

> **보기**
>
> ㉠ 서로 응하거나 어울림.
>
> ㉡ 상대가 되는 이쪽과 저쪽 모두.
>
> ㉢ 문제를 해결하거나 궁금증을 풀기 위하여 서로 의논함.
>
> ㉣ 두 사물이 서로 맞서거나 해를 끼쳐 어울리지 아니함. 또는 그런 사물.

1 상극 (   )   **2** 상담 (   )

3 상응 (   )   **4** 상호 (   )

적용 다음 낱말이 들어갈 문장을 찾아 선으로 이으세요.

5 상극 •   • ㉮ 이 문제는 전문가의 (   )이 필요하다.

6 상담 •   • ㉯ 죄를 지으면 그에 (   )하는 벌을 받는다.

7 상응 •   • ㉰ 내가 먹는 한약은 녹두와 (   )이라서 함께 먹
                          으면 안 된다.

8 상호 •   • ㉱ 인터넷은 컴퓨터를 이용하여 여러 정보를 (   )
                          교환하는 통신망이다.

심화 **9** 다음 글에서 밑줄 친 말과 바꾸어 쓸 수 있는 말을 찾아 두 글자로 쓰세요.

> 나는 중학교 진학 문제로 담임 선생님께 상담을 신청했다. 담임 선생님께서는 내 이야기를 경청해 주시고, 적절한 조언을 해 주셨다. 나는 담임 선생님과 진학 문제를 <u>상의</u>하길 잘했다고 생각했다.

(   )

20

남획

남 濫 – 마구하다
획 獲 – 잡다

짐승이나 물고기 따위를 마구 잡음.

어린 오징어까지 남획한 결과

오징어는 비교적 ㉠가격이 싼 데다가 맛이 좋아 우리나라 사람들이 즐겨 먹는 **해산물**이다. 오징어는 먹는 방법도 매우 다양하다. 날것 그대로 회를 쳐서 먹거나 말려서 먹기도 하고, 소금에 절여 젓갈로 만들어 반찬으로 먹기도 한다. 또한 찌고, 데치고, 볶고, 튀기는 등 여러 가지 방법으로 익혀 먹기도 한다. 우리나라 사람들이 오징어를 즐겨 먹을 수 있었던 까닭은 우리나라 주변 바다에서 오징어가 많이 잡히기 때문이다. 5

그런데 최근 들어 오징어가 ㉡잘 잡히지 않는다. 1999년에 25만 톤이던 오징어 **어획량**은 해마다 감소하고 있다. 2014년 16만 4천 톤에서 2017년에 8만 7천 톤으로 어획량이 절반 가까이 줄어들었고, 2020년에는 겨우 5만 6천 톤에 그쳤다. 이에 따라 오징어 가격이 많이 올라 국내산 오징어는 10 선뜻 사기 어려운 지경이 되었다. 왜 오징어 어획량이 줄어들었을까?

전문가들은 환경 파괴로 인한 지구 온난화를 가장 큰 원인으로 지목한다. 지구 온난화로 우리나라 바다의 **수온**이 높아지면서 오징어 서식지가 달라져 버린 것이다. 실제로 우리나라는 온대성 기후에서 아열대성 기후로 바뀌고 있으며, 수온도 상승하고 있다. 이 때문에 동해를 지나던 오징어의 15 이동 경로가 달라지면서 잡을 수 있는 오징어의 양도 줄어든 것이다. 게다가 기후 변화는 오징어의 **산란**도 이전보다 어렵게 만들었다.

그런데 우리나라 바다의 수온은 지난 50여 년간 서서히 높아졌다. 따라서 이것만으로는 오징어 어획량이 ㉢눈에 띄게 줄어든 현상을 설명하기에 부족하다. 어획량 감소의 숨겨진 원인은 인간의 **무분별한** ㉮남획이다. 아 20 직 ㉣다 자라지 않은 오징어까지 ㉤마구 잡아 버려 알을 낳을 **성체** 수가 줄어든 것이다. 한마디로 ㉥눈앞의 이익만 생각하다가 더 큰 손해를 입은 셈이다.

● **해산물**(바다 해 海, 낳을 산 産, 만물 물 物) 바다에서 나는 동식물을 통틀어 이르는 말.

● **어획량** 잡은 고기의 양.

● **수온**(물 수 水, 따뜻할 온 溫) 물의 온도.

● **산란**(낳을 산 産, 알 란 卵) 알을 낳음.

● **무분별**(없을 무 無, 나눌 분 分, 다를 별 別)**한** 사리에 맞게 판단하는 능력이 없는.

● **성체**(이룰 성 成, 몸 체 體) 다 자라서 생식 능력이 있는 동물. 또는 그런 몸.

1

이 글에서 문제로 삼고 있는 것은 무엇인지 쓰세요.

문제 상황

• 지구 온난화와 (   ) 때문에 오징어 어획량이 감소하는 것

2

내용 이해

이 글의 내용과 일치하지 <u>않는</u> 것은 무엇인가요? (   )

① 남획으로 인해 성체 오징어 수가 줄어들었다.

② 우리나라 바닷물 온도가 서서히 높아지고 있다.

③ 국내산 오징어 가격이 예전에 비해 많이 올랐다.

④ 우리나라 기후가 점점 온대성 기후로 바뀌고 있다.

⑤ 우리나라 주변 바다에서 오징어 어획량이 감소하고 있다.

3

적용

이 글의 문제를 해결할 방법에 대해 알맞게 말한 친구끼리 짝 지어진 것은 무엇인가요? (   )

민주: 환경을 보호하여 수온이 더 이상 오르지 않도록 해야겠군.

지원: 외국에서 오징어를 수입하여 오징어를 싸게 살 수 있도록 해야겠군.

현선: 어린 오징어는 어획하지 못하게 하는 제도를 엄격하게 시행해야겠군.

시윤: 더 다양한 오징어 요리를 개발하여 오징어에 대한 관심을 높여야겠군.

① 민주, 지원   ② 민주, 현선   ③ 지원, 현선

④ 지원, 시윤   ⑤ 현선, 시윤

4

관계

㉠~㉤ 중에서 ㉮와 비슷한 뜻으로 쓰인 것은 무엇인가요? (   )

① ㉠   ② ㉡   ③ ㉢   ④ ㉣   ⑤ ㉤

5

적용

㉯의 상황을 나타내기에 알맞은 한자 성어는 무엇인가요? (   )

① 일석이조: 동시에 두 가지 이익을 봄.

② 소탐대실: 작은 것을 탐하다가 큰 것을 잃음.

③ 주경야독: 어려운 여건 속에서도 꿋꿋이 공부함.

④ 자포자기: 절망에 빠져 자신을 스스로 포기하고 돌아보지 아니함.

⑤ 어부지리: 두 사람이 이해관계로 싸우는 사이에 엉뚱한 사람이 애쓰지 않고 가로챈 이익.

어휘 학습

남 濫 – 마구 하다 | 획 獲 – 잡다

남획

생물을 **마구 잡다**

짐승이나 물고기 따위를 마구 잡음.

예 ❶ [　] 과 환경 오염 때문에 많은 생물이 사라지고 있다.

답 ❶ (　　　　　)

확장

남 濫 (1. 넘치다 2. 마구 하다)이 들어가는 한자어

남발 남 濫 – 마구 하다 | 발 發 – 쓰다

1. 법이나 지폐 따위를 마구 만듦.
　예 신용 카드의 남발은 경제 위기를 불러온다.

2. 어떤 말이나 행동 따위를 자꾸 함부로 함.
　예 그는 지키지도 못할 약속을 ❷ [　] 했다.

답 ❷ (　　　　　)

남용 남 濫 – 넘치다 | 용 用 – 쓰다

1. 일정한 기준이나 한도를 넘어서 함부로 씀.
　예 자원은 한정되어 있으므로 자원을 ❸ [　] 해서는 안 된다.
　☑ **비슷한 말 과용** 정도에 지나치게 씀. 또는 그런 비용.

2. 권리나 권한 따위를 본래의 목적이나 범위를 벗어나 함부로 행사함.

답 ❸ (　　　　　)

범람 범 氾 – 넘치다 | 남(람) 濫 – 넘치다

1. 큰물이 흘러넘침.
　예 홍수로 하천이 ❹ [　] 하였다.

2. 바람직하지 못한 것들이 마구 쏟아져 돌아다님.
　예 불량 식품의 범람이 사회적 문제로 떠올랐다.

답 ❹ (　　　　　)

이해 다음 낱말의 뜻을 보기 에서 찾아 기호를 쓰세요.

> 보기
>
> ㉠ 큰물이 흘러넘침.
> ㉡ 법이나 지폐 따위를 마구 만듦.
> ㉢ 짐승이나 물고기 따위를 마구 잡음.
> ㉣ 일정한 기준이나 한도를 넘어서 함부로 씀.

1 남발 (   )　　　　**2** 남용 (   )

3 남획 (   )　　　　**4** 범람 (   )

적용 빈칸에 들어갈 낱말을 보기 에서 찾아 쓰세요.

> 보기
>
> 남발　　　　남용　　　　남획　　　　범람

5 농약의 (   )으로 환경이 파괴되었다.

6 장마철이 되기 전에 강의 (   )에 대비해야 한다.

7 야생 동물의 (   )으로 멸종 위기 동물이 늘고 있다.

8 방송에서의 비속어 (   )은 청소년 언어문화에 나쁜 영향을 미친다.

심화 **9** 다음 글에서 밑줄 친 말과 바꾸어 쓸 수 있는 말을 찾아 두 글자로 쓰세요.

> 　요즘은 약국이 아닌 가까운 편의점에서도 두통약을 구매할 수 있다. 이처럼 약을 쉽게 구할 수 있게 되면서 약을 남용하는 사람들이 늘고 있다. 환자가 아닌 일반인이 진통제를 일주일에 2번 이상 복용하면 약물 과용에 해당한다. 이에 대해 전문가들은 약물 과용으로 새로운 두통이 나타나거나 기존의 두통이 더 심해질 수 있다고 경고한다.

(   )

어휘

한자 성어

한자 성어는 한자에 기초하여 만들어진 말 중 특별한 뜻을 가지게 된 말입니다.
주로 유래가 있거나 교훈을 담고 있습니다.

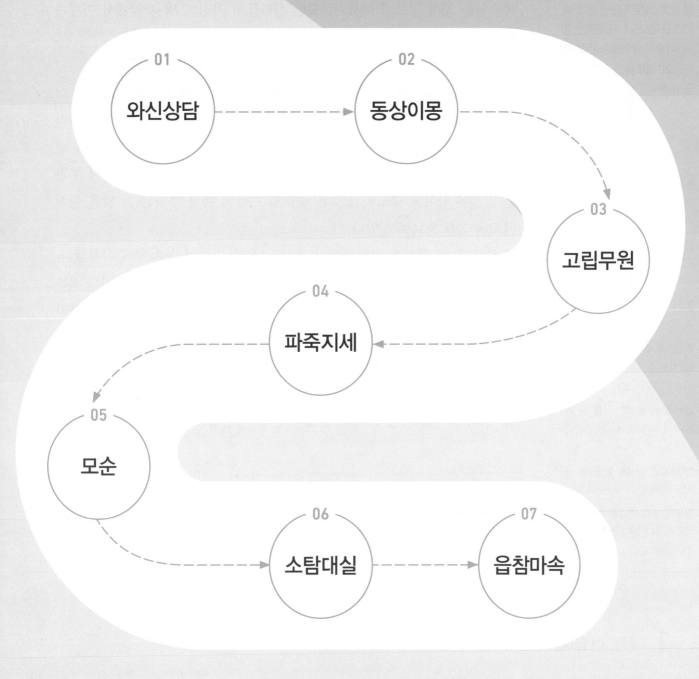

01 와신상담

02 동상이몽

03 고립무원

04 파죽지세

05 모순

06 소탐대실

07 읍참마속

복수를 위해 와신상담한 부차와 구천

와신상담

와 臥 - 눕다
신 薪 - 땔나무
상 嘗 - 맛보다
담 膽 - 쓸개

불편한 섶에 몸을 눕히고 쓸개를 맛본다는 뜻으로, 원수를 갚거나 마음먹은 일을 이루기 위하여 온갖 어려움과 괴로움을 참고 견딤을 비유적으로 이르는 말.

중국 춘추 전국 시대 때 오나라와 월나라는 사이가 좋지 않았다. 두 나라가 **호시탐탐** 서로를 노리던 어느 날, 월나라의 왕이 죽고 그의 아들 구천이 장례를 치르고 있었다. 오나라의 왕인 합려는 그때를 노려 월나라를 쳤다. 그러나 오나라는 도리어 월나라에게 크게 패하고, 합려는 전쟁에서 화살까지 맞았다.

이후 합려는 시름시름 앓다가 결국 ㉠목숨을 잃었다. 그리고 아들인 부차에게 원수를 갚아 달라는 **유언**을 남겼다. 합려의 뒤를 이어 오나라의 왕이 된 부차는 매일 밤 굵은 **옹이**가 곳곳에 박혀 있는 땔나무 위에서 자며 복수심을 잃지 않으려 애썼다. 또한 신하들이 자신의 방문 앞에서 이렇게 외치게 했다.

"부차야, 월나라 구천이 너희 아버지를 죽인 것을 잊었느냐!"

그렇게 부차는 월나라에 복수할 기회가 오기만을 벼르고 별렀다.

부차의 계획을 눈치챈 구천은 먼저 오나라를 공격했다. 하지만 월나라는 되려 부차에게 크게 패하고, 구천은 오나라 군대에 잡혀서 부차에게 살려달라며 목숨을 구했다. 오나라의 신하들은 부차에게 구천을 죽여서 **후환**을 없애야 한다고 충고하였으나, 승리의 기쁨에 빠진 부차는 그 말을 듣지 않고 구천을 포로로 삼았다.

포로가 된 구천은 오나라에서 온갖 **굴욕**을 견디며 부차에게 아부했다. 그 결과 부차의 **신임**을 얻어 다시 월나라로 돌아오게 되었다. 그 뒤 구천은 매일 쓰디쓴 곰의 쓸개를 혀로 핥으며 복수를 다짐했다. 그러면서 오나라의 감시를 피해 군사들을 훈련시켰다. 십 여년이 지난 뒤에 구천은 다시 오나라에 쳐들어가 부차를 **항복**시키고 오래전의 굴욕을 씻었다.

부차의 복수와 이에 대한 구천의 복수가 벌어진 뒤에 '땔나무 위에서 잠을 자고, 쓸개를 맛본다.'라는 뜻을 지닌 ㉡'와신상담'이라는 말이 생겼다.

5

10

15

20

- **호시탐탐** 남의 것을 빼앗기 위하여 형세를 살피며 가만히 기회를 엿봄. 또는 그런 모양.

- **유언**(남길 유 遺, 말씀 언 言) 죽음에 이르러 말을 남김. 또는 그 말.

- **옹이** 나무의 몸에 박힌 가지의 밑부분.

- **후환**(뒤 후 後, 근심 환 患) 어떤 일로 말미암아 뒷날 생기는 걱정과 근심.

- **굴욕**(굽을 굴 屈, 욕될 욕 辱) 남에게 억눌리어 업신여김을 받음.

- **신임**(믿을 신 信, 맡길 임 任) 믿고 일을 맡김. 또는 그 믿음.

- **항복**(항복할 항 降, 엎드릴 복 伏) 적이나 상대편의 힘에 눌리어 굴복함.

1 인물

이 글에서 중심이 되는 두 인물은 누구인지 쓰세요.

(,   )

2 내용 이해

이 글의 내용과 일치하지 <u>않는</u> 것은 무엇인가요? (   )

① 구천은 부차에게 포로로 잡혀 있을 때 온갖 굴욕을 견뎌 냈다.
② 오나라의 왕 합려는 월나라와의 전쟁에서 입은 부상으로 죽었다.
③ 오나라의 신하들은 아버지의 죽음을 막지 못한 부차를 원망했다.
④ 부차가 구천에게 복수를 하자, 구천이 다시 부차에게 복수를 하였다.
⑤ 월나라의 왕 구천은 부차가 자신에게 복수할 계획을 품고 있음을 알았다.

3 적용

이 글을 읽은 뒤의 반응으로 알맞지 <u>않은</u> 것에 ○표 하세요.

(1) 복수를 하기 위한 부차와 구천의 강한 의지가 느껴져.   (   )
(2) 부차와 구천을 보니 복수는 또 다른 복수를 낳는다는 말이 떠올라.   (   )
(3) 부차가 아버지께 효도를 다했더라면 그로 인해 복수할 일은 없었을 텐데 안타까워.

(   )

4 어휘 관계

㉠과 뜻이 반대되는 낱말로 알맞은 것은 무엇인가요? (   )

① 별세   ② 사망   ③ 죽음
④ 작고   ⑤ 출생

5 어휘 뜻

㉡에 담긴 뜻을 알맞게 짐작한 것은 무엇인가요? (   )

① 간사한 꾀를 써서 남을 속인다는 뜻이겠군.
② 고향을 그리워하는 마음을 이르는 말이겠군.
③ 원수를 갚으려고 온갖 괴로움을 참고 견딘다는 뜻이겠군.
④ 죽을 고비를 여러 차례 넘기고 겨우 살아난다는 뜻이겠군.
⑤ 이러지도 저러지도 못하는 어려운 처지를 이르는 말이겠군.

어휘 학습

동영상 강의

와 臥 - 눕다 | 신 薪 - 땔나무 | 상 嘗 - 맛보다 | 담 膽 - 쓸개

와신상담

복수

불편한 섶에 몸을 눕히고 쓸개를 맛본다는 뜻으로, 원수를 갚거나 마음먹은 일을 이루기 위하여 온갖 어려움과 괴로움을 참고 견딤을 비유적으로 이르는 말.

예 지난 경기에서 패배한 우리 팀은 다음 경기에서 승리하기 위해 ❶☐☐☐☐ 하였다.

답❶ (   )

확장

고난과 관련한 한자 성어

산전수전
산 山 - 산 | 전 戰 - 싸우다 | 수 水 - 물 | 전 戰 - 싸우다

세상의 온갖 어려움을 다 겪었음을 이르는 말.

예 오랫동안 형사 생활을 한 그는 ❷☐☐☐☐을 다 겪었다.

답❷ (   )

설상가상
설 雪 - 눈 | 상 上 - 위 | 가 加 - 더하다 | 상 霜 - 서리

난처한 일이나 불행한 일이 잇따라 일어남을 이르는 말.

예 학교에 지각했는데 ❸☐☐☐☐으로 숙제까지 집에 두고 왔다.

☑ 반대되는 말 **금상첨화** 좋은 일 위에 또 좋은 일이 더하여짐을 비유적으로 이르는 말.

답❸ (   )

천신만고
천 千 - 일천 | 신 辛 - 괴롭다 | 만 萬 - 일만 | 고 苦 - 괴롭다

온갖 어려운 고비를 다 겪으며 심하게 고생함을 이르는 말.

예 남극으로 탐험을 떠난 그는 ❹☐☐☐☐ 끝에 살아 돌아왔다.

답❹ (   )

이해 다음 한자 성어와 뜻을 알맞게 선으로 이으세요.

1 와신상담 •

• ㉮ 세상의 온갖 어려움을 다 겪었음을 이르는 말.

2 산전수전 •

• ㉯ 난처한 일이나 불행한 일이 잇따라 일어남을 이르는 말.

3 설상가상 •

• ㉰ 온갖 어려운 고비를 다 겪으며 심하게 고생함을 이르는 말.

4 천신만고 •

• ㉱ 원수를 갚거나 마음먹은 일을 이루기 위하여 온갖 어려움과 괴로움을 참고 견딤을 비유적으로 이르는 말.

적용 자음자를 보고 빈칸에 들어갈 알맞은 한자 성어를 쓰세요.

> 보기
>
> 산전수전　　　설상가상　　　와신상담　　　천신만고

5 산에서 길을 잃었는데 ㅅㅅㄱㅅ(으)로 비까지 내렸다. (　　　　　)

6 포로로 붙잡힌 그는 ㅊㅅㅁㄱ 끝에 고국으로 돌아왔다. (　　　　　)

7 일제 강점기의 독립운동가들은 나라를 되찾기 위해 ㅇㅅㅅㄷ했다.

(　　　　　)

8 할머니는 어려운 시대에 가난한 집에 태어나 ㅅㅈㅅㅈ을 다 겪으셨다.

(　　　　　)

심화 **9** 다음 글에서 밑줄 친 한자 성어와 뜻이 반대되는 한자 성어는 무엇인가요? (　　　　　)

> 　독서란 글자의 뜻만 파악하는 것이 아니라 겉으로 드러나지 않은 의미까지 찾아내는 탐구 활동이다. 그러므로 어휘력을 기르고, 앞뒤 내용을 고려하여 숨겨진 의미를 파악하는 연습을 꾸준히 해야 한다. 이때 잘 이해되지 않는 부분을 적극적으로 알아내려는 자세를 지니면 <u>금상첨화</u>다.

① 신출귀몰　　② 와신상담　　③ 산전수전　　④ 설상가상　　⑤ 천신만고

신라와 당나라의 동상이몽

핵심어

동상이몽

동 同 – 같다
상 牀 – 평상
이 異 – 다르다
몽 夢 – 꿈

같은 자리에 자면서 다른 꿈을 꾼다는 뜻으로, 겉으로는 같이 행동하면서도 속으로는 각각 딴생각을 하고 있음을 이르는 말.

- **삼국**(석 삼 三, 나라 국 國) 고대 우리나라에 있던 세 나라. 신라, 백제, 고구려를 이른다.

- **전성기**(온전할 전 全, 성할 성 盛, 기약할 기 期) 형세나 세력 따위가 한창 왕성한 시기.

- **동맹**(같을 동 同, 맹세할 맹 盟) 둘 이상의 개인이나 단체, 또는 국가가 서로의 이익이나 목적을 위하여 동일하게 행동하기로 맹세하여 맺는 약속이나 조직체. 또는 그런 관계를 맺음.

- **견제해** 한쪽이 지나치게 세력을 가지지 못하도록 다른 쪽이 통제해.

- **대항하기** 서로 지지 않으려고 맞서서 버티기.

- **제안했다** 안이나 의견으로 내놓았다.

- **야욕** 자기 잇속만 채우려는 더러운 욕심.

    삼국 시대 때 우리나라는 신라, 고구려, 백제 세 나라로 나뉘어 있었다. 세 나라 중 가장 북쪽에 있던 고구려는 요동과 만주 지역까지 차지할 만큼 넓은 땅과 강한 군사력을 가진 나라였다. 그리고 백제는 비옥한 땅과 풍부한 자원을 가지고 있었고, 여러 나라와 무역을 하여 일찍이 문화가 발달했다. 한편 신라는 두 나라에 비해 ㉠건국은 빨랐지만, **전성기**는 가장 늦게　5 맞이하였다. 그런데 세 나라를 하나로 통일한 것은 신라였다. 어떻게 신라가 삼국을 통일할 수 있었을까?

    고구려는 막강한 힘을 가진 나라였기 때문에 433년부터 신라와 백제는 **동맹**을 맺어 고구려를 **견제해** 왔다. 그러나 553년에 신라가 백제를 공격해 한강 주변 지역을 차지하면서 신라와 백제의 사이가 틀어지고 만다. 한강　10 주변 지역을 ㉡차지한 신라는 위로는 고구려, 옆으로는 백제의 ㉢압박을 받았다. 특히 642년에 백제가 신라를 공격한 대야성 전투에서 신라가 크게 패배하면서, 신라는 고구려와 백제에 **대항하기** 위한 힘이 필요했다. 그래서 신라는 옛 중국인 당나라에 동맹을 **제안했다**. 때마침 당나라는 고구려를 ㉣침략할 준비를 하고 있었다. 당나라는 신라와의 동맹을 처음에는 거　15 절했으나, 당나라의 고구려 침략이 실패로 돌아가면서 648년에 신라와 동맹을 맺었다. 이를 '나·당 동맹'이라고 부른다.

    동맹을 맺은 신라와 당나라는 군사적 ㉤협력을 약속한 후 백제와 고구려를 차례로 무너뜨렸다. 하지만 신라와 당나라는 전쟁을 벌이는 동안 각기 다른 생각을 하고 있었다. 신라는 백제와 고구려를 무너뜨리고 삼국을　20 통일하고자 했고, 당나라는 신라까지 없앤 후 한반도 전체를 당나라의 영향권에 두려는 **야욕**을 숨기고 있었다. 신라와 당나라의 ⟨　㉮　⟩은 나당 전쟁으로 이어졌다. 그리고 7년 간 벌어진 나당 전쟁에서 끝내 승리한 신라가 삼국 통일을 이루었다.

    25

1 이 글에서 설명하는 것은 무엇인지 두 글자로 쓰세요.

설명 대상

• (　　　　　)의 삼국 통일 과정

2

내용 이해

이 글의 내용과 일치하는 것은 무엇인가요? (   )

① 나당 전쟁에서 당나라가 승리하였다.

② 신라와 백제는 554년에 동맹을 맺었다.

③ 백제는 넓은 땅과 강한 군사력을 가진 나라였다.

④ 신라는 백제와 고구려에 비해 전성기를 가장 늦게 맞이하였다.

⑤ 신라와 백제의 사이가 틀어진 까닭은 백제가 신라를 공격했기 때문이다.

3

추론

이 글을 통해 답을 알 수 있는 질문이 아닌 것은 무엇인가요? (   )

① 삼국을 통일한 나라는 어디일까?

② 대야성 전투에서 승리한 나라는 어디일까?

③ 삼국 중 건국을 가장 빨리 한 나라는 어디일까?

④ 당나라가 신라와 동맹을 맺은 까닭은 무엇일까?

⑤ 당나라가 고구려 침략에 실패한 원인은 무엇일까?

4

어휘

뜻

㉠~㉤의 뜻으로 알맞지 않은 것은 무엇인가요? (   )

① ㉠: 나라가 세워짐. 또는 나라를 세움.

② ㉡: 사물이나 공간, 지위 따위를 자기 몫으로 가짐. 또는 그 사물이나 공간.

③ ㉢: 기운을 못 펴게 세력으로 내리누름.

④ ㉣: 정당한 이유 없이 남의 나라에 쳐들어감.

⑤ ㉤: 서로 이기려고 다투며 덤벼듦.

5

어휘

적용

㉮에 들어가기에 알맞은 한자 성어는 무엇인가요? (   )

① 문일지십: 지극히 총명함을 이르는 말.

② 일편단심: 진심에서 우러나오는 변치 아니하는 마음을 이르는 말.

③ 설상가상: 난처한 일이나 불행한 일이 잇따라 일어남을 이르는 말.

④ 난형난제: 두 사물이 비슷하여 낫고 못함을 정하기 어려움을 이르는 말.

⑤ 동상이몽: 겉으로는 같이 행동하면서도 속으로는 각각 딴생각을 하고 있음을 이르는 말.

↓ **핵심어**

동 同 – 같다 | 상 牀 – 평상 | 이 異 – 다르다 | 몽 夢 – 꿈

동상이몽

같은 자리에 자면서 다른 꿈을 꾼다는 뜻으로, 겉으로는 같이 행동하면서도 속으로는 각각 딴생각을 하고 있음을 이르는 말.

예 그들은 함께 있지만 ❶ □□□□을 하고 있다.

답 ❶ ( )

확장

이중성과 관련한 한자 성어

사이비   사 似 – 같다 | 이 而 – 그러나 | 비 非 – 아니다

겉으로는 비슷하나 속은 완전히 다름. 또는 그런 것.

예 ❷ □□□ 종교는 거짓말로 사람들을 속인다.

답 ❷ ( )

조삼모사   조 朝 – 아침 | 삼 三 – 셋 | 모 暮 – 저물다 | 사 四 – 넷

간사한 꾀로 남을 속여 희롱함을 이르는 말.

예 광고를 볼 때는 ❸ □□□□로 소비자를 속이는 것은 아닌지 확인해야 한다.

답 ❸ ( )

토사구팽   토 兎 – 토끼 | 사 死 – 죽다 | 구 狗 – 개 | 팽 烹 – 삶다

필요할 때는 쓰고 필요 없을 때는 야박하게 버리는 경우를 이르는 말.

예 그는 20여 년을 몸 바쳐 일한 직장에서 하루아침에 ❹ □□□□ 당했다.

답 ❹ ( )

이해 다음 한자 성어의 뜻을 보기 에서 찾아 기호를 쓰세요.

보기

㉠ 간사한 꾀로 남을 속여 희롱함을 이르는 말.

㉡ 겉으로는 비슷하나 속은 완전히 다름. 또는 그런 것.

㉢ 필요할 때는 쓰고 필요 없을 때는 야박하게 버리는 경우를 이르는 말.

㉣ 겉으로는 같이 행동하면서도 속으로는 딴생각을 하고 있음을 이르는 말.

1 동상이몽 (   )   **2** 사이비 (   )

3 조삼모사 (   )   **4** 토사구팽 (   )

적용 빈칸에 들어갈 한자 성어를 보기 에서 찾아 쓰세요.

보기

사이비   동상이몽   조삼모사   토사구팽

5 가격을 내리고 양도 줄여 팔다니 (   )로군.

6 그는 처지가 나빠지자 친구에게 (   ) 당했다.

7 그들은 손을 잡았지만 서로 다른 속셈을 가지고 (   ) 했다.

8 진정한 종교는 인류의 평화와 행복을 바라지만, (   ) 종교는 이익만 탐한다.

심화 **9** 빈칸에 들어갈 한자 성어는 무엇인가요? (   )

옛날에 한 사냥꾼이 사냥개와 함께 토끼를 잡으러 온 산을 두루 다녔다. 사냥개와 함께 산을 뛰어다니며 토끼를 사냥한 후, 배가 고파진 사냥꾼은 더 이상 필요하지 않은 사냥개를 삶아 먹었다. 이 이야기에서 필요할 때에는 쓰고 필요 없을 때는 야박하게 버리는 세상을 꼬집는 말로 [   ]이 나왔다.

① 사이비   ② 동상이몽   ③ 와신상담   ④ 조삼모사   ⑤ 토사구팽

03

고립무원의 섬에 남겨진 거타지

고립무원

고 孤 – 외롭다
립 立 – 서다
무 無 – 없다
원 援 – 돕다

고립되어 도움 받을 데가 없음.

신라 시대 때 진성 여왕이 보낸 **사신**이 당나라에 가기 위해 **궁사** 50명과 함께 배를 탔다. 궁사 중에는 거타지라는 남자가 있었다. 사신 **일행**의 배가 '곡도'라는 섬에 이르자 갑자기 큰 ㉠풍랑이 일어나 섬에 갇히게 되었다. 사신의 꿈에 한 노인이 나타나 말했다.

"활 잘 쏘는 사람 하나를 섬에 남겨 두면 바다가 **잠잠해질** 것이다."   5

사신은 섬에 남겨 둘 사람을 뽑기 위해 나뭇조각 50개에 궁사들의 이름을 각각 써서 섬에 있는 **못**에 던졌다. 그러자 거타지라고 적힌 나뭇조각만 물에 뜨고 나머지는 모두 가라앉았다. 이를 본 사신 일행은 거타지만 섬에 남겨 두고 배에 올랐다. 그러자 풍랑이 가라앉더니 ㉡순풍까지 불었다.

㉢아무도 없는 낯선 섬에 홀로 남겨진 거타지는 막막하고 불안했다. 그   10
때 한 노인이 못 가운데에서 나와 말했다.

"나는 서해의 신이오. 매일 아침이면 하늘에서 어떤 것이 이곳에 내려와 주문을 외운다오. 그러면 못 속에 사는 나와 가족들이 저절로 물 위로 떠오르는데, 그때마다 그놈이 한 명씩 간을 빼 먹소. 이제는 나와 아내, 딸 한 명만 남았소. 제발 당신이 그것을 죽여 주시오."   15

거타지는 활 쏘는 것에는 자신이 있었다. 그래서 못 근처에 숨어 다음 날 아침이 되기를 기다렸다. 이튿날 해 뜰 녘에 하늘에서 웬 사람이 내려오더니 주문을 외우기 시작했다. 거타지는 그를 향해 활을 쏘았다. 그러자 그 사람은 늙은 여우로 변하더니 쓰러져 죽었다.

잠시 후 노인이 나와 감사해하며 말했다.   20

"당신 덕분에 남은 가족의 목숨을 지켰으니 내 딸을 아내로 삼아 주시오."

노인은 딸을 한 송이 꽃으로 변하게 하여 거타지의 품속에 넣어 주고, 용 두 마리에게 거타지가 당나라에 도착할 때까지 **호위하라고** 하였다.

한편 당나라의 황제는 용이 호위하는 배를 타고 온 거타지를 신기하게   25
여겨 **극진히** 대접하였다. 거타지가 신라로 돌아와서 품속에 지니고 있던 꽃송이를 꺼내자, 꽃송이는 아름다운 여자로 변하였다. 이후 거타지는 여자를 아내로 맞아들여 함께 행복하게 살았다.

- **사신**(부릴 사 使, 신하 신 臣) 임금이나 나라의 명령을 받고 다른 나라에 사절로 가는 신하.
- **궁사**(활 궁 弓, 스승 사 師) 활 쏘는 일을 주로 하는 사람.
- **일행**(하나 일 一, 다닐 행 行) 함께 길을 가는 사람들의 무리.
- **잠잠해질** 분위기나 활동 따위가 소란하지 않고 조용해질.
- **못** 넓고 오목하게 팬 땅에 물이 괴어 있는 곳.
- **호위하라고** 따라다니며 곁에서 보호하고 지키라고.
- **극진히** 어떤 대상에 대하여 정성을 다해.

1

인물

이 글에서 중심이 되는 인물은 누구인지 쓰시오.

(   )

2 이 글의 특징으로 알맞지 <u>않은</u> 것은 무엇인가요? ( )

글의 특징

① 이야기의 공간과 시간이 드러난다.

② 시간 순서대로 이야기가 펼쳐진다.

③ 현실에서는 불가능한 일이 일어난다.

④ 주인공이 시련을 겪다가 슬픈 결말로 끝난다.

⑤ 뛰어난 능력을 지닌 인물이 문제 상황을 해결한다.

3 이 글의 등장인물에 대한 이해로 알맞지 <u>않은</u> 것은 무엇인가요? ( )

내용 이해

① 노인: 서해의 신으로, 늙은 여우에게 가족을 잃었다.

② 거타지: 늙은 여우에게 활을 쏘아 노인의 가족을 구했다.

③ 사신: 꿈을 통해 바다가 잠잠해질 수 있는 방법을 알게 되었다.

④ 늙은 여우: 매일 아침 하늘에서 내려와 노인의 가족 간을 빼먹었다.

⑤ 당나라의 황제: 거타지가 무사히 돌아온 것을 보고 매우 반가워하였다.

어휘

4 ㉠과 ㉡의 뜻으로 알맞은 것을 찾아 선으로 이으세요.

뜻

(1) (㉠) •

• ㉮ 배가 가는 쪽으로 부는 바람.

(2) (㉡) •

• ㉯ 바람과 물결을 아울러 이르는 말.

어휘

5 ㉢의 상황을 나타내기에 알맞은 한자 성어는 무엇인가요? ( )

적용

① 조실부모: 어려서 부모를 여읨.

② 고립무원: 고립되어 도움 받을 데가 없음.

③ 구사일생: 죽을 고비를 여러 차례 넘기고 겨우 살아남.

④ 허장성세: 실속은 없으면서 큰소리치거나 허세를 부림.

⑤ 감탄고토: 자신의 비위에 따라 사리의 옳고 그름을 판단함.

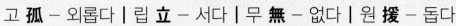
고 **孤** – 외롭다 | 립 **立** – 서다 | 무 **無** – 없다 | 원 **援** – 돕다

고립무원

고립되어 도움 받을 데가 없음.

예 전학 온 날 내성적인 성격의 나는 ❶☐☐☐☐의 처지였다.

답❶ ( )

확장

외로움과 관련한 한자 성어

사면초가 사 **四** – 넷 | 면 **面** – 쪽 | 초 **楚** – 초나라 | 가 **歌** – 노래

아무에게도 도움을 받지 못하는, 외롭고 곤란한 지경에 빠진 형편을 이르는 말.

예 그는 안팎으로 비난을 받는 ❷☐☐☐☐에 빠졌다.

답❷ ( )

조실부모 조 **早** – 일찍 | 실 **失** – 잃다 | 부 **父** – 아버지 | 모 **母** – 어머니

어려서 부모를 여읨.

예 그는 ❸☐☐☐☐하고 삼촌 집에서 자랐다.

답❸ ( )

혈혈단신 혈 **孑** – 외롭다 | 혈 **孑** – 외롭다 | 단 **單** – 홀 | 신 **身** – 몸

의지할 곳이 없는 외로운 홀몸.

예 그는 전쟁으로 가족을 모두 잃어 ❹☐☐☐☐으로 살아왔다.

답❹ ( )

이해

다음 한자 성어의 뜻을 보기 에서 찾아 기호를 쓰세요.

보기

㉠ 어려서 부모를 여읨.

㉡ 의지할 곳이 없는 외로운 홀몸.

㉢ 고립되어 도움 받을 데가 없음.

㉣ 아무에게도 도움을 받지 못하는, 외롭고 곤란한 지경에 빠진 형편을 이르는 말.

1 고립무원 (   )   **2** 사면초가 (   )

3 조실부모 (   )   **4** 혈혈단신 (   )

적용

자음자를 보고 빈칸에 들어갈 알맞은 한자 성어를 쓰세요.

5 ㅎㅎㄷㅅ 으로 살아온 그에게 소중한 가족이 생겼다.   (   )

6 ㅈㅅㅂㅁ 한 그는 가계를 책임지며 동생들을 돌보았다.   (   )

7 친구들이 나에 대한 불만을 하나둘 털어놓으면서 나는 ㅅㅁㅊㄱ 에 빠졌다.

(   )

8 이 영화는 무인도에 남겨진 주인공이 ㄱㄹㅁㅇ 의 상황을 이겨내는 이야기이다.

(   )

심화

9 **다음 글에 어울리는 한자 성어는 무엇인가요? (   )**

항우가 이끄는 초나라 군은 한나라 군에게 크게 패하고 먹을 것마저 떨어졌다. 그런데 한밤중에 초나라 노래가 사방에서 들려왔다. 한나라가 포로로 잡은 초나라 군사들에게 초나라 노래를 부르게 한 것이었다. 몸과 마음이 지쳐 있던 초나라 군사들은 노래를 듣자, 고향 생각에 싸울 의욕을 잃은 채 도망쳤다. 항우 또한 매우 절망하였다.

"한나라가 초나라를 벌써 다 차지한 것인가? 어찌 한나라에 항복한 초나라 사람들이 저리 많단 말인가?"

① 금상첨화   ② 사면초가   ③ 와신상담   ④ 조실부모   ⑤ 혈혈단신

파죽지세의 일본을 무찌른 조선

핵심어

파죽지세

파 破 – 깨뜨리다
죽 竹 – 대
지 之 – ~의
세 勢 – 기세

대를 쪼개는 기세라는 뜻으로, 적을 거침없이 물리치고 쳐들어가는 기세를 이르는 말.

● **동원**(움질일 동 動, 관원 원 員)**하여** 어떤 목적을 달성하고자 사람을 모으거나 물건, 수단, 방법 따위를 집중하여.

● **정치적** 정치에 관계되거나 정치의 특성을 가지는.

● **피란** 난리를 피하여 옮겨 감.

● **점령하였다** 남의 땅이나 장소를 폭력이나 무력으로 빼앗아 차지하였다.

● **의병**(옳을 의 義, 군사 병 兵) 외적의 침입을 물리치기 위하여 백성이 자발적으로 조직한 군대. 또는 그 군대의 병사.

● **전세**(싸울 전 戰, 기세 세 勢) 전쟁, 경기 따위의 형세나 형편.

● **사기** 어떤 일을 해내거나 이기고자 하는, 집단의 씩씩한 기운.

● **휴전** 교전국이 서로 합의하여, 전쟁을 얼마 동안 멈추는 일.

1592년에 일본이 대대적인 군사를 **동원하여** 조선에 쳐들어오며 임진왜란이 일어났다. 당시 일본의 최고 권력자인 도요토미 히데요시가 옛 중국인 명나라를 정복하기 위해 일본과 명나라 중간에 있는 조선을 먼저 공격한 것이다. 일본이 쳐들어오기 전에 조선은 일본의 움직임을 살폈으나, **정치적** 갈등으로 일본의 침략 계획을 제대로 파악하지 못하였다. 그렇게 전쟁에 대비하지 못한 조선이 위기에 빠진 것이다. 　　　　　　　　　　5

일본군은 ㉠파죽지세로 여러 지역을 공격해 차지하여 보름 남짓만에 한양까지 이르렀다. 임금과 신하들은 궁을 버리고 북쪽 지역으로 **피란**을 떠났다. 전쟁이 시작된 지 두 달여가 지나자 일본군이 평양까지 이르러 국토 대부분을 **점령하였다.** 당시 일본군은 서양에서 들여온 조총이라는 신무기 　10 를 가지고 있었다. 이에 비해 활과 칼을 주무기로 사용하였던 조선군은 신무기를 가진 수많은 일본군을 당해 내기 어려웠다.

그러나 전국에서 **의병** 운동이 일어나면서 **전세**가 바뀌기 시작했다. 의병들은 지역 곳곳의 지리를 잘 알고 있어서 육지에서 일본군과 싸우는 데 유리했다. 의병들은 곳곳에서 일본군을 ㉡무찔렀다. 또한 바다에서는 이순 　15 신 장군이 이끄는 수군이 일본군을 연달아 무찔렀다. 이순신 장군의 활약으로 육지에 있던 일본군에게 필요한 식량 등의 물품 공급이 끊겼고, 이 때문에 일본군의 **사기**도 떨어졌다. 또한 조선의 요청을 받은 명나라가 전쟁에 참가하면서 조선군의 반격은 더욱 거세졌다.

그러던 중 1596년에 명나라가 나서서 조선과 일본이 **휴전** 협정을 맺게 　20 하였다. 하지만 일본의 무리한 요구로 협정이 깨지면서 1597년에 일본은 조선을 다시 쳐들어왔다. 이때는 조선도 군사를 정비하여 반격에 나섰다. 그리고 1598년 8월에 도요토미 히데요시가 죽자 일본군은 조선에서 후퇴하였다. 이순신 장군이 이끄는 해군이 후퇴하는 일본군을 노량 앞바다에서 크게 무찌르면서 7년에 걸친 긴 전쟁이 끝났다. 　　　　　　　　　25

1

설명 대상

이 글에서 설명하는 것은 무엇인지 쓰세요.

(　　　　　　　　　)

2 임진왜란 때 일이 일어난 순서대로 기호를 쓰세요.

> ㉠ 일본군이 평양까지 이르러 국토 대부분을 점령하였다.
> ㉡ 일본이 대대적인 군사를 동원하여 조선에 쳐들어왔다.
> ㉢ 이순신 장군이 노량 앞바다에서 일본군을 크게 무찔렀다.
> ㉣ 임금과 신하들이 궁을 버리고 북쪽 지역으로 피란을 떠났다.
> ㉤ 전국에서 의병 운동이 일어나서 곳곳에서 일본군을 무찔렀다.

(   ) → (   ) → (   ) → (   ) → (   )

3 임진왜란에 대한 생각으로 알맞지 <u>않은</u> 것은 무엇인가요? (   )

① 의병 운동이 일어난 것이 조선이 전쟁에서 승리하는 원인이 되었군.
② 조선이 정치적 갈등을 겪지만 않았어도 전쟁에 대비할 수 있었겠군.
③ 조선도 조총을 사용하였더라면 일본군을 더 빨리 무찌를 수 있었겠군.
④ 이순신 장군이 일본군의 물품 공급을 끊어서 전쟁을 승리로 이끌 수 있었군.
⑤ 일본군이 7년간 전쟁을 벌인 이유는 명나라보다 조선을 정복하려는 계획 때문이었군.

4 ㉠의 뜻으로 알맞은 것은 무엇인가요? (   )

① 적을 거침없이 물리치고 쳐들어가는 기세.
② 실속은 없으면서 큰소리치거나 허세를 부림.
③ 몹시 위태로운 형세를 비유적으로 이르는 말.
④ 경솔하여 생각 없이 망령되게 행동함. 또는 그런 행동.
⑤ 마음이 불안하거나 걱정스러워서 한군데에 가만히 앉아 있지 못하고 안절부절못하는 모양.

5 ㉡과 바꾸어 쓸 수 있는 말은 무엇인가요? (   )

① 간과했다   ② 격파했다   ③ 수용했다
④ 이용했다   ⑤ 조력했다

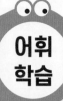

⊙ 핵심어

파 破 – 깨뜨리다 | 죽 竹 – 대 | 지 之 – ~의 | 세 勢 – 기세

파죽지세

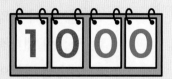

대를 쪼개는 기세라는 뜻으로, 적을 거침없이 물리치고 쳐들어가는 기세를 이르는 말.

예 이순신 장군이 이끄는 수군은 ❶□□□□로 왜군을 격파했다.

답❶ (   )

확장

전쟁과 관련한 한자 성어

배수진   배 背 – 등 | 수 水 – 물 | 진 陣 – 진치다

1. 강이나 바다를 등지고 치는 진.

2. 어떤 일을 성취하기 위하여 더 이상 물러설 수 없음을 비유적으로 이르는 말.

예 우리 팀은 ❷□□□을 치고 공격적으로 경기에 임했다.

답❷ (   )

오합지졸   오 鳥 – 까마귀 | 합 合 – 모이다 | 지 之 – ~의 | 졸 卒 – 군사

규율과 질서가 없는 집단.

예 훈련되지 못한 그들은 머릿수만 많은 ❸□□□□에 불과하다.

답❸ (   )

철옹성   철 鐵 – 쇠 | 옹 甕 – 항아리 | 성 城 – 재

방어나 단결 따위가 튼튼하고 단단한 것을 이르는 말.

예 상대 팀의 수비는 ❹□□□ 같았다.

답❹ (   )

이해 다음 한자 성어와 뜻을 알맞게 선으로 이으세요.

1 배수진 •

• ㉮ 규율과 질서가 없는 집단.

2 오합지졸 •

• ㉯ 적을 거침없이 물리치고 쳐들어가는 기세를 이르는 말.

3 철옹성 •

• ㉰ 방어나 단결 따위가 튼튼하고 단단한 것을 이르는 말.

4 파죽지세 •

• ㉱ 어떤 일을 성취하기 위하여 더 이상 물러설 수 없음을 비유적으로 이르는 말.

적용 빈칸에 들어갈 한자 성어를 보기 에서 찾아 쓰세요.

> 보기
>
> 배수진   철옹성   오합지졸   파죽지세

5 놀이공원 입구에 모인 우리 학교 학생들은 (   ) 같았다.

6 우리나라 축구 대표팀은 (   )(으)로 역전승을 이루었다.

7 그 집 대문은 항상 닫혀 있어서 누구도 함부로 들어갈 수 없는 (   ) 같았다.

8 온달 장군은 전쟁에서 승리하지 않으면 돌아오지 않겠다는 (   )을/를 치고 전쟁터로 향했다.

심화 **9** 다음 글에서 밑줄 친 부분에 어울리는 한자 성어는 무엇인가요? (   )

> 선조는 일본군을 막기 위해 신립 장군을 문경으로 보냈다. 신립 장군은 앞에는 벌판이 있고 뒤에는 남한강이 흐르는 탄금대로 가서 <u>절대 물러서지 않겠다는</u> 각오로 일본군과 싸웠다. 그러나 신립 장군의 군대는 점차 일본군에게 밀렸고, 결국 전투에서 패하였다.

① 철옹성   ② 배수진   ③ 오합지졸   ④ 고립무원   ⑤ 파죽지세

05

모순

모 矛 – 창
순 盾 – 방패

어떤 사실의 앞뒤, 또는 두 사실이 이치상 어긋나서 서로 맞지 않음을 이르는 말.

모순을 해결한 방법

어떤 말의 앞뒤가 맞지 않거나, 두 개의 사실이 서로 **성립할** 수 없을 때, 모순된다고 말한다. ㉠모순은 옛날 중국 초나라 때 여러 무기를 팔던 장사꾼의 말에서 생긴 말이다. 그 장사꾼은 방패를 팔기 위해 이렇게 외쳤다.

"이 방패는 아주 튼튼합니다. 그래서 어떤 창으로 찔러도 다 막아낼 수 있습니다!" / 곧이어 옆에 있던 창을 들고 외쳤다.

"이 뾰족한 창을 보십시오. 이 창은 세상의 어떤 방패라도 뚫어 버립니다!" 그러자 구경꾼 한 명이 말했다.

"그럼 그 창으로 저 방패를 찌르면 어찌 됩니까?"

이 이야기 속 창과 방패처럼, 두 개의 사실이 서로 성립할 수 없는 모순된 상황에 처한 문제들이 있다. 그중 하나는 아주 작은 물질을 확대해서 볼 때 쓰는 현미경이다. 과학자들이 현미경으로 세포를 보려면 세포에 **형광** 물질을 넣은 후, 세포에서 흘러나오는 형광 신호를 관찰해야 한다. 그런데 형광 신호를 잘 찾으려면 주변이 어두워야 하고, 주변을 어둡게 하면 현미경을 작동하는 장치들이 잘 보이지 않아서 과학자들이 실수할 가능성이 높아지는 모순된 상황에 처하게 된다.

주변이 어두운 동시에 밝아야 하는 모순된 상황을 어떻게 해결할 수 있을까? 현미경 개발자들은 현미경을 작은 상자 안에 넣었다. 그리고 현미경의 장치들은 상자 밖으로 빼냈다. 세포가 놓인 현미경은 어두운 상자 안에, 현미경의 장치들은 밝은 상자 밖에 둠으로써 모순된 상황을 해결한 것이다.

비행기 역시 **이륙**하거나 **착륙**할 때에는 날개가 길어야 힘을 크게 받을 수 있는데, 비행 중에는 날개가 길면 공기의 **저항**이 커져서 속도가 느려지는 모순된 상황에 놓였다. 비행기 개발자들은 비행기 날개를 길게 할지 짧게 할지를 고민하지 않고 ㉡새로운 방법을 찾아냈다. 바로 이륙하거나 착륙할 때에는 비행기 날개를 모두 펼쳐서 길어지게 하고, 비행 중에는 날개를 접어 짧아지게 하는 것이다.

이처럼 모순된 상황에 처했을 때에는 시간이나 공간, 조건을 각각 따로 떼어 보면 새로운 해결 방법을 생각해 낼 수 있다.

5

10

15

20

25

- **성립**(이룰 성 成, 설 립立)할 일이나 관계 따위가 제대로 이루어질.
- **형광** 어떤 종류의 물체가 엑스선이나 전자 빔 따위를 받았을 때에 내는 고유한 빛.
- **이륙**(떠날 이 離, 뭍 륙陸) 비행기 따위가 날기 위하여 땅에서 떠오름.
- **착륙**(붙을 착 着, 뭍 륙陸) 비행기 따위가 공중에서 활주로나 판판한 곳에 내림.
- **저항**(거스를 저 抵, 막을 항 抗) 물체의 운동 방향과 반대 방향으로 작용하는 힘.

1

이 글에서 가장 중심이 되는 낱말은 무엇인지 두 글자로 쓰세요.

핵심어

(   )

2

내용 이해

이 글의 내용과 일치하지 <u>않는</u> 것은 무엇인가요? (   )

① 주변이 어두워야 현미경으로 세포를 잘 관찰할 수 있다.

② 현미경으로 세포를 관찰할 때에는 세포에 형광 물질을 넣는다.

③ 비행기의 날개가 길어야 이륙하거나 착륙할 때 힘을 크게 받을 수 있다.

④ 비행기의 날개가 길면 비행 중에 공기의 저항이 커져서 속도가 빨라진다.

⑤ 모순된 상황을 해결하려면 시간, 공간, 조건을 따로 떼어 생각하는 것이 좋다.

3

적용

이 글에서 설명하는 모순된 상황에 해당하지 <u>않는</u> 것에 ○표 하세요.

(1) 밀린 숙제를 하기에는 이미 시간이 늦었고, 졸음도 계속 쏟아진다.	(2) 장바구니가 크면 물건을 많이 담을 수 있지만, 들고 다니기는 불편하다.	(3) 칫솔이 가늘면 칫솔질을 할 때 힘이 약하고, 칫솔이 굵으면 잇몸까지 칫솔이 닿지 않는다.
( )	( )	( )

4

어휘

관계

㉠과 뜻이 비슷한 한자 성어는 무엇인가요? (   )

① 허장성세: 실속은 없으면서 큰소리치거나 허세를 부림.

② 주경야독: 어려운 여건 속에서도 꿋꿋이 공부함을 이르는 말.

③ 동분서주: 사방으로 이리저리 몹시 바쁘게 돌아다님을 이르는 말.

④ 적반하장: 잘못한 사람이 아무 잘못도 없는 사람을 나무람을 이르는 말.

⑤ 자가당착: 같은 사람의 말이나 행동이 앞뒤가 서로 맞지 아니하고 이치상 어긋남.

5

어휘

적용

㉡에 어울리는 관용어는 무엇인가요? (   )

① 손에 익다   ② 손을 끊다   ③ 길을 뚫다

④ 길이 바쁘다   ⑤ 발을 구르다

모 **矛** – 창 | 순 **盾** – 방패

모순

어떤 사실의 앞뒤, 또는 두 사실이 이치상 어긋나서 서로 맞지 않음을 이르는 말.

예 그의 주장은 ❶ ☐☐이 있어 믿을 수 없다.

답 ❶ ( )

 확장

억지 주장과 관련한 한자 성어

아전인수
아 **我** – 나 | 전 **田** – 밭 | 인 **引** – 끌다 | 수 **水** – 물

자기에게만 이롭게 되도록 생각하거나 행동함을 이르는 말.

예 그들은 선거 결과에 대해 ❷ ☐☐☐☐ 격으로 해석하였다.

☑ 비슷한 말 **견강부회** 이치에 맞지 않는 말을 억지로 끌어 붙여 자기에게 유리하게 함.

답 ❷ ( )

자가당착
자 **自** – 스스로 | 가 **家** – 집 | 당 **撞** – 치다 | 착 **着** – 붙다

같은 사람의 말이나 행동이 **앞뒤가 서로 맞지 아니하고 이치에 어긋남.**

예 그는 변명을 하다가 ❸ ☐☐☐☐에 빠졌다.

답 ❸ ( )

지록위마
지 **指** – 가리키다 | 록 **鹿** – 사슴 | 위 **爲** – 하다 | 마 **馬** – 말

1. **윗사람을 휘어잡아 권력과 힘을 마음대로 함**을 이르는 말.

2. **이치에 맞지 않는 것을 끝까지 우겨서 남을 속이려는 짓**을 비유적으로 이르는 말.

예 그는 위기에서 벗어나기 위해 ❹ ☐☐☐☐도 서슴지 않았다.

답 ❹ ( )

이해 **보기**의 글자를 조합하여 나음 뜻에 해당하는 한자 성어를 쓰세요.

보기

순	아	록	위	가	착	수
지	전	자	인	당	마	모

1 자기에게만 이롭게 되도록 생각하거나 행동함. ( )

2 이치에 맞지 않는 것을 끝까지 우겨서 남을 속이려는 짓. ( )

3 어떤 사실의 앞뒤, 또는 두 사실이 이치상 어긋나서 서로 맞지 않음.

( )

4 같은 사람의 말이나 행동이 앞뒤가 서로 맞지 아니하고 이치에 어긋남.

( )

적용 자음자를 보고 빈칸에 들어갈 알맞은 한자 성어를 쓰세요.

5 ㅁㅅ되게도, 그를 보고 싶은 마음과 원망하는 마음이 동시에 들었다.

( )

6 그는 모든 일을 ㅇㅈㅇㅅ 격으로 해석해서 사람들에게 비난을 받았다.

( )

7 ㅈㄹㅇㅁ라더니, 선생님의 신임을 얻은 반장은 친구들에게 횡포를 부렸다.

( )

8 토론할 때 자신의 생각을 분명히 정리하지 않고 말하면 ㅈㄱㄷㅊ에 빠지기 쉽다.

( )

심화 **9** 다음 글에서 밑줄 친 부분에 어울리는 한자 성어는 무엇인가요? ( )

> 말과 관련된 우리 속담으로 '입은 비뚤어져도 말은 바로 해라'와 '바른말 하는 사람 귀염 못 받는다'가 있다. 하나는 항상 바른말을 하라는 것이고, 또 하나는 바른말을 하면 좋은 대접을 받기 어렵다는 것이다. 그러나 '바른말 하는 사람 귀염 못 받는다'의 속뜻은 바른말을 하지 말라는 게 아니라 상대가 오해하거나 불쾌할 수 있는 말은 돌려 말하라는 것이다.

① 모순   ② 사면초가   ③ 아전인수   ④ 와신상담   ⑤ 혈혈단신

06

소탐대실의 패스트푸드 대신 슬로푸드

소탐대실

소 **小** – 작다
탐 **貪** – 탐하다
대 **大** – 크다
실 **失** – 잃다

작은 것을 욕심내다가 큰 것을 잃음.

● **인스턴트식품** 간단히 조리할 수 있고 저장이나 휴대도 가능한 가공식품.

● **조리** 요리를 만듦. 또는 그 방법이나 과정.

● **첨가물**(더할 첨 添, 더할 가 加, 만물 물 物) (주로 가공식품을 만들 때) 주된 재료에다 빛깔·맛을 더하고 썩는 것을 막기 위해 넣는 물질.

● **성인병** 중년 이후에 문제 되는 병을 통틀어 이르는 말.

● **초래**(부를 초 招, 올 래 來) 할 일의 결과로서 어떤 현상을 생겨나게 함.

● **대안**(대답할 대 代, 책상 안 案) 어떤 일에 대처할 방안.

● **숙성**(익을 숙 熟, 이룰 성 成) 효소나 미생물의 작용에 의하여 발효된 것이 잘 익음.

● **보전**(보전할 보 保, 온전할 전 全)**하는** 온전하게 보호하여 유지하는.

[가]

컵라면이나 봉지 라면, 커피 믹스와 같은 **인스턴트식품**을 포함하여 햄버거나 프라이드치킨, 도넛 등 간단한 **조리**를 거쳐서 먹는 음식을 모두 패스트푸드라고 한다. 패스트푸드는 바쁜 현대인들이 간편하게 먹을 수 있다는 장점이 있지만 건강에는 별로 도움이 되지 않는다. 패스트푸드는 지방과 인공 **첨가물**이 많이 들어 있어 열량은 높지만 필수 영양소는 부족하기 때문이다. 그래서 패스트푸드는 비만과 **성인병**의 주요 원인이 된다. ㉠시간을 아낄 수 있다는 편리함에 빠져 패스트푸드를 자주 먹다가는 건강을 잃게 되는 소탐대실의 상황을 **초래**할 수 있는 것이다. 5

㉡패스트푸드의 **대안**으로 등장한 것이 ㉢슬로푸드이다. 슬로푸드는 천천히 만들어 천천히 먹는 음식을 이르는 말이다. 오랫동안 묵힌 뒤에 먹는 된장, 간장, 고추장 같은 장류나 젓갈이 대표적인 슬로푸드이고 제철에 나는 과일도 슬로푸드에 해당한다. 슬로푸드는 오랫동안 이어져 온 조리 방식을 주로 사용하고, 자연적 시간에 따라 **숙성**이나 발효 과정을 거치기도 한다. 10

슬로푸드는 먹는 방식과도 관련이 있다. 단순히 배를 채우려는 목적으로 음식을 단숨에 먹어 치우는 것은, 그것이 슬로푸드라 하더라도 슬로푸드 식사로 볼 수 없다. 슬로푸드 식사는 천천히 먹으면서 맛을 느끼고, 음식에 대해 생각하며, 음식을 만든 사람에게 감사하는 것이다. 이렇게 식사를 하면 마음의 여유를 가질 수 있으며, 음식의 소중함도 느낄 수 있다. 15

슬로푸드는 먹는 사람의 건강에도 도움이 된다. 슬로푸드에는 다양한 영양소가 들어 있어서 각종 성인병을 예방할 수 있다. 그리고 지역의 식재료를 사용하기 때문에 농업의 발전과 전통 음식을 **보전하는** 데도 큰 도움이 된다. 또한 슬로푸드는 친환경적인 방식으로 만들기 때문에 환경 보전에도 기여하게 된다. 20

1

설명 대상

이 글에서 설명하는 것은 무엇인지 두 가지를 쓰세요.

(　　　　　　　　,　　　　　　　　)

2

내용 이해

이 글의 내용과 일치하지 않는 것은 무엇인가요? (   )

① 슬로푸드를 먹으면 농업의 발전에 도움이 된다.

② 패스트푸드는 열량은 높지만 필수 영양소가 부족하다.

③ 슬로푸드는 패스트푸드가 지닌 문제점을 해결할 수 있다.

④ 패스트푸드는 빠르게 먹을 수 있지만 조리 방법은 복잡하다.

⑤ 슬로푸드는 천천히 먹으면서 그 맛을 느끼는 식사 방식과도 관련 있다.

3

글의 특징

[가]에 사용된 설명 방법이 아닌 것은 무엇인가요? (   )

① 중요한 용어의 뜻을 명확하게 밝히고 있다.

② 원인과 결과를 통해 문제점을 제시하고 있다.

③ 두 대상의 차이점을 중심으로 설명하고 있다.

④ 구체적인 예를 들어 내용을 뒷받침하고 있다.

⑤ 두 대상이 지닌 장점을 나열하여 강조하고 있다.

4

어휘

적용

㉠의 상황에 어울리는 속담은 무엇인가요? (   )

① 우물 안 개구리

② 도둑이 제 발 저리다

③ 개구리 올챙이 적 생각 못 한다

④ 빈대 잡으려고 초가삼간 태운다

⑤ 못된 송아지 엉덩이에 뿔이 난다

5

어휘

관계

'㉡－㉢'의 관계와 같게 짝 지은 것은 무엇인가요? (   )

① 겨울 － 계절   ② 사망 － 죽음   ③ 식물 － 나무

④ 유명 － 무명   ⑤ 환희 － 기쁨

소 小 – 작다 | 탐 貪 – 탐하다 | 대 大 – 크다 | 실 失 – 잃다

소탐대실

작은 것을 욕심내다가 큰 것을 잃음.

예 눈앞의 이익을 보고 ❶ ☐☐☐☐ 하는 것은 어리석은 일이다.

답 ❶ ( )

확장

욕심과 관련한 한자 성어

견물생심
견 見 – 보다 | 물 物 – 만물 | 생 生 – 나다 | 심 心 – 마음

물건을 보면 그것을 가지고 싶은 욕심이 생김.

예 ❷ ☐☐☐☐ 이라고 주인 없는 돈을 보자 나도 모르게 욕심이 났다.

답 ❷ ( )

과유불급
과 過 – 지나치다 | 유 猶 – 오히려 | 불 不 – 아닐 | 급 及 – 미칠

정도에 알맞은 것이 중요함을 이르는 말.

예 ❸ ☐☐☐☐ 이라고 자식에 대한 사랑이 지나쳐, 자식을 버릇없이 키우는 경우가 있다.

답 ❸ ( )

교각살우
교 矯 – 바로잡다 | 각 角 – 뿔 | 살 殺 – 죽이다 | 우 牛 – 소

잘못된 점을 고치려다가 그 방법이나 정도가 지나쳐 오히려 일을 그르침을 이르는 말.

예 벌레를 잡으려고 살충제를 뿌렸다가 나무를 죽였으니, ❹ ☐☐☐☐ 라고 할 수 있군.

답 ❹ ( )

이해 다음 한자 성어와 뜻을 알맞게 선으로 이으세요.

1 견물생심 •
• ㉮ 작은 것을 욕심내다가 큰 것을 잃음.

2 과유불급 •
• ㉯ 정도에 알맞은 것이 중요함을 이르는 말.

3 교각살우 •
• ㉰ 물건을 보면 그것을 가지고 싶은 욕심이 생김.

4 소탐대실 •
• ㉱ 잘못된 점을 고치려다가 그 방법이나 정도가 지나쳐 오히려 일을 그르침을 이르는 말.

적용 다음 문장의 밑줄 그은 말이 바르게 쓰였으면 ○표, 바르지 않으면 ×표 하세요.

5 과유불급으로 과일과 채소는 많이 먹을수록 건강에 좋다. ( )

6 무분별한 개발로 인해 자연을 파괴하는 것은 소탐대실의 상황이다. ( )

7 평생 산속에서 글을 읽으며 소박하게 산 그의 삶은 견물생심이라고 말할 수 있다. ( )

8 닭장 울타리를 고치기 위해 울타리를 허물었다가 닭을 모두 잃어버렸으니 교각살우라고 할 수 있다. ( )

심화 **9** 다음 글에 어울리는 한자 성어는 무엇인가요? ( )

> 최근 청소년들 사이에서 마른 몸매 증후군이 유행하고 있다. 마른 몸매 증후군이란 살이 없는 마른 몸매를 아름답다고 느끼는 병적인 증세를 말한다. 일부 청소년들은 마른 몸매를 위해 건강을 해치면서까지 지나치게 먹는 양을 줄이고 있다.

① 견물생심　　② 과유불급　　③ 동상이몽　　④ 와신상담　　⑤ 조실부모

07

읍참마속

읍 泣 – 울다
참 斬 – 베다
마 馬 – 말
속 謖 – 일어나다

큰 목적을 위하여 자기가 아끼는 사람을 버림을 이르는 말.

● **천하**(하늘 천 天, 아래 하 下) 하늘 아래 온 세상.

● **보급**(기울 보 補, 줄 급 給)하 는 물자나 자금 따위를 계속 해서 대어 주는.

● **좌우할** (어떤 원인이나 힘이 무엇을) 결정할.

● **총애**(괼 총 寵, 사랑 애 愛) 남 달리 귀여워하고 사랑함.

● **진** 적과 맞서서 싸우기 위하 여 군대를 배치한 곳, 또는 배 치한 방식.

● **군율**(군사 군 軍, 법 률 律) 모 든 군인에게 적용되는 군대 내의 규범이나 질서.

읍참마속한 제갈량

　옛날 중국이 위나라, 촉나라, 오나라로 갈라져 **천하**를 두고 다투던 삼국 시대에, 촉나라가 위나라를 공격하였다. 그러자 위나라는 기산 지역에 군 사를 보내 촉나라를 막으려 하였다. 이에 촉나라 군사를 이끄는 제갈량은 가정 땅을 누구에게 맡길지 고민하였다. 가정 땅은 전쟁 물자를 **보급하는** 곳 이라서 그곳을 지키는 일은 전쟁의 승패를 **좌우할** 만큼 중요했기 때문이다. 　5

　이때 마속이라는 장수가 자신을 가정에 보내 달라고 나섰다. 마속은 책 을 많이 읽은 데다가 머리가 총명하여 제갈량의 **총애**를 받던 인물이었다. 하지만 마속의 전투 능력은 알려지지 않아서 제갈량은 이를 선뜻 허락하기가 어려웠다.

　"과연 자네가 가정 땅을 제대로 지킬 수 있겠나?" 　10

　"제 능력으로 그곳 하나 지키지 못하겠습니까? 맡겨 주십시오."

　"그렇다면 좋다. 반드시 가정으로 들어가는 산길에 군사들을 숨겨 놓아 서 적의 공격으로부터 ㉠방비해야 한다. 만약 그곳을 위나라에 빼앗기 면 엄한 처벌을 피할 수 없을 것이다."

　"명령대로 하지 못하면 저의 목을 베어도 좋습니다!" 　15

　큰소리를 치던 마속은 가정 땅으로 가자 마음대로 작전을 바꾸었다.

　"이곳은 삼면이 절벽이니 산 위에서 위나라 군사를 공격하는 것이 좋겠 군."

　마속은 제갈량의 명령을 따라야 한다는 부하들의 조언을 무시하고 산꼭 대기에 **진**을 쳤다. 그 결과 마속은 위나라와의 전투에서 크게 패하고 가정 　20 땅을 빼앗겨, 촉나라는 위나라 공격을 포기해야만 했다.

　제갈량은 명령을 어긴 마속의 목을 벨 수밖에 없었다. 제갈량은 몹시 안 타까웠으나 **군율**을 지키려면 어쩔 수 없었다. 마속이 처형당할 때 제갈량 은 소맷자락으로 얼굴을 가린 채 눈물을 흘렸다.

　그리고 이 이야기에서 '눈물을 흘리며 마속의 목을 베다.'라는 뜻을 지닌 　25 '㉡읍참마속'이라는 말이 생겼다.

1

인물

이 글에서 중심이 되는 인물은 누구인지 쓰세요.

　　　　　　　　　　　　　　　　　　　　● 제갈량과 (　　　　　　　)

2

내용 이해

이 글의 내용과 일치하지 않는 것은 무엇인가요? (   )

① 마속은 제갈량에게 자신이 가정 땅을 지키겠다고 나섰다.

② 가정 땅은 전쟁의 승패를 좌우할 만큼 중요한 물자 보급로였다.

③ 마속은 마음대로 작전을 바꾸었다가 위나라 군에게 크게 패했다.

④ 제갈량은 자신의 명령을 어기고 전투에 진 마속을 사형에 처했다.

⑤ 제갈량은 가정 땅의 산꼭대기에 진을 쳐서 위나라를 공격하라고 명령하였다.

3

추론

이 글을 통해 추론할 수 있는 내용이 아닌 것은 무엇인가요? (   )

① 촉나라의 다른 장수들은 마속이 뛰어난 재능을 지녔다고 여겼겠군.

② 제갈량은 부하인 마속의 재주를 인정하고 평소에 잘 대해 주었겠군.

③ 마속의 부하들은 가정으로 들어가는 길을 지켜야 한다고 조언했겠군.

④ 마속이 사형을 당한 뒤에 촉나라 군인들은 군율을 엄격하게 지켰겠군.

⑤ 제갈량은 마속이 자신의 명령을 어길 것을 예상하고 뒷일을 대비했겠군.

4

어휘

관계

㉠과 바꾸어 쓸 수 있는 말은 무엇인가요? (   )

① 돌격   ② 외면   ③ 반응   ④ 방어   ⑤ 방해

5

어휘

뜻

㉡에 담긴 뜻을 알맞게 짐작한 것은 무엇인가요? (   )

① 강자끼리 서로 싸움.

② 큰 목적을 위하여 자기가 아끼는 사람을 버림.

③ 잠시 동안만 효력이 있을 뿐 효력이 바로 사라짐.

④ 갑자기 터진 일을 우선 간단하게 둘러맞추어 처리함.

⑤ 어떤 일에 실패한 뒤에 힘을 가다듬어 다시 그 일을 시작함.

어휘 학습

동영상 강의

읍 泣 – 울다 | 참 斬 – 베다 | 마 馬 – 말 | 속 謖 – 일어나다

읍참마속

큰 목적을 위하여 자기가 아끼는 사람을 버림을 이르는 말.

예 동아리 규칙을 어긴 그를 ❶ □□□□ 할 수밖에 없었다.

답 ❶ (   )

확장

삼국지와 관련한 한자 성어

고육지책
고 苦 – 괴롭다 | 육 肉 – 고기 | 지 之 – ~의 | 책 策 – 꾀

어려운 상태를 벗어나기 위해 어쩔 수 없이 꾸며 내는 계책을 이르는 말.

예 그의 차가운 태도는 더 많은 사람을 살리기 위한 ❷ □□□□ 이었다.

답 ❷ (   )

도원결의
도 桃 – 복숭아나무 | 원 園 – 동산 | 결 結 – 맺다 | 의 義 – 옳다

의형제를 맺음을 이르는 말.

예 나와 내 친구는 ❸ □□□□ 하여 가족처럼 지낸다.

답 ❸ (   )

삼고초려
삼 三 – 셋 | 고 顧 – 돌아보다 | 초 草 – 풀 | 려 廬 – 오두막집

인재를 맞아들이기 위해 참을성 있게 노력함.

예 대통령은 ❹ □□□□ 하여 유명한 교수를 장관으로 임명했다.

답 ❹ (   )

이해 다음 한자 성어와 뜻을 알맞게 선으로 이으세요.

1 고육지책 •

2 도원결의 •

3 삼고초려 •

4 읍참마속 •

• ㉮ 의형제를 맺음.

• ㉯ 인재를 맞아들이기 위해 참을성 있게 노력함.

• ㉰ 큰 목적을 위하여 자기가 아끼는 사람을 버림을 이르는 말.

• ㉱ 어려운 상태를 벗어나기 위해 어쩔 수 없이 꾸며 내는 계책을 이르는 말.

적용 다음 상황과 어울리는 한자 성어를 보기 에서 찾아 쓰세요.

보기

고육지책   도원결의   삼고초려   읍참마속

5 과일이 잘 팔리지 않자 과일 장수는 과일을 반값에 팔았다.   (   )

6 친구의 부정행위를 솔직하게 선생님께 말씀드릴 수밖에 없었다. (   )

7 오성과 한음은 어려서부터 같이 놀며 친형제처럼 지내기로 약속했다.

(   )

8 뛰어난 연구자는 몇 번이라도 찾아가서 우리 연구소로 데려와야 한다.

(   )

심화 **9** 다음 글에서 빈칸에 들어갈 알맞은 한자 성어는 무엇인가요? (   )

> 어느 산골에 허생이란 현명한 양반이 살고 있었다. 어느 날, 이완 대장이라는 관리가 허생을 찾아와 인재를 구하는 방법에 대해 물었다. 그러자 허생은 이완 대장에게 물었다.
> "임금께 말씀드려 [   ]하게 할 수 있겠는가?"
> 이완 대장은 허생의 말에 모두 어렵다고 대답했다.

① 고립무원   ② 도원결의   ③ 삼고초려   ④ 오합지졸   ⑤ 파죽지세

어휘

관용어

관용어는 말버릇처럼 오래 쓰여서 특별한 뜻을 가지게 된 말입니다.

01 강 건너 불구경

02 꿈인지 생시인지

03 갈 길이 멀다

01

책 외에는 강 건너 불구경

핵심어

강 건너 불구경

자기에게 관계없는 일이라고 하여 무관심하게 곁에서 보기만 하는 모양.

평소 책 읽는 것을 즐겨 하는 나에게 아버지께서 말씀하셨다.

"조선에 **책벌레** 이덕무가 있다면, 우리 집에는 책벌레 딸이 있구나."

나와 같은 책벌레가 조선 시대에 있었다는 말에 관심이 생겨서 이덕무가 ㉠직접 자신의 삶에 대해 썼다는 책『간서치전』을 읽어 보았다.

『간서치전』을 지은 작가이자 책의 주인공인 이덕무는 조선 후기의 뛰어난 시인이자 학자였다고 한다. 그러나 신분 제도가 있었던 조선에서 **서자** 출신인 그는 **벼슬**길에 **제약**이 있었다. 훗날 임금이 이덕무의 능력을 알아보고 관리로 뽑았지만, 젊은 시절의 그는 신분에 가로막혀 능력을 펼치지 못했던 것이다.『간서치전』에는 스무 살이 넘도록 세상에 나가 그의 능력을 발휘할 수 없었다는 내용이 담겨 있는데, 그 부분에서 그가 서자로서 겪은 서러움이 느껴졌다.

그가 가진 뛰어난 능력의 비밀은 독서에 있었다. 그는 어린 시절부터 책에 빠져 살았다. 심지어 눈병에 걸려 눈을 뜰 수 없었을 때에도 겨우 실눈을 떠 가며 책을 읽었다고 한다.『간서치전』에서는 그가 해가 움직이는 방향에 따라 동쪽에서 서쪽으로 책상을 옮겨 가며 ㉡하루 내내 책을 읽었다고 하였다. 그는 가난하여 책을 살 수 없었기 때문에 책을 빌려 와 한 글자씩 ㉢베껴 쓰며 읽었고, 책을 읽을 때에는 몹시 즐거워서 추위나 더위, 배고픔도 느끼지 못할 정도였다고 하였다.

그는 책을 읽는 것 외에는 ㉮강 건너 불구경하듯 하였기에 재물이나 권력, 장기나 바둑 등 세상의 이익이나 놀이에는 ㉣관심이 없었다. 대신 역사, 문학, 철학, 농업, 과학 등 다양한 분야의 책을 두루 읽고 그 뜻을 ㉤연구하여 깊이 이해하였다고 한다. 그래서 당시 사람들은 그를 '간서치', 즉 지나치게 책을 읽는 데만 열중하거나 책만 읽어서 세상 **물정**에 어두운 사람이라고 불렀다.

『간서치전』을 통해 조선의 책벌레 이덕무를 만나서 기뻤다. 나도 그저 책을 많이 읽는 것이 아니라, 이덕무처럼 책을 읽으며 배우는 것을 즐거워하며 책을 깊이 있게 이해해 보고 싶다.

5

10

15

20

25

- **책벌레** 지나치게 책을 읽거나 공부하는 데만 열중하는 사람을 놀림조로 이르는 말.
- **서자**(여러 서 庶, 아들 자 子) 양반인 남성과 일반 백성인 여성 사이에서 낳은 아들.
- **벼슬** 관아에 나가서 나랏일을 맡아 다스리는 자리. 또는 그런 일.
- **제약** 조건을 붙여 내용을 제한함. 또는 그 조건.
- **물정**(만물 물 物, 뜻 정 情) 세상의 이러저러한 실정이나 형편.

1
인물

이 글에서 중심이 되는 인물은 누구인지 쓰세요.

(   )

2

글의 특장

이 글에 대한 설명으로 알맞지 <u>않은</u> 것은 무엇인가요? (   )

① 『간서치전』의 가치를 평가하고 있다.

② 『간서치전』을 지은 작가를 소개하고 있다.

③ 『간서치전』의 주요 내용을 제시하고 있다.

④ 『간서치전』을 읽게 된 까닭이 나타나고 있다.

⑤ 『간서치전』을 읽은 후 느낀 점을 밝히고 있다.

3

추론

이덕무에 대해 짐작한 내용으로 알맞지 <u>않은</u> 것은 무엇인가요? (   )

① 이덕무는 자신의 신분 때문에 능력을 발휘하기 어려웠군.

② 이덕무는 가난한 형편에서도 책을 읽는 것을 포기하지 않았군.

③ 이덕무는 책 이외의 다른 일에는 별다른 흥미를 보이지 않았군.

④ 이덕무는 하루 종일 집 안에서 책만 읽으며 지내는 경우가 많았군.

⑤ 이덕무는 좋아하는 분야의 책만 골라 읽으며 그 뜻을 빠르게 이해했군.

4

적용

어휘

㉮가 가장 잘 드러난 상황에 ◯표 하세요.

(1) 자녀의 수학여행에 따라간 부모	(2) 아빠와 함께하는 요리 교실 인기	(3) 아이의 잘못을 나무라지 않는 부모
중학생 자녀의 수학여행에 따라가 먹을거리와 잠자리 등을 간섭한 학부모가 있어 논란이 되고 있다.	최근 자녀와 아빠가 함께 요리 방법을 배우는 강의가 인기를 얻으며, 이 강의에 대한 문의가 쏟아지고 있다.	손님이 가득한 식당 안을 아이가 마구 뛰어다니는데도 전혀 말릴 생각을 하지 않는 부모의 모습이 화제다.
( )	( )	( )

5

뜻

어휘

㉠~㉤과 바꾸어 쓸 수 <u>없는</u> 말은 무엇인가요? (   )

① ㉠: 손수   ② ㉡: 온종일   ③ ㉢: 열중하며

④ ㉣: 흥미   ⑤ ㉤: 탐구

강 건너 불구경

자기에게 관계없는 일이라고 하여 무관심하게 곁에서 보기만 하는 모양.

예 친구의 어려움을 강 건너 ❶ ☐☐☐ 하듯 하지 말자.

답❶ ( )

 확장

자연 현상과 관련한 관용어

벼락(을) 맞다

1. 아주 못된 짓을 하여 **큰 벌**을 받다.
   예 남을 괴롭히면 ❷ ☐ 을 맞지.
2. **심하게 꾸중**을 듣다.
   예 밤새 게임을 하다가 아버지로부터 벼락을 맞았다.

답❷ ( )

빙산의 일각

대부분이 숨겨져 있고 외부로 나타나 있는 것은 극히 **일부분**에 지나지 아니함을 비유적으로 이르는 말.

예 내가 그에 대해 아는 것은 ❸ ☐☐의 일각에 불과하다.

답❸ ( )

뿌리 뽑히다

어떤 것이 생겨나고 자랄 수 있는 근원이 없어지다.

예 경찰의 수사로 범죄 조직은 이미 ❹ ☐☐ 뽑힌 것이나 다름없다.

답❹ ( )

이해 다음 관용어와 뜻을 알맞게 선으로 이으세요.

1 벼락(을) 맞다 •

• ㉮ 아주 못된 짓을 하여 큰 벌을 받다.

2 빙산의 일각 •

• ㉯ 어떤 것이 생겨나고 자랄 수 있는 근원이 없어지다.

3 뿌리 뽑히다 •

• ㉰ 자기에게 관계없는 일이라고 하여 무관심하게 곁에서 보기만 하는 모양.

4 강 건너 불구경 •

• ㉱ 대부분이 숨겨져 있고 외부로 나타나 있는 것은 극히 일부분에 지나지 아니함을 비유적으로 이르는 말.

적용 밑줄 친 말이 바르게 쓰였으면 ○표, 바르지 않으면 ×표 하세요.

5 동네 사람들은 부모 형제를 다 내쫓은 놀부를 <u>벼락 맞을</u> 놈이라고 수군댔다.

(   )

6 모든 국민이 교육을 받을 수 있게 되면서, 성숙한 시민 의식이 <u>뿌리 뽑혔다.</u>

(   )

7 미술 시간에 물통을 쏟았는데, 내 짝이 <u>강 건너 불구경</u>하듯 보고만 있어서 몹시 서운했다.

(   )

8 부모가 자식에 대해 아는 것은 <u>빙산의 일각</u>이라더니, 아버지는 내가 평소 갖고 싶었던 것을 선물로 주셨다.

(   )

심화 **9** 다음 글에서 밑줄 친 부분에 어울리는 관용어는 무엇인가요? (   )

> 동생이 거실에서 뛰어다니다가 엄마가 아끼는 컵을 깨뜨리고 말았다. <u>나는 스마트폰 게임을 하며 동생을 흘깃 쳐다보았다.</u> 엄마께서는 평소 주의를 주었는데도 집 안에서 뛰어다닌 동생을 혼내셨다. 그리고 게임을 하느라 동생에게 관심을 주지 않은 나도 혼내셨다.

① 손이 크다　　　　② 발이 넓다　　　　③ 뿌리 뽑히다
④ 빙산의 일각　　　⑤ 강 건너 불구경

02

꿈인지 생시인지

1. 생각지도 못한 뜻밖의 일에 부닥쳐 어찌할 바를 모를 때를 이르는 말.
2. 간절히 바라던 일이 뜻밖에 이루어져 꿈처럼 여겨지는 것을 이르는 말.

- **용하다는** 재주가 뛰어나고 특이하다는.
- **뭍** 육지.
- **보필**(도울 보 輔, 도울 필 弼)**할** 윗사람의 일을 도울.
- **사경**(죽을 사 死, 지경 경 境) 죽을 지경. 또는 죽음에 임박한 경지.
- **천연덕스럽게** 생긴 그대로 조금도 거짓이나 꾸밈이 없고 자연스럽게.
- **오장**(다섯 오 五, 내장 장 臟) 사람의 몸속에 있는 간장, 심장, 비장, 폐장, 신장의 다섯 가지 내장을 통틀어 이르는 말.

꿈인지 생시인지 모르는 자라와 토끼

옛날 동해 용왕이 원인 모를 병에 걸렸다. **용하다는** 의원들이 약이란 약은 모두 써 보았지만 소용없었다. 그때 한 의원이 **뭍**에 사는 토끼의 간을 먹으면 병이 나을 수 있다고 하자, 용왕은 신하들에게 당장 토끼를 잡아 오라고 명하였다. 그러자 그동안 무시를 당했던 자라가 토끼를 잡아 오겠다고 나섰다.　5

뭍으로 올라간 자라는 토끼를 찾아낸 뒤 설득하였다.

ㄱ ┌ "내가 글도 모르고 어리석어, 나를 대신해 용왕을 **보필할** 신하를 찾으러 여기까지 왔다네. 저 멀리 바닷속 용궁에는 사계절 내내 맛있는 과일이 풍성하게 열린다네. 춥지도 덥지도 않고, 매나 독수리와 같이 위험한 놈도 없다네. 자네가 원한다면 평생 걱정 없이 살 수 있는 그곳으로 데려다주겠네." └　10

이 말을 들은 토끼는 ㉡꿈인지 생시인지 모르는 기쁜 마음으로 자라를 따라나섰다. 용궁에 도착한 토끼를 본 용왕은 대뜸 말하였다.

"토끼 듣거라. 내 일찍 병을 얻어 **사경**을 헤매던 중 너의 간을 먹으면 낫는다 하여 너를 잡아 왔느니라. 나를 살려 준다면 이 은혜는 꼭 갚겠노라."　15

토끼는 몹시 당황했으나 **천연덕스럽게** 답하였다.

"소인은 하늘의 후손이어서 **오장**을 마음대로 꺼냈다 넣을 수 있습니다. 그런데 급하게 이곳으로 오느라 간을 산속 바윗돌 밑에 둔 채로 그냥 왔습니다. 다시 돌아가서 간을 가지고 온다면 ㉮둘 다 좋지 않겠습니까?"　20

이 말을 믿은 용왕은 자라에게 토끼와 함께 뭍으로 가서 간을 가져오라고 했다. 뭍에 이른 토끼는 얼른 산속으로 도망가면서 자라에게 말하였다.

"자라야, 참으로 어리석구나. 이 세상에 간을 빼놓고 사는 놈이 어디 있겠느냐. 나를 속이려다 오히려 네가 속은 것이다."

토끼가 사라지자 자라는 이것이 ㉢꿈인지 생시인지 몰라 어리둥절했다.　25

---

1 인물

이 글에서 중심이 되는 두 인물은 누구인지 쓰세요.

(　　　,　　　)

2

내용 이해

이 글의 내용과 일치하는 것은 무엇인가요? (   )

① 자라와 토끼는 서로를 속였다.

② 자라는 토끼에게 큰 보답을 하려 했다.

③ 토끼는 처음에 자라의 말을 의심하였다.

④ 자라는 용왕의 명령으로 토끼를 살려 주었다.

⑤ 토끼는 용왕의 속셈을 알고 간을 숨겨 놓았다.

3

추론

㉮에 담긴 뜻으로 가장 알맞은 것은 무엇인가요? (   )

① 토끼는 뭍에서 걱정 없이 살고, 용왕은 토끼의 간으로 병을 고침.

② 토끼는 뭍에서 걱정 없이 살고, 용왕은 자라의 간으로 병을 고침.

③ 토끼는 용궁에서 걱정 없이 살고, 용왕은 토끼의 간으로 병을 고침.

④ 토끼는 용궁에서 걱정 없이 살고, 용왕은 자라의 간으로 병을 고침.

⑤ 토끼는 용왕에게 벼슬을 받고, 용왕은 용궁에서 걱정 없이 살게 됨.

4 어휘

적용

㉠에 어울리는 한자 성어는 무엇인가요? (   )

① 횡설수설: 조리가 없이 말을 이러쿵저러쿵 지껄임.

② 언행일치: 말과 행동이 하나로 들어맞음. 또는 말한 대로 실행함.

③ 설왕설래: 서로 옳고 그름을 따지며 옥신각신함. 또는 말이 오고 감.

④ 일구이언: 한 가지 일에 대하여 말을 이랬다저랬다 함을 이르는 말.

⑤ 감언이설: 귀가 솔깃하도록 남의 비위를 맞추거나 이로운 조건을 내세워 꾀는 말.

5 어휘

뜻

문맥상 ㉡과 ㉢의 뜻으로 알맞은 것을 찾아 기호를 쓰세요.

⑴ 생각지도 못한 뜻밖의 일에 부닥쳐 어찌할 바를 모를 때를 이르는 말.　　　(   )

⑵ 간절히 바라던 일이 뜻밖에 이루어져 꿈처럼 여겨지는 것을 이르는 말.　　　(   )

꿈인지 생시인지

1. 생각지도 못한 뜻밖의 일에 부닥쳐 어찌할 바를 모를 때를 이르는 말.
2. 간절히 바라던 일이 뜻밖에 이루어져 꿈처럼 여겨지는 것을 이르는 말.

예 갑자기 사고가 나자, 그는 너무 놀라서 꿈인지 ❶⬜⬜인지 모를 지경이었다.

답❶ (   )

 확장

꿈과 관련한 관용어

꿈도 야무지다

희망이 너무 커 실제로 일어날 가능성이 없음을 비꼬아 이르는 말.

예 노력도 하지 않고 좋은 결과를 얻으려고 하다니 ❷도 야무지다.

답❷ (   )

꿈에 밟히다

잊히지 아니하여 **꿈**에 나타나다.

예 아버지께서는 어릴 때 함께 놀던 친구들이 자꾸 ❸에 밟힌다고 하셨다.

답❸ (   )

꿈(을) 깨다

희망을 낮추거나 버리다.

예 키가 작은 삼촌은 농구 선수의 꿈을 ❹⬜⬜ 태권도를 배우신다.

답❹ (   )

이해 다음 관용어와 뜻을 알맞게 선으로 이으세요.

1 꿈(을) 깨다 •   • ㉮ 희망을 낮추거나 버리다.

2 꿈도 야무지다 •   • ㉯ 잊히지 아니하여 꿈에 나타나다.

3 꿈에 밟히다 •   • ㉰ 희망이 너무 커 실제로 일어날 가능성이 없음을 비꼬아 이르는 말.

4 꿈인지 생시인지 •   • ㉱ 생각지도 못한 뜻밖의 일에 부닥쳐 어찌할 바를 모를 때를 이르는 말.

적용 다음 상황과 어울리는 관용어를 보기 에서 찾아 기호를 쓰세요.

> **보기**
> ㉠ 꿈(을) 깨다   ㉡ 꿈에 밟히다
> ㉢ 꿈도 야무지다   ㉣ 꿈인지 생시인지

5 그것은 불가능한 일이니 그만 포기해라.   (   )

6 친한 친구의 고백에 나는 어찌할 바를 몰랐다.   (   )

7 공부도 안 한 네가 시험에서 백 점을 맞을 수 있겠니?   (   )

8 할아버지께서는 비가 내리는 밤마다 고향 생각이 난다고 하셨다.   (   )

심화 **9** 다음 글에 어울리는 관용어는 무엇인가요? (   )

> 우리 가족은 오랫동안 여행에 쓸 돈을 모으며 해외여행을 준비하고 있었다. 그런데 어느 날, 해외에 계신 친척의 초대로 비행기 표를 선물 받게 되었다. 우리 가족은 설레는 마음으로 비행기에 올랐다. 비행기가 날아오르는 순간에는 모든 것이 꿈처럼 여겨졌다.

① 꿈을 깨다   ② 꿈에도 없다   ③ 꿈에 밟히다
④ 꿈도 야무지다   ⑤ 꿈인지 생시인지

03

갈 길이 먼 차별적 인식 개선

갈 길이 멀다

앞으로 해야 할 일들이 많이 남아 있다.

세상에는 성별, 출신 지역, 피부색, 인종, 장애, 가족 형태 등이 다른 다양한 사람들이 살고 있다. 그런데 사람들은 **합리적** 이유 없이 자신과 다른 사람들에 대해 차별적 **인식**을 가지는 경우가 많다. 이러한 차별적 인식은 사회 구성원들 간에 갈등을 일으킬 수 있다. 그래서 서로 다르다는 이유로 **고용**, 교육 기관의 교육, 직업 훈련 등에서 차별을 받지 않도록 법으로 금지한 것이 차별 금지법이다.

그런데 우리는 차별 금지법과 달리 일상생활에서 ㉠자신도 모르게 차별적 언어 표현을 사용하는 경우가 많다. 차별적 언어 표현은 주로 사회적 약자 또는 **소수자**를 **낮잡아** 가리키는 말로 나타난다. 그 예로 '벙어리장갑', '결정 장애', '결손 가정'과 같은 표현이 있다. '벙어리장갑'은 엄지손가락만 따로 가르고 나머지 네 손가락은 함께 끼게 되어 있는 장갑이다. 그런데 '벙어리'라는 말은 언어 장애인을 낮잡아 이르는 말이므로 차별적 언어 표현에 해당한다. '결정 장애'는 최근에 의사 결정을 쉽게 하지 못하고 망설이는 상황에서 자주 사용되는 표현이다. 이 표현에도 장애인은 정상적이지 않다는 인식이 담겨 있다. 부모의 한쪽 또는 모두가 없거나 따로 살아서 어린 자녀를 부모가 함께 돌보지 못하는 가정을 뜻하는 '결손 가정' 역시 그러한 가정은 불완전하다는 차별적 인식이 담긴 언어 표현이다. 그러므로 '벙어리장갑'은 '손모아장갑', '결정 장애'는 '우유부단하다', '결손 가정'은 '한 부모 가족' 또는 '청소년 **가장** 가족'과 같은 표현으로 바꾸어 사용해야 한다.

차별적 언어 표현에 대해 국어사전에 나오는 말이고, 예전부터 사용해 왔으므로 문제가 없다고 주장하는 사람들도 있다. 이는 우리 사회가 사회적 약자와 소수자에 대한 차별적 인식을 **개선하는** 데 ㉡갈 길이 멀다는 것을 보여 준다. 다양한 사람들이 공존하는 사회가 되려면, 차별을 금지하는 **제도적** 장치뿐 아니라 서로 다른 사람들을 배려하고 존중하는 자세를 가져야 한다.

5

10

15

20

25

- **합리적**(합할 합 合, 다스릴 리 理, 과녁 적 的) 이론이나 이치에 합당한.
- **인식** 사물을 분별하고 판단하여 앎.
- **고용** 삯을 주고 사람을 부림.
- **소수자**(적을 소 少, 셀 수 數, 사람 자 者) 적은 수의 사람.
- **낮잡아** 사람을 만만히 여기고 함부로 낮추어.
- **가장**(집 가 家, 길 장 長) 한 가정을 이끌어 나가는 사람.
- **개선**(고칠 개 改, 착할 선 善)**하는** 잘못된 것이나 부족한 것, 나쁜 것 따위를 더 좋게 만드는.
- **제도적** 사회생활에 필요한 일정한 방식이나 기준 따위를 법률이나 제도로 규정하는.

1

문제 상황

이 글에서 문제로 삼고 있는 것은 무엇인지 ○표 하세요.

(1) 사회적 약자와 소수자에 대한 제도 부족 ( )

(2) 사회적 약자나 소수자에 대한 차별적 인식 ( )

2
주제

이 글에서 글쓴이가 주장하는 내용은 무엇인가요? (   )

① 법으로 차별 없는 사회를 만드는 것은 어렵다.

② 사회적 약자나 소수자를 무의식적으로 차별할 수 있다.

③ 사회적 약자나 소수자 차별을 제도적으로 금지해야 한다.

④ 일상생활에서 국어사전에 나오는 말은 모두 사용해야 한다.

⑤ 사회적 약자나 소수자에 대한 차별적 인식을 개선해야 한다.

3
글의 특징

이 글의 특징으로 알맞은 것은 무엇인가요? (   )

① 전문가의 말을 인용하여 주장을 강조하고 있다.

② 시간 순서에 따라 내용을 차례대로 전달하고 있다.

③ 구체적인 예를 들어 내용에 대한 이해를 돕고 있다.

④ 기준에 따라 대상을 둘로 나누어 각각 설명하고 있다.

⑤ 글쓴이가 직접 겪은 일을 제시하여 설득력을 높이고 있다.

4
관계
어휘

㉠과 바꾸어 쓸 수 있는 말에 ○표 하세요.

(1) 비정상적으로   (   )

(2) 무의식적으로   (   )

(3) 무조건적으로   (   )

5
뜻
어휘

㉡의 뜻으로 알맞은 것은 무엇인가요? (   )

① 재미나 의욕이 없어지다.

② 슬그머니 피하여 물러나다.

③ 방도를 찾아내거나 마련하다.

④ 잊히지 않고 자꾸 눈에 떠오르다.

⑤ 앞으로 해야 할 일들이 많이 남아 있다.

갈 길이 멀다

앞으로 해야 할 일들이 많이 남아 있다.

예 세계적인 과학자의 꿈을 이루려면 아직 갈 **❶**이 멀다.

답 ❶ (   )

확장

어려운 상황과 관련한 관용어

뜨거운 맛을 보다

호된 고통이나 어려움을 겪다.

예 그는 **❷**□□ 맛을 봐야만 정신을 차리려나 보다.

답 ❷ (   )

물 건너가다

일의 상황이 끝나 **어떠한 조치를 할 수 없다.**

예 지난 시험 결과는 **❸** 건너간 일이다.

답 ❸ (   )

벼랑에 몰리다

위험한 상황에 직면하게 되다.

예 그 팀은 팀 해체의 **❹**□에 몰려 있다.

답 ❹ (   )

이해 다음 관용어의 뜻을 보기 에서 찾아 기호를 쓰세요.

> **보기**
>
> ㉠ 위험한 상황에 직면하게 되다.
> ㉡ 호된 고통이나 어려움을 겪다.
> ㉢ 앞으로 해야 할 일들이 많이 남아 있다.
> ㉣ 일의 상황이 끝나 어떠한 조치를 할 수 없다.

1 물 건너가다   (   )   **2** 갈 길이 멀다   (   )

3 벼랑에 몰리다 (   )   **4** 뜨거운 맛을 보다 (   )

적용 밑줄 친 말이 바르게 쓰였으면 ○표, 바르지 않으면 ×표 하세요.

5 인간의 우주 정복은 아직 갈 길이 멀다.   (   )

6 그는 집안을 일으켜 뜨거운 맛을 보았다.   (   )

7 말은 한 번 뱉으면 물 건너간 일이나 다름없다.   (   )

8 출산율이 떨어지자 인구 수는 벼랑에 몰려 있다.   (   )

심화 **9** 다음 글에서 밑줄 친 말과 바꾸어 쓸 수 있는 말은 무엇인가요? (   )

> 그는 망해 가는 회사를 일으키기 위해 백방으로 뛰어다녔다. 하지만 어떤 수를 써 봐도 이미 상황은 돌이킬 수 없는 지경에 이르렀다. 오랫동안 쌓여 온 문제가 터지면서 주위의 신뢰를 완전히 잃어버린 것이다.

① 물 건너가다   ② 갈 길이 멀다   ③ 벼랑에 몰리다
④ 강 건너 불구경   ⑤ 뜨거운 맛을 보다

어법

어법은 말을 사용하는 바른 규칙입니다. 어법에 맞는 말을 사용해야
정확하게 뜻을 전달할 수 있습니다.

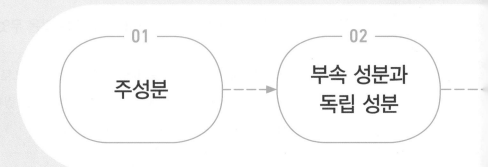

01
주성분

02
부속 성분과
독립 성분

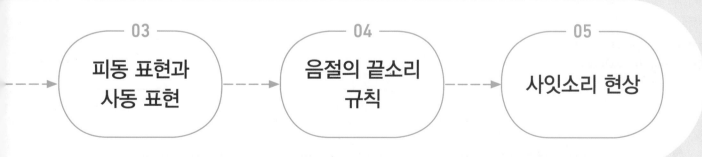

03 피동 표현과 사동 표현

04 음절의 끝소리 규칙

05 사잇소리 현상

주성분

주성분
문장의 골격을 이루는 필수적인 성분으로 주어, 서술어, 목적어, 보어가 있음

문장을 만드는 데 일정한 역할을 하는 요소를 문장 성분이라고 한다. 우리말의 문장 성분에는 서술어, 주어, 목적어, 보어, 관형어, 부사어, 독립어가 있는데, 이 중에서 문장을 이루는 데 꼭 필요한 성분인 서술어, 주어, 목적어, 보어를 묶어 주성분이라고 한다.

우리말에서 모든 문장의 기본이 되는 **골격**은 다음의 세 가지이다.   5

- 누가/무엇이 어찌하다. · 누가/무엇이 어떠하다.
- 누가/무엇이 무엇이다.

여기에서 '어찌하다, 어떠하다, 무엇이다'에 해당하는 문장 성분을 서술어라고 한다. '어찌하다'는 '새가 난다.'의 '난다'처럼 동작을 나타내는 말인 동사로 이루어지고, '어떠하다'는 '하늘이 푸르다.'의 '푸르다'처럼 상태나 성   10
질을 나타내는 말인 형용사로 이루어진다. 그리고 '무엇이다'는 '이것이 할미꽃이다.'의 '할미꽃이다'처럼 **체언**에 '이다'라는 **조사**가 붙어 이루어진다.

'누가'나 '무엇이'에 해당하는 문장 성분 중 서술어의 **주체**가 되는 것을 주어라고 한다. 예를 들어 '아기가 운다.'에서 '아기가', '꽃이 예쁘다.'에서 '꽃이', '영희는 초등학생이다.'에서 '영희는'이 주어이다. 주어는 주로 체언   15
에 조사 '이/가'가 붙는데, 높임의 대상이 주어가 될 때는 조사 '께서'를 붙이기도 한다.

서술어는 그 종류에 따라 '무엇을'이나 '누구를'에 해당하는 문장 성분을 필요로 하는데, 이를 목적어라고 한다. 예를 들어 '나는 과일을 좋아한다.'에서 '과일을'이 목적어이다. 목적어는 주로 체언에 조사 '을/를'이 붙는다.   20

한편, '되다'나 '아니다'가 서술어가 될 때는, 주어가 아닌 '누가'나 '무엇이'에 해당하는 문장 성분이 서술어 앞에 놓여 서술어를 **보충**해야 하는데, 이를 보어라고 한다. 예를 들어 '우리는 중학생이 되었다.'와 '그는 의사가 아니었다.'에서 '중학생이'와 '의사가'가 보어이다.

● **골격**(뼈 골 骨, 격식 격 格) 어떤 사물이나 일에서 계획의 기본이 되는 틀이나 줄거리.

● **체언**(몸 체 體, 말씀 언 言) 문장에서 주어 따위의 기능을 하는 명사, 대명사, 수사를 통틀어 이르는 말.

● **조사**(도울 조 助, 말씀 사 詞) 주로 명사에 붙어서 다른 말과의 관계를 나타내 주거나 특수한 뜻을 더해 주는 말.

● **주체**(주인 주 主, 몸 체 體) 문장 내에서 서술어의 동작을 나타내는 대상이나 서술어의 상태를 나타내는 대상.

● **보충**(기울 보 補, 가득할 충 充) 부족한 것을 보태어 채움.

1
핵심어

이 글에서 문장을 이루는 데 꼭 필요한 성분을 무엇이라고 하는지 세 글자로 쓰세요.

(   )

2 이 글의 내용과 일치하는 것은 무엇인가요? (   )

내용 이해

① 목적어는 동사로 이루어진다.

② 우리말의 문장 성분은 모두 여덟 개이다.

③ 문장의 기본 골격에서 '어찌하다'는 형용사로 이루어진다.

④ 서술어가 '되다'나 '아니다'가 아니어도 보어가 쓰일 수 있다.

⑤ 주어는 서술어의 주체로, '무엇이'에 해당하는 문장 성분이다.

3 주성분에 대한 생각을 알맞게 말한 친구는 누구인지 쓰세요.

적용

> 다은: 주어와 서술어만으로도 하나의 문장을 만들 수 있어.
>
> 수진: 주어와 보어는 형태가 달라서 서로 구분하기가 쉬워.
>
> 이석: 동사와 형용사에 조사 '이다'를 붙여서 서술어를 만들 수 있어.

(   )

4 주성분만으로 이루어진 문장이 <u>아닌</u> 것은 무엇인가요? (   )

적용

① 고양이가 예쁘다.

② 그녀는 학생이 아니다.

③ 은수는 노래를 잘한다.

④ 사과나무에 사과가 열렸다.

⑤ 올챙이가 개구리가 되었다.

5 밑줄 친 문장 성분을 <u>잘못</u> 파악한 것은 무엇인가요? (   )

적용

① <u>아버지께서</u> 요리를 하셨다. → 주어

② 우리 누나는 <u>고등학생이다.</u> → 서술어

③ 몽룡이는 <u>춘향이를</u> 좋아한다. → 목적어

④ 그녀는 마침내 <u>요리사가</u> 되었다. → 보어

⑤ 에디슨은 결코 <u>천재가</u> 아니었다. → 주어

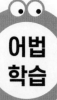

어법 학습

동영상 강의

Q 바르게 줄을 선 것은 무엇인가요?

목적어 주어 서술어

우리는 줄을 선다.

❶ 주어+목적어+서술어

선다 줄을 우리는.

❷ 서술어+목적어+주어

⃝ 주성분

1. 개념: 문장의 골격을 이루는 필수적인 문장 성분

2. 종류

❶ 서술어

• 개념: 문장에서 '어찌하다', '어떠하다', '무엇이다'에 해당하는 말로, 주어의 동작, 상태, 성질 등을 풀이하는 문장 성분.

예 동생이 <u>웃는다</u>. / 아기가 <u>귀엽다</u>. / 나는 <u>학생이다</u>.

❷ 주어

• 개념: 문장에서 '누가', '무엇이'에 해당하는 말로, 서술어의 주체가 되는 문장 성분.

• 특징: 체언에 주어의 자격을 만들어 주는 조사 '이/가'가 붙어 만들어진다. 높임의 대상이 주어가 될 때는 조사 '이/가' 대신 '께서'가 붙는다.

예 <u>민지가</u> 책을 읽는다. / <u>하늘이</u> 맑다. / <u>선생님께서</u> 나를 부르신다.

❸ 목적어

• 개념: 문장에서 '무엇을, 누구를'에 해당하는 말로, 서술어가 풀이하는 동작의 대상이 되는 문장 성분.

• 특징: 체언에 목적어의 자격을 만들어 주는 조사 '을/를'이 붙어 만들어진다.

예 고양이가 <u>잠을</u> 잔다. / 나는 <u>과자를</u> 좋아한다. / 나는 <u>친구를</u> 만났다.

❹ 보어

• 개념: 문장에서 '되다', '아니다'가 서술어가 될 때, 서술어 앞에 놓여 서술어를 보충해 주는 문장 성분.

• 특징: 체언에 보어의 자격을 만들어 주는 조사 '이/가'가 붙어 만들어진다.

예 물이 <u>얼음이</u> 되었다. / 나는 <u>어른이</u> 아니다.

이해 밑줄 친 부분의 문장 성분을 보기 에서 찾아 쓰세요.

> **보기**
>
> | 주어 | 서술어 | 목적어 | 보어 |

1 동생은 <u>유치원생이다</u>.　　　　　　　　　　　　　(　　　　)

2 <u>할머니께서</u> 책을 읽으신다.　　　　　　　　　　(　　　　)

3 한 번의 실수로 일이 <u>엉망이</u> 되었다.　　　　　　(　　　　)

4 우리는 3시가 지나서 <u>점심을</u> 먹었다.　　　　　　(　　　　)

적용 다음 문장의 빈칸에 들어갈 문장 성분으로 알맞은 것을 찾아 ○표 하세요.

5 고래는 (　　　　) 아니다.　　　　　　　　(주어 / 서술어 / 목적어 / 보어)

6 산 위로 (　　　　) 두둥실 떴다.　　　　　(주어 / 서술어 / 목적어 / 보어)

7 어제 나는 친구와 (　　　　) 보러 갔다.　(주어 / 서술어 / 목적어 / 보어)

8 오늘따라 아침부터 눈이 펑펑 (　　　　).　(주어 / 서술어 / 목적어 / 보어)

심화 **9** ㉠과 ㉡의 문장 성분을 각각 쓰세요.

> 　글을 읽을 때는 자신의 지식이나 경험을 활용해서 읽는 것이 ㉠<u>좋다</u>. 지식이나 경험을 활용해서 글을 읽으면 글의 ㉡<u>내용을</u> 더 쉽게 이해할 수 있고, 자신이 아는 내용에 새롭게 안 내용을 더하여 글의 내용을 오래 기억할 수 있기 때문이다.

　　　　　　　　　　　　　　　　　　　　　　　㉠: (　　　　)

　　　　　　　　　　　　　　　　　　　　　　　㉡: (　　　　)

02

부속 성분과 독립 성분

**부속 성분,
독립 성분**

- 부속 성분: 주성분의 내용을 꾸며 주며 뜻을 더하여 주는 문장 성분
- 독립 성분: 문장의 주성분이나 부속 성분과 직접적인 관련을 맺지 아니하고 따로 떨어져 있는 성분

문장을 이루는 데 꼭 필요한 문장 성분인 주성분을 꾸며 내용을 더하는 문장 성분을 **부속** 성분이라고 한다. 부속 성분은 문장의 뜻을 전달하는 데 반드시 필요하지 않으므로, 대부분 문장에서 빠져도 문장의 중심 뜻이 통한다.

부속 성분에 해당하는 문장 성분은 관형어와 부사어이다. 관형어는 명 5
사, 대명사, 수사와 같은 체언을 꾸며 주는 역할을 하는 문장 성분이다. 문장에서 '어떠한(어떤)'이나 '무엇의(무슨)'가 관형어이다.

부사어는 주로 **용언**을 꾸며 주지만, 관형어나 다른 부사어, 문장 전체를 꾸며 주기도 하며, 문장이나 낱말을 이어 주기도 하는 문장 성분이다. 문장에서 '어떻게', '어디서', '어찌' 등이 부사어이다. 10

- 하얀 눈이 조용히 내린다.

이 문장에서 '하얀'은 용언 '하얗다'의 **어간**에 부사를 만들어 주는 **어미** '−ㄴ'이 결합하여 체언인 '눈'을 꾸미는 관형어이고, '조용히'는 서술어인 '내린다'를 꾸미는 부사어이다. 이때, '하얀'과 '조용히'를 생략하더라도 문장의 중심 뜻은 달라지지 않는다. 15

한편, '아, 물이 너무 차다'에서 '아'처럼 문장 안에서 다른 문장 성분과 직접적인 관계를 맺지 않고 독립적으로 쓰이는 문장 성분을 독립 성분이라고 한다. 독립어가 독립 성분에 해당한다. 독립어는 문장에서 부름, 감탄, 응답, 제시의 역할을 하고, 부속 성분과 마찬가지로 생략해도 문장의 중심 뜻에 큰 영향을 주지 않는다. 20

- 춘향아, 내가 왔다.
- 예, 말씀대로 하겠습니다.
- 우아, 눈이 온다.
- 가을, 정말 아름답구나!

이 문장들에서 부르는 말인 '춘향아', 감탄하는 말인 '우아', 응답하는 말인 '예', 제시하는 말인 '가을'이 독립어에 해당한다. 그리고 독립어 뒤에는 대개 쉼표가 붙는다. 25

- **부속** 주가 되는 것에 딸려 있는 것.
- **용언**(쓸 용 用, 말씀 언 言) 문장에서 서술어의 기능을 하는 동사, 형용사를 통틀어 이르는 말.
- **어간**(말씀 어 語, 줄기 간 幹) 용언이나 '이다'가 활용할 때 변하지 않는 부분.
- **어미**(말씀 어 語, 꼬리 미 尾) 용언이나 '이다'의 어간에 붙어 그 쓰임에 따라 문장을 끝맺거나 연결하는 데 쓰이는 부분.

1

핵심어

이 글에서 설명하는 문장 성분 두 가지를 각각 네 글자로 쓰세요.

(,   )

2 이 글의 내용과 일치하지 <u>않는</u> 것은 무엇인가요? (   )

① 관형어는 체언을 꾸며 주는 역할을 한다.

② 부사어는 용언 외에 다른 부사어를 꾸며 주기도 한다.

③ 독립 성분은 문장의 맨 앞에서 문장 전체를 꾸며 준다.

④ 부속 성분은 대부분 생략해도 문장의 중심 뜻이 통한다.

⑤ 주성분은 문장을 이루는 데 반드시 필요한 문장 성분이다.

3 이 글의 중심 내용은 무엇인가요? (   )

① 부속 성분의 잘못된 사용

② 주성분과 부속 성분의 관계

③ 독립 성분이 쓰인 최초의 자료

④ 독립 성분이 영향을 주는 문장 성분

⑤ 부속 성분과 독립 성분의 종류와 특징

4 다음 문장에서 관형어를 각각 찾아 ○표 하세요.

(1) 어제부터 하얀 눈이 펑펑 내린다.

(2) 동생은 새 신발을 신고 학교에 갔다.

5 부사어가 들어 있지 <u>않은</u> 문장은 무엇인가요? (   )

① 우리는 너무 멀리 걸어왔다.

② 내 친구 청이는 매우 착하다.

③ 장난감이 거실에 흩어져 있다.

④ 이상하게 그 친구는 운이 좋다.

⑤ 길동이 커다란 상자를 가져왔다.

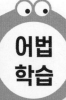

어법 학습

동영상 강의

Q '부속 성분' 화분에는 어떤 꽃이 자랄까요?

① 관형어, 부사어   **②** 독립어

○ 부속 성분

1. 개념: 주성분의 내용을 꾸며 주어 뜻을 더하여 주는 문장 성분

2. 종류

❶ 관형어

- **개념:** 문장에서 '어떠한', '무엇의'에 해당하는 말로, 체언을 꾸며 주는 문장 성분.
  예 새 옷을 입었다. / 나는 영희의 얼굴을 그렸다. / 우리는 좁은 길을 걸었다.

❷ 부사어

- **개념:** 문장에서 '어떻게', '어디서', '어찌' 등에 해당하는 말로, 주로 용언을 꾸며 주는 문장 성분. 용언 외에 다른 부사어, 관형어, 문장 전체를 꾸며 주기도 함.
  예 단풍이 매우 곱다. / 나는 학교에 갔다. / 행복하게 살아라.

○ 독립 성분

1. 개념: 문장의 주성분이나 부속 성분과 직접적인 관계를 맺지 않고 독립적으로 쓰이는 문장 성분

2. 종류: 독립어

- **개념:** 문장에서 독립적으로 쓰는 문장 성분으로, 문장에서 부름, 감탄, 응답, 제시의 역할을 함.
  예 아, 눈이 부시다. / 희수야, 이리 오너라. / 꿈, 언제 꿈을 이룰 수 있을까?

이해

밑줄 친 부분의 문장 성분을 보기 에서 찾아 쓰세요.

> 보기
>
> 관형어   부사어   독립어

1 <u>신이시여</u>, 제발 우리를 보살펴 주소서.   (   )

2 물이 너무 <u>맑으면</u> 물고기가 살지 않는다.   (   )

3 나는 냉장고에서 <u>차가운</u> 음료수를 꺼냈다.   (   )

적용

다음 문장의 빈칸에 들어갈 문장 성분으로 알맞은 것을 찾아 ○표 하세요

4 (   ), 아기가 물을 엎질렀네!   (관형어 / 부사어 / 독립어)

5 그곳은 버스도 다니지 않는 (   ) 마을이었다.   (관형어 / 부사어 / 독립어)

6 꽃이 피는 4월인데도 함박눈이 (   ) 내렸다.   (관형어 / 부사어 / 독립어)

심화

㉠~㉡을 관형어, 부사어, 독립어로 구분하여 기호를 쓰세요.

> 선생님께서 "㉠<u>수영아</u>, 교무실에 잠깐 따라올래?"라고 말씀하셨다. 선생님을 따라 교무실에 가니, 내가 그림 그리기 대회에서 ㉡<u>큰</u> 상을 탔다며 선생님께서 ㉢<u>진심으로</u> 축하해 주셨다. ㉣<u>아</u>, 기분이 ㉤<u>정말</u> ㉥<u>좋은</u> 하루였다.

7 관형어: (   )

8 부사어: (   )

9 독립어: (   )

피동 표현과 사동 표현

**피동 표현,
사동 표현**

· 피동 표현: 주체가 다른
힘에 의해 어떤 동작을
당하게 되는 것을 나타내
는 표현
· 사동 표현: 주체가 다른
주체에게 어떤 동작을 하
도록 시키는 것을 나타내
는 표현

고양이가 쥐를 잡은 것일까, 쥐가 고양이에게 잡힌 것일까? '고양이가
쥐를 ㉠잡았다.'는 문장의 **주체**인 '고양이'가 쥐를 스스로 '잡은' 것인 반면,
'쥐가 고양이에게 ㉡잡혔다.'는 주체 '쥐'의 힘이 아닌, 고양이의 힘에 의해
'잡히는' 동작을 당한 것이다. 앞 문장과 같이 주체가 어떤 동작을 스스로
하는 표현을 '능동 표현'이라고 하고, 뒤의 문장과 같이 주체가 다른 힘에   5
의해 어떤 동작을 당하게 되는 표현을 '피동 표현'이라고 한다.

피동 표현은 동사의 어간에 피동의 뜻을 더해 주는 말 '-이-, -히-,
-리-, -기-'를 붙이거나 '-어지다', '-게 되다'를 붙여 만든다. '사용되다'
처럼 일부 명사에 피동의 뜻을 더하는 '-되다'를 붙이기도 한다. 하지만 '잡
히어지다'나 '닫히게 되다' 같이 둘 이상의 피동 **요소**가 쓰인 **이중** 피동은   10
잘못된 표현이므로 주의해야 한다.

한편, 주체가 어떤 동작을 직접 하는 표현을 '주동 표현'이라고 하고, 주
어가 다른 주체에게 어떤 동작을 하도록 시키는 표현을 '사동 표현'이라고
한다. 예를 들어 '철수가 책을 읽었다.'라는 문장은 주어인 '철수'가 '책을 읽
는' 동작을 직접 한 것이므로 주동 표현이다. 반면, '선생님이 철수에게 책   15
을 읽혔다.'라는 문장은 주어인 '선생님'이 '철수'에게 '책을 읽는' 동작을 하
게 시킨 것이므로 사동 표현이다.

사동 표현은 동사의 어간에 사동의 뜻을 더해 주는 말 '-이-, -히-,
-리-, -기-, -우-, -구-, -추-'를 붙이거나 '-게 하다'를 붙여 만든다.
주동 표현을 사동 표현으로 바꿀 경우에는 동작을 시키는 새로운 주어가   20
더해지고, 주동 표현에서의 주어는 사동 표현에서 부사어나 목적어가 된
다.

● **주체**(주인 주 主, 몸 체 體) 문
장 내에서 서술어의 동작을
나타내는 대상이나 서술어의
상태를 나타내는 대상.

● **요소**(중요할 요 要, 흴 소 素)
무엇을 이루는 데 반드시 있
어야 할 중요한 물질이나 조
건.

● **이중**(두 이 二, 무거울 중 重)
두 겹. 또는 두 번 거듭되거나
겹침.

1

핵심어

이 글에서 설명하는 문장 표현 두 가지를 각각 네 글자로 쓰세요.

(,   )

2

추론

이 글에서 답을 알 수 있는 질문이 <u>아닌</u> 것은 무엇인가요? (   )

① 피동 표현은 어떻게 만들어질까?

② 피동이나 사동의 뜻을 더해 주는 말은 무엇일까?

③ 피동 표현을 사용할 때 조심해야 할 점은 무엇일까?

④ 피동 표현을 사동 표현으로 바꾸는 방법은 무엇일까?

⑤ 주동 표현을 사동 표현으로 바꿀 때 문장에 어떤 변화가 생길까?

3

세부 내용

㉠과 ㉡에 대한 설명으로 알맞지 <u>않은</u> 것은 무엇인가요? (   )

① ㉠은 문장의 주체가 자신의 힘으로 하는 동작이다.

② ㉠은 쥐를 잡은 '고양이'에게 초점을 맞춘 표현이다.

③ ㉡은 문장의 주체가 다른 힘에 의해 당하는 동작이다.

④ ㉡은 고양이에게 잡힌 '쥐'에게 초점을 맞춘 표현이다.

⑤ ㉠과 ㉡은 모두 어간에 피동의 뜻을 더해 주는 말이 붙었다.

4

적용

보기 를 사동 표현으로 알맞게 바꾼 것에 ○표 하세요.

> 보기
>
> 동생이 웃었다.

(1) 언니가 동생을 웃겼다.   (   )

(2) 엄마가 언니를 웃겼다.   (   )

(3) 언니와 동생이 웃었다.   (   )

5

적용

다음 문장과 해당하는 표현을 알맞게 선으로 이으세요.

(1) 엄마가 아기에게 옷을 <u>입혔다</u>.   •   • ㉠   **피동 표현**

(2) 새로 산 운동화 끈이 자꾸 <u>풀린다</u>. •   • ㉡   **사동 표현**

어법 03 | **147**

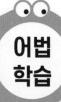

어법 학습

Q 엄마가 일어나라고 시키는 표현은 무엇인가요?

엄마, 우리 학교는 오늘 쉬는 날이에요.

엄마, 더 자고 싶어요.

❶ 피동 표현　　　　　　**❷ 사동 표현**

○ 피동 표현

1. 개념: 주체가 다른 힘에 의해 어떤 동작을 당하게 되는 것을 나타내는 표현

2. 만드는 방법

❶ 동사의 어간+'-이-/-히-/-리-/-기-'

예 보다 → 보이다, 꺾다 → 꺾이다 / 묻다 → 묻히다, 잡다 → 잡히다

　　말다 → 말리다, 풀다 → 풀리다 / 쫓다 → 쫓기다, 감다 → 감기다

❷ 동사 어간+'-어지다' / '-게 되다'

예 찢어지다, 맛있게 되다

❸ 일부 명사+'-되다'

예 가결되다, 사용되다, 형성되다

○ 사동 표현

1. 개념: 주체가 다른 주체에게 어떤 동작을 하도록 시키는 것을 나타내는 표현

2. 만드는 방법

❶ 동사 어간+'-이-/-히-/-리-/-기-/-우-/-구-/-추-'

예 속다 → 속이다, 먹다 → 먹이다 / 입다 → 입히다, 익다 → 익히다

　　둘다 → 돌리다, 날다 → 날리다 / 맡다 → 맡기다, 웃다 → 웃기다

　　깨다 → 깨우다, 비다 → 비우다 / 달다 → 달구다, 일다 → 일구다

　　낮다 → 낮추다, 늦다 → 늦추다

❷ 동사 어간+'-게 하다'

예 입게 하다, 먹게 하다

이해 다음 표현과 뜻이 알맞게 연결되도록 선으로 이으세요.

1 능동 표현 •

• ㉮ 주체가 어떤 동작을 직접 하는 것을 나타내는 표현

2 피동 표현 •

• ㉯ 주체가 어떤 동작을 스스로 하는 것을 나타내는 표현

3 주동 표현 •

㉰ 주체가 다른 힘에 의해 어떤 동작을 당하게 되는 것
을 나타내는 표현

4 사동 표현 •

㉱ 주체가 다른 주체에게 어떤 동작을 하도록 시키는
것을 나타내는 표현

적용 밑줄 친 부분이 피동 표현이면 '피', 사동 표현이면 '사'라고 쓰세요.

5 나는 겨울옷을 집 근처의 세탁소에 <u>맡겼다</u>. ( )

6 아버지는 자동차 라디오의 볼륨을 <u>낮추었다</u>. ( )

7 시골집 창고에서 조선 시대의 유물이 <u>발견되었다</u>. ( )

8 현대의 직장인은 대부분 일에 몰리고 시간에 <u>쫓긴다</u>. ( )

심화 **9** 밑줄 친 말 중 잘못된 피동 표현을 찾고, 바르게 고쳐 쓰세요.

> 친구와 새로 <u>생긴</u> 음식점에 갔다. 식사를 <u>마치고</u> 일어나려는데 사장님이 딸기가 가득 <u>담겨진</u> 접시를 우리에게 <u>가져다주시며</u>, 우리가 음식을 하도 맛있게 먹어서 공짜로 주는 것이라고 하셨다. 덕분에 기분이 아주 좋은 하루였다.

잘못된 표현: ( ) → 고친 표현: ( )

04

핵심어

음절의 끝소리 규칙

음절의 받침 자리에 'ㄱ, ㄴ, ㄷ, ㄹ, ㅁ, ㅂ, ㅇ' 이외의 자음이 올 때, 'ㄱ, ㄴ, ㄷ, ㄹ, ㅁ, ㅂ, ㅇ' 중 하나의 소리로 바뀌어 발음되는 규칙

음절의 끝소리 규칙

우리말에서 **음절**의 끝소리에 적을 수 있는 받침은 총 27개이다. 'ㄱ, ㄴ, ㄷ, ㄹ, ㅁ, ㅂ, ㅅ, ㅇ, ㅈ, ㅊ, ㅋ, ㅌ, ㅍ, ㅎ'의 홑받침이 14개, 'ㄲ, ㅆ'의 쌍받침이 2개, 그리고 'ㄳ, ㄵ, ㄶ, ㄺ, ㄻ, ㄼ, ㄽ, ㄾ, ㄿ, ㅀ, ㅄ'의 겹받침이 11개이다. 그런데 음절의 끝에서 발음되는 소리는 'ㄱ, ㄴ, ㄷ, ㄹ, ㅁ, ㅂ, ㅇ'의 7개뿐이다. 이처럼 ⊙음절의 받침 자리에 'ㄱ, ㄴ, ㄷ, ㄹ, ㅁ, ㅂ, ㅇ'의 일곱 소리 이외의 자음이 오면 이 일곱 소리 가운데 하나의 소리로 바뀌는 **규칙**을 '음절의 끝소리 규칙'이라고 한다.   5

홑받침 'ㄱ, ㄴ, ㄷ, ㄹ, ㅁ, ㅂ, ㅇ'은 '국[국], 산[산], 곧[곧], 말[말], 밤[밤], 밥[밥], 강[강]'과 같이 글자 그대로 발음된다. 그러나 받침 'ㄲ, ㅋ'은 [ㄱ]으로, 'ㅅ, ㅆ, ㅈ, ㅊ, ㅌ'은 [ㄷ]으로, 'ㅍ'은 [ㅂ]으로 발음된다. 다만,   10
받침 'ㅎ'은 앞뒤의 소리에 따라 소리가 나지 않거나 다른 소리로 바뀐다.

받침	바뀌는 발음	예시
ㄱ, ㄲ, ㅋ	[ㄱ]	밖[박], 부엌[부억]
ㄷ, ㅅ, ㅆ, ㅈ, ㅊ, ㅌ, ㅎ	[ㄷ]	빗[빋], 있다[읻따], 낮[낟], 꽃[꼳], 끝[끋], 히읗[히은]
ㅂ, ㅍ	[ㅂ]	잎[입]

⊙겹받침은 받침을 이루는 두 개의 자음 중 하나의 소리로 발음한다. 'ㄳ, ㄵ, ㄶ, ㄼ, ㄽ, ㄾ, ㅀ, ㅄ'은 앞의 자음이 발음되고, 'ㄺ, ㄻ, ㄿ'은 뒤의 자음이 발음된다. 이때에도 '읊다[읊따 → 읍따]'에서처럼 음절의 끝소리 규칙이 적용된다.   20

⊙다만, 받침 뒤에 모음으로 시작되는 조사나 어미가 이어질 때는 원래 소리 그대로 뒤 음절 첫소리로 발음된다. 예를 들어 '숲'은 [숩]으로 발음되지만 '숲에서'는 모음으로 시작하는 **조사**가 붙었으므로 [수페서]로 발음된다. 겹받침 뒤에 모음으로 시작되는 조사나 어미가 이어질 때는 받침 중 뒤의 자음이 뒤 음절 첫소리로 발음된다.   25

- **음절**(소리 음 音, 마디 절 節) 한 번에 소리 낼 수 있는 말소리의 단위.
- **규칙**(법 규 規, 법칙 칙 則) 한 조직에 속한 여러 사람이 다 같이 지키기로 정한 법칙.
- **조사**(도울 조 助, 말씀 사 詞) 주로 명사에 붙어서 다른 말과의 관계를 나타내 주거나 특수한 뜻을 더해 주는 말.

1

핵심어

이 글에서 설명하는 우리말의 발음 규칙을 세 글자로 쓰세요.

• 음절의 (   ) 규칙

2 내용 이해

이 글의 내용과 일치하지 <u>않는</u> 것은 무엇인가요? (   )

① 음절의 끝에서 'ㄱ'과 'ㄲ'은 같은 소리로 발음된다.

② 우리말에서 음절의 끝에서 소리 나는 자음은 7개이다.

③ 우리말에서 음절의 끝소리에 적는 받침은 총 27개이다.

④ 모음으로 시작되는 조사 앞에서 받침은 대표음으로 바뀌어 발음된다.

⑤ 겹받침은 두 개의 자음 중 하나가 7개의 대표음 중 하나로 바뀌어 발음된다.

3 추론

이 글을 읽고 짐작한 것으로 알맞지 <u>않은</u> 것은 무엇인가요? (   )

① ㉠에 따라 '남산'은 [남산]으로 발음해야 하는군.

② ㉠에 따라 '한낱'은 [한낟]으로 발음해야 하는군.

③ ㉡에 따라 '값'은 [갑]으로 발음해야 하는군.

④ ㉡에 따라 '넋'은 [넉]으로 발음해야 하는군.

⑤ ㉢에 따라 '무릎에'는 [무르베]로 발음해야 하는군.

4 적용

보기 에서 글자와 발음이 다른 낱말을 모두 찾아 쓰세요.

> **보기**
>
> 밖   발   밭   앞   숯   집

(,   ,   ,   )

5 적용

밑줄 친 말이 음절의 끝소리 규칙에 따라 바뀌어 발음되지 <u>않는</u> 것은 무엇인가요? (   )

① <u>식탁</u>에 올릴 반찬을 만든다.

② 민들레 <u>꽃씨</u>가 바람에 날린다.

③ <u>배추밭</u> 농사를 지으며 살고 싶다.

④ 우리 마을 <u>앞뒤</u>로 개울이 흐른다.

⑤ 강아지가 나를 <u>문밖</u>까지 따라온다.

어법 학습

동영상 강의

Q '음절의 끝소리' 추첨에 마지막으로 뽑힐 공은 무엇인가요?

공[공]   숲[숩]

① 'ㅇ'   ② 'ㅍ'

⭕ 음절의 끝소리 규칙

1. 개념: 음절의 받침 자리에 'ㄱ, ㄴ, ㄷ, ㄹ, ㅁ, ㅂ, ㅇ' 이외의 자음이 올 때, 'ㄱ, ㄴ, ㄷ, ㄹ, ㅁ, ㅂ, ㅇ' 중 하나의 소리로 바뀌어 발음되는 규칙

2. 활용

❶ 홑받침과 쌍받침

받침	바뀌는 발음	예시
ㄱ, ㄲ, ㅋ	[ㄱ]	밖[박], 부엌[부억]
ㄷ, ㅅ, ㅆ, ㅈ, ㅊ, ㅌ, ㅎ	[ㄷ]	빗[빋], 있다[읻따], 낮[낟], 꽃[꼳], 끝[끋], 히읗[히읃]
ㅂ, ㅍ	[ㅂ]	밥[밥], 잎[입]

❷ 겹받침: 두 개의 자음 중 하나의 자음만 남은 뒤에 음절의 끝소리 규칙이 적용됨.

	받침	예시
앞의 자음이 남는 경우	ㄳ, ㄵ, ㄶ, ㄼ, ㄽ, ㄾ, ㅀ, ㅄ	몫[목], 앉다[안따], 않네[안네], 여덟[여덜], 외곬[외골], 핥다[할따], 뚫네[뚤레], 값[갑]
뒤의 자음이 남는 경우	ㄺ, ㄻ, ㅍ	닭[닥], 삶[삼], 읊다[읍따]

3. 예외

받침 뒤에 모음으로 시작되는 조사나 어미가 오면 '음절의 끝소리 규칙'이 적용되지 않고, 받침이 그대로 뒤 음절의 첫 소리로 이어져서 발음됨.

예 무릎에[무르페], 숲으로[수프로], 부엌에[부어케]

이해 **1** 다음 자음 중에서 음절의 끝에서 발음되는 소리를 모두 찾아 ○표 하세요.

> ㄱ, ㄴ, ㄷ, ㄹ, ㅁ, ㅂ, ㅅ, ㅇ, ㅈ, ㅊ, ㅋ, ㅌ, ㅍ, ㅎ

적용 다음 받침이 발음되는 소리를 쓰세요.

2 ㄲ ( )

3 ㅍ ( )

4 ㅅ ( )

적용 다음 밑줄 친 부분의 발음을 쓰세요.

5 운동을 하면 곁땀이 난다. ( )

6 어느새 동녘 하늘이 훤하다. ( )

7 옛날 사람들은 짚신을 신었다. ( )

8 우리 강아지는 낯가림이 심하다. ( )

심화 **9** 다음 글을 읽고, 보기 의 낱말을 ㉠과 ㉡으로 구분하여 보세요.

> 한글 맞춤법은 표준어를 소리대로 적되, 어법에 맞도록 함을 원칙으로 한다. 이때 ㉠소리대로 적는다는 것은 실제로 발음되는 대로 적는 것을 말하고, ㉡어법에 맞도록 한다는 것은 뜻을 쉽게 파악하기 위해 실제 발음과 다른 원래 형태를 밝혀 적는 것을 말한다.

> 보기
>
> 설거지 부엌 풍선 잎사귀

㉠: (,)

㉡: (,)

05

사잇소리 현상

사잇소리 현상

두 낱말이 합쳐져 명사가 될 때 뒷말의 첫소리가 된소리로 바뀌거나 원래 없던 소리가 덧나는 현상

사잇소리 현상

낱말 '나뭇잎'과 '뱃놀이'의 공통점은 무엇일까? 두 낱말은 모두 각각 두 개의 낱말이 합쳐져서 만들어진 하나의 낱말이다. '나뭇잎'은 '나무'와 '잎'이 합쳐진 낱말이고, '뱃놀이'는 '배'와 '놀이'가 합쳐진 낱말이다. 그리고 낱말이 합쳐질 때 그 사이에 'ㅅ'이 들어간 것도 공통점이다. 이처럼 두 낱말이 합쳐져서 명사가 될 때 뒷말의 첫소리가 **된소리**로 바뀌거나 원래 없던 소리가 덧나는 현상을 '사잇소리 현상'이라고 한다. 그리고 낱말 사이에 적는 'ㅅ'을 '사이시옷'이라고 한다.

사잇소리 현상은 언제나 나타나는 현상이 아니라, 다음의 조건을 갖출 때에만 일어난다. 먼저 두 낱말이 합쳐진 명사에서만 일어난다. 이때 합쳐지는 낱말은 모두 하나의 구체적인 뜻을 지닌 **형태소**로만 이루어진 말이어야 한다. 그리고 합쳐지는 두 개의 낱말 중 적어도 하나는 **순우리말**이어야 한다. 예를 들어 한자어 '장미(薔薇)+과(科)'의 결합인 '장미과'는 사잇소리 현상이 일어나지 않지만, '장미(薔薇)+빛'의 경우 순우리말 '빛'이 들어가므로 사잇소리 현상이 일어나 '장밋빛'이라고 적는다. 마지막으로 다음 세 가지 중 하나의 소리가 나야 한다.

> 1. 앞말이 모음이나 'ㄴ, ㄹ, ㅁ, ㅇ' 같은 **울림소리**로 끝날 때, 뒷말 첫소리 'ㄱ, ㄷ, ㅂ, ㅅ, ㅈ'이 된소리로 나는 것.
>   例 바다+가 → [바다까/바닫까] ⇨ 적을 때는 '바닷가'

> 2. 뒷말 첫소리 'ㄴ, ㅁ' 앞에서 'ㄴ' 소리가 덧나는 것.
>   例 이+몸 → [인몸] ⇨ 적을 때는 '잇몸'

> 3. 뒷말 첫소리 '이' 앞에서 'ㄴㄴ' 소리가 덧나는 것.
>   例 나무+잎 → [나문닙] ⇨ 적을 때는 '나뭇잎'

다만, 앞의 조건을 모두 갖추었다고 하더라도, '인사말[인사말]', '초가집[초가집]' 등과 같이 사잇소리 현상이 일어나지 않기도 한다.

- **된소리** 'ㄲ', 'ㄸ', 'ㅃ', 'ㅆ', 'ㅉ'의 첫소리처럼 입을 소리내는 쪽에 힘을 주었다가 내는 자음.

- **형태소** 뜻을 가진 가장 작은 말의 단위. '이야기책'의 '이야기', '책' 따위이다.

- **순우리말** 우리말 중에서 우리나라에 본디부터 있던 말이나 그것에 기초하여 새로 만들어진 말만을 이르는 말.

- **울림소리** 발음할 때, 목청이 떨려 울리는 소리. 국어의 모든 모음이 이에 속하며, 자음 가운데에는 'ㄴ', 'ㄹ', 'ㅁ', 'ㅇ' 따위가 있음.

---

1 핵심어

이 글에서 설명하고 있는 현상은 무엇인지 네 글자로 쓰세요.

· (   ) 현상

2

내용 이해

사잇소리 현상이 일어나는 조건으로 알맞은 것을 모두 골라 기호를 쓰세요.

> ㉠ 두 낱말이 합쳐져서 명사가 되어야 한다.
> ㉡ 합쳐지는 두 개의 낱말 중 적어도 하나는 순우리말이어야 한다.
> ㉢ 합쳐지는 두 개의 낱말 중 적어도 하나는 받침 'ㅅ'이 들어간 낱말이어야 한다.
> ㉣ 두 낱말이 합쳐질 때 뒷말 첫소리가 된소리로 나거나, 'ㄴ'이나 'ㄴㄴ' 소리가 덧나야 한다.

(　　　　,　　　　,　　　　)

3

글의 특징

이 글에 대한 설명으로 알맞은 것은 무엇인가요? (　　　　)

① 사잇소리 현상의 의의와 가치를 알려주고 있다.
② 사잇소리 현상이 생기게 된 역사를 소개하고 있다.
③ 사잇소리 현상을 구체적인 예를 들어 설명하고 있다.
④ 사잇소리 현상과 다른 소리 규칙들을 비교하고 있다.
⑤ 사잇소리 현상의 문제점을 구체적으로 제시하고 있다.

4

적용

'사잇소리 현상'이 일어나지 <u>않는</u> 낱말은 무엇인가요? (　　　　)

① 깻잎[깬닙]　　　　② 콧등[코뜽]　　　　③ 뱃머리[밴머리]

④ 옷걸이[옫꺼리]　　　　⑤ 제삿날[제산날]

5

적용

다음 낱말에서 일어나는 사잇소리 현상을 찾아 알맞게 선으로 이으세요.

(1) 　깃발　•

(2) 　훗일　•

(3) 　시냇물　•

• ㉠ 뒷말 첫소리 '이' 앞에서 'ㄴㄴ' 소리가 덧남.

• ㉡ 뒷말 첫소리 'ㄴ, ㅁ' 앞에서 'ㄴ' 소리가 덧남.

• ㉢ 뒷말 첫소리 'ㄱ, ㄷ, ㅂ, ㅅ, ㅈ'이 된소리로 남.

↓ **핵심어**

Q 낱말을 바르게 발음한 것은 무엇인가요?

'나무'+'잎'에는 'ㄴㄴ'이 덧나서 소리나요.

❶ [나무잎]   ❷ [나문닙]

○ 사잇소리 현상

1. 개념: 두 낱말이 합쳐져 명사가 될 때 뒷말의 첫소리가 된소리로 바뀌거나 원래 없던 소리가 덧나는 현상

2. 조건

❶ 하나의 형태소로 이루어진 두 낱말이 합쳐진 낱말에서만 일어남.

❷ 합쳐진 두 낱말 중에서 하나 이상은 순우리말이여야 함.

❸ 다음 중 한 가지 소리가 일어나야 함.

소리	예시
앞말이 모음이나 울림소리 'ㄴ, ㄹ, ㅁ, ㅇ'으로 끝날 때, 뒷말 첫소리 'ㄱ, ㄷ, ㅂ, ㅅ, ㅈ'이 된소리 'ㄲ, ㄸ, ㅃ, ㅆ, ㅉ'으로 남.	예 바다 + 가 → 바닷가[바다까/바닫까] 밤 + 길 → 밤길 [밤낄] (사이시옷을 적지 않음.)
뒷말 첫소리 'ㄴ, ㅁ' 앞에서 'ㄴ' 소리가 덧남.	예 이 + 몸 → 잇몸 [인몸] 코 + 날 → 콧날 [콘날]
뒷말 첫소리 '이' 앞에서 'ㄴㄴ' 소리가 덧남.	예 나무 + 잎 → 나뭇잎[나문닙] 예사 + 일 → 예삿일[예산닐]

3. 예외

모든 조건에 해당해도 사잇소리 현상이 일어나지 않는 경우도 있음.
예 인사말[인사말], 초가집[초가집]

다음은 사잇소리 현상이 일어나는 말을 분석한 것입니다. 빈칸에 알맞은 말을 쓰세요.

	합쳐진 말	적을 때	발음
1	뒤 + 일	( )	[뒨닐]
2	내 + 가	냇가	[ ]
3	비 + 물	빗물	[ ]
4	후 + 날	( )	[훈날]

 다음 중 알맞게 적은 것에 ○표 하세요.

5 몇십 년 전만 하더라도 시골에서 (초가집 / 초갓집)을 볼 수 있었다.

6 날이 따뜻해지니 (나무가지 / 나뭇가지)에 파릇파릇 싹이 움트고 있다.

7 나는 아빠와 함께 전통 시장을 구경 갔다가 (순대국 / 순댓국)을 먹었다.

8 새로 온 선생님은 간단한 (인사말 / 인삿말)도 없이 바로 수업을 시작했다.

 9 다음 선생님의 질문에 대한 알맞은 답변에 ○표 하세요.

> 선생님: '배'와 '놀이'가 합쳐질 때, '배놀이'이 아니라 '뱃놀이'로 적는 까닭은 무엇일까요?

⑴ '배'와 '놀이'가 합쳐지면서 'ㄴ' 소리가 덧나기 때문에 '뱃놀이'라고 적습니다.

( )

⑵ '배'와 '놀이'가 합쳐지면서 뒷말 첫소리가 된소리로 소리 나므로 '뱃놀이'라고 적습니다.

( )

어휘 찾아보기

ㄱ

각축 | 078

갈 길이 멀다 | 134

갈망 | 062

갈증 | 062

강 건너 불구경 | 126

검산 | 014

검색 | 014

검역 | 014

검증 | 014

견물생심 | 116

결손 | 054

경고 | 058

고갈 | 062

고립무원 | 104

고발 | 058

고육지책 | 120

과유불급 | 116

광고 | 058

교각살우 | 116

권위 | 018

극단적 | 042

극대화 | 042

금리 | 030

꿈(을) 깨다 | 130

꿈도 야무지다 | 130

꿈에 밟히다 | 130

꿈인지 생시인지 | 130

ㄴ

남발 | 090

남용 | 090

남획 | 090

ㄷ

도원결의 | 120

동상이몽 | 100

두각 | 078

뜨거운 맛을 보다 | 134

ㅁ

매개 | 022

매체 | 022

모순 | 112

물 건너가다 | 134

미동 | 066

미량 | 066

미생물 | 066

미세 | 066

밀접 | 026

ㅂ

배수진 | 108

배열 | 082

배척 | 082

배출 | 082

배타적 | 082

번성 | 034

번식 | 034

번화 | 034

범람 | 090

벼락(을) 맞다 | 126

벼랑에 몰리다 | 134

부흥 | 038

불가침 | 046

빈번 | 034

빙산의 일각 | 126

뿌리(를) 뽑다 | 126

ㅅ

사면초가 | 104

사이비 | 100

산전수전 | 096

삼고초려 | 120

상극 | 086

상담 | 086

상응 | 086

상호 | 086

선고 | 058

설상가상 | 096

성수기 | 074

소탐대실 | 116

손상 | 054

손실 | 054

수요 | 074

시각 | 078

시위 | 018

ㅇ

아전인수 | 112

양극화 | 042

오합지졸 | 108

와신상담 | 096

원격 | 050

원근법 | 050

원심력 | 050

원정 | 050

위력 | 018

위협 | 018

읍참마속 | 118

이윤 | 030

이타심 | 030

일각 | 078

ㅈ

자가당착 | 112

적극적 | 042

접속 | 026

접촉 | 026

조삼모사 | 100

어휘 다시 보기

조실부모 | 104

중매 | 022

즉흥 | 038

지록위마 | 112

직접 | 026

ㅊ

천신만고 | 096

철옹성 | 108

촉매 | 022

침략 | 046

침입 | 046

침해 | 046

ㅌ

토사구팽 | 100

ㅍ

파죽지세 | 108

편리 | 030

필수품 | 074

ㅎ

해갈 | 062

허구 | 070

허기 | 070

허세 | 070

허점 | 070

혈혈단신 | 104

혼수 | 074

훼손 | 054

흥망 | 038

흥행 | 038

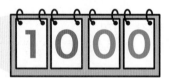

동아출판

초고필로 중학교 성적이 바뀐다!

초등 고학년을 위한 중학교 필수 영역 초고필

국어

비문학 독해 1·2 / 문학 독해 1·2 / 국어 어휘 / 국어 문법

수학

유리수의 사칙연산 / 방정식 / 도형의 각도

한국사

한국사 1권 / 한국사 2권

독해력을 키우는 **바른 어휘 학습**

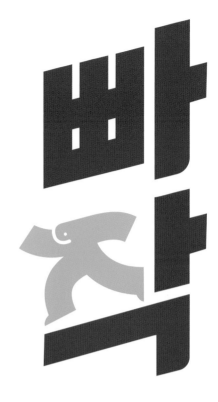

정답과 해설

초등 국어

어휘 X 독해 6 단계
5·6학년

동아출판

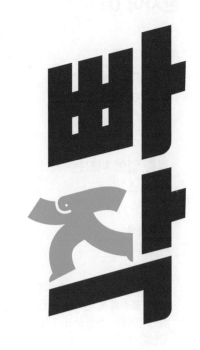

정답과 해설

어휘

한자어 ·· 02

한자 성어 ······································ 22

관용어 ·· 29

어법 ·· 32

012~013쪽

1 가짜 뉴스   2 ④

3 ③   4 ①   5 ①

검증 없이 퍼지는 '가짜 뉴스'

글의 종류
기사문

글의 특징
이 글은 가짜 뉴스의 개념과 폐해, 올바르게 정보를 수용하는 방법을 전달하고 있는 글입니다.

주제
가짜 뉴스의 폐해와 가짜 뉴스를 검증하는 방법

1 이 글은 가짜 뉴스가 쏟아지는 상황을 문제로 삼으며, 뉴스를 비판적으로 수용하는 방법을 전달하는 기사문입니다.

2 이 글에서 가짜 뉴스의 일부 내용은 사실인 경우도 있어서 가짜 뉴스인지 아닌지를 판단하기 어렵다고 하였습니다.

✔ 오답 풀이
① 첫 번째 문단에서 가짜 뉴스가 쏟아져 사회 문제가 되고 있다고 하였습니다.
② 세 번째 문단에서 가짜 뉴스는 사실처럼 꾸며져 언론 보도의 형태를 한 채, 인터넷을 통해 짧은 시간 안에 매우 넓게 퍼진다고 하였습니다.
③ 두 번째 문단에서 백제 시대 서동이 선화 공주와 결혼하려는 목적으로 지었다고 전해지는 '서동요'가 최초의 가짜 뉴스라고 하였습니다.
⑤ 세 번째 문단에서 가짜 뉴스가 사회 구성원들 간의 갈등을 유발하여 사회를 혼란스럽게 만들기도 한다고 하였습니다.

3 정보가 얼마나 빨리 유포되었는지 따져 보는 것은 정보를 비판적으로 수용하는 태도로 볼 수 없습니다. 어떤 정보가 빨리 퍼지는 것과 정보가 사실인지 여부는 서로 관련이 없기 때문입니다.

4 ㉠은 가짜 뉴스를 뜻하는 것입니다. 따라서 '아무 근거 없이 널리 퍼진 소문.'이라는 뜻의 '유언비어'와 뜻이 통한다고 볼 수 있습니다.

5 '검증'은 '검사하여 증명함.'이라는 뜻입니다. '어떤 사항이나 판단이 진실인지 아닌지 증거를 들어 밝힘.'이라는 뜻의 '증명'과 '검증'과 바꾸어 쓸 수 있습니다.

✔ 오답 풀이
② '변호'는 '어떤 사람에게 유리하도록 편들어서 말함.'이라는 뜻입니다.
③ '선언'은 '주장이나 의견을 분명하게 공적으로 널리 알림.'이라는 뜻입니다.
④ '설명'은 '어떤 것에 대하여 남이 잘 이해할 수 있도록 말함.'이라는 뜻입니다.
⑤ '주장'은 '자기의 이론이나 의견을 내세움.'이라는 뜻입니다.

어휘력 더하기 '검증'과 비슷한 뜻을 지닌 낱말에는 '증명' 외에도 '논증'이 있습니다. '논증'은 '옳고 그름을 이유를 들어 밝힘. 또는 그 근거나 이유.'라는 뜻입니다. 세 낱말 모두 사실 여부를 따진다는 뜻을 지니고 있습니다.

014 쪽

❶ 검증   ❷ 검역
❸ 검색   ❹ 검산

015 쪽   이해 적용 심화

1 ㉰   2 ㉯   3 ㉱
4 ㉮   5 검증 6 검색
7 검역 8 검산 9 ②

어휘 학습

이해
1 '검산'은 '계산의 결과가 맞는지 다시 조사하는 일. 또는 그러기 위한 별도의 계산.'을 뜻합니다.
2 '검색'은 '책이나 컴퓨터에서, 목적에 따라 필요한 자료들을 찾아내는 일.'을 뜻합니다.
3 '검역'은 '전염병을 막기 위하여 사람·화물 등에 병균이 있는지를 검사하는 것.'입니다.
4 '검증'은 '검사하여 증명함.'을 뜻합니다.

적용
5 사실인지를 증명하는 것이므로 '검증'과 뜻이 비슷합니다.
6 음식점에 대한 자료를 찾아내는 것이므로 '검색'과 뜻이 비슷합니다.
7 전염병을 막기 위해 병균이 있는지를 검사하는 것이므로 '검역'과 뜻이 비슷합니다.
8 계산 결과가 맞는지 다시 조사하는 것이므로 '검산'과 뜻이 비슷합니다.

심화
9 색과 관련된 우리 문화를 찾으려고 하므로 '책이나 컴퓨터에서, 목적에 따라 필요한 자료들을 찾아내는 일.'을 뜻하는 '검색'이 빈칸에 알맞습니다.

016~017쪽

1 쓰레기　　　2 ④

3 ①　　4 ③　　5 ⑤

지구를 위협하는 우주 쓰레기

글의 종류
논설문

글의 특징
우주 쓰레기로 인한 문제점을 제시하며 우주 쓰레기 청소에 국제적 관심과 협력이 필요함을 주장하는 글입니다.

주제
우주 쓰레기의 문제점과 해결 방안

1 이 글은 우주 쓰레기가 인공위성이나 지구에 사는 사람의 안전을 위협할 수 있음을 지적하면서 이를 해결해야 한다고 주장하고 있습니다.

2 첫 번째 문단에서 우리나라 최초의 우주 개발 성과는 1992년 우리별 1호라고 하였습니다.

❤오답 풀이
① 첫 번째 문단에서 1957년 소련이 인공위성을 최초로 발사했다고 하였습니다.
② 네 번째 문단에서 우주 쓰레기 문제를 해결하려면 막대한 비용과 새로운 기술 개발이 필요하다고 하였습니다.
③ 세 번째 문단에서 우주 쓰레기는 매우 빠른 속도로 지구를 돌고 있다고 하였습니다.
⑤ 세 번째 문단에서 지구로 떨어지는 우주 쓰레기 대부분 대기권에서 타 버린다고 하였습니다.

3 글쓴이는 우주 쓰레기 문제를 해결하기 위해 국제적으로 협력하자고 주장하고 있습니다.

4 ㉠에는 우주 쓰레기의 속도는 매우 빨라서 작은 크기라도 인공위성을 부술 만큼 큰 힘이 있다는 뜻이 나타나도록 '위력'이, ㉡에는 우주 쓰레기가 지구에 사는 사람을 두렵게 한다는 뜻이 나타나도록 '위협'이 들어가는 것이 알맞습니다.

❤오답 풀이
① '권력'은 '남을 복종시키거나 지배할 수 있는 공인된 권리나 힘.'을 뜻하므로 ㉠에 어울리지 않습니다.
② '위기'는 '위험한 고비나 시기.'를 뜻하므로 ㉡에 어울리지 않습니다.
④ '시위'는 '위력이나 기세를 펼쳐 보임.'을 뜻하므로 ㉡에 어울리지 않습니다.
⑤ 내용을 고려할 때 '위협'과 '위력'의 위치가 서로 바뀌어야 합니다.

5 ㉢ '공유하다'는 '두 사람 이상이 한 물건을 공동으로 소유하다.'라는 뜻을 지닌 말입니다. ⑤의 '독차지하다'는 '혼자서 모두 차지하다.'의 뜻을 지닌 말로, '공유하다'와 반대의 뜻으로 쓰입니다.

❤오답 풀이
① '공감하다'는 '남의 감정, 의견, 주장 따위에 대하여 자기도 그렇다고 느끼다.'는 뜻을 지닌 말입니다.
② '권유하다'는 '어떤 일 따위를 하도록 권하다.'라는 뜻을 지닌 말입니다.
③ '함께하다'는 '경험이나 생활 따위를 얼마 동안 더불어 하다.'라는 뜻을 지닌 말로, '공유하다'와 뜻이 비슷한 말입니다.
④ '차지하다'는 '사물이나 공간, 지위 따위를 자기 몫으로 가지다.'라는 뜻을 지닌 말입니다.

어휘력 더하기 하나의 낱말에는 뜻이 비슷한 말과 뜻이 반대되는 말 모두 있을 수 있습니다. '공유하다'의 경우, 뜻이 비슷한 '함께하다'와는 유의 관계를 이루고, 뜻이 반대되는 '독차지하다'와는 반의 관계를 이룹니다.

018쪽

❶ 위협　　❷ 위력
❸ 권위　　❹ 시위

019쪽　　이해　적용　심화

1 ㉢　　2 ㉣　　3 ㉡
4 ㉠　　5 권위　6 위협
7 위력　8 시위　9 위협

어휘 학습

이해

1 '권위'는 '남을 지휘하거나 통솔하여 따르게 하는 힘.'을 뜻합니다.

2 '시위'는 '많은 사람이 공공연하게 의사를 표시하여 집회나 행진을 하며 위력을 나타내는 일.'을 뜻합니다.

3 '위력'은 '상대를 압도할 만큼 강력함. 또는 그런 힘.'을 뜻합니다.

4 '위협'은 '힘으로 으르고 협박함.'을 뜻합니다.

적용

5 높은 곳에 앉아 남을 통솔하는 힘을 세우려는 것이므로 '권위'가 어울립니다.

6 독립운동가들에게 가해지는 일제의 협박을 의미하므로 '위협'이 어울립니다.

7 핵무기가 강력한 힘을 가졌다는 것이므로 '위력'이 어울립니다.

8 민주주의 사회에서 법으로 보장되는 권리이므로 '시위'가 어울립니다.

심화

9 '으름장'은 '말과 행동으로 위협하는 짓.'을 뜻합니다. 따라서 '위협'과 바꾸어 쓸 수 있습니다.

020~021쪽

1 백남준   **2** ⑤

3 ③   **4** ⑤   **5** ④

전자 매체를 활용한 백남준의 예술

글의 종류
설명문

글의 특징
전자 매체를 예술의 영역으로 가져온 백남준의 개인전을 소개하며, 이를 통해 백남준이 개척한 비디오 아트에 대해 설명하는 글입니다.

주제
전자 매체를 활용한 백남준의 비디오 아트

---

1 이 글은 비디오 아트를 창시한 백남준의 예술에 대한 글입니다.

2 세 번째 문단에 따르면, 백남준은 전자 매체를 예술의 영역으로 끌어들였다고 했습니다. 이는 존 케이지의 공연을 본 후 음악에 대한 깨달음을 얻었기 때문입니다.

  ☑ 오답 풀이
① 두 번째 문단에서 백남준은 음악을 공부하기 위해 독일로 유학을 떠났다고 하였습니다.
② 네 번째 문단에서 관람자가 직접 소리를 연주하면 그것에 해당하는 이미지가 텔레비전 화면에 나타나는 작품도 있다고 하였습니다.
③ 두 번째 문단에서 백남준은 음악은 악기 소리뿐만이 아니라는 것을 깨달았다고 하였습니다.
④ 첫 번째 문단에서 백남준의 전시는 텔레비전이라는 전자 매체를 예술의 영역으로 가져온 최초의 작업이라고 하였습니다.

3 네 번째 문단에서 백남준의 전시에 나온 작품들의 예를 구체적으로 들어 백남준이 개척한 비디오 아트에 대한 이해를 돕고 있습니다.

4 텔레비전을 예술의 영역으로 가져왔다고 했으므로, ㉮는 '어떤 작용을 한쪽에서 다른 쪽으로 전달하는 물체. 또는 그런 수단.'이라는 뜻입니다.

  ☑ 오답 풀이
① '구체적인 형태를 가지고 있는 것.'의 뜻을 지닌 낱말은 '물체'입니다.
② '사물의 작용이나 어떤 행동의 주가 되는 것.'의 뜻을 지닌 낱말은 '주체'입니다.
③ '생활이나 행동 또는 목적 따위를 같이하는 집단.'의 뜻을 지닌 낱말은 '공동체'입니다.
④ '전체나 집단에 상대하여 하나하나의 낱개를 이르는 말.'을 뜻하는 낱말은 '개체'입니다.

5 '음악을 연주하는 데 쓰는 기구를 통틀어 이르는 말.'을 뜻하는 ㉠ '악기'에 ㉡ '피아노'가 포함되므로, 이 둘은 포함 관계 또는 상하 관계입니다. ④ 역시 '짐승·새·벌레·물고기 따위의 생물'을 뜻하는 '동물'에 '토끼'가 포함되므로, 이 둘은 포함 관계 또는 상하 관계입니다.

어휘력 더하기   상하 관계를 이루는 낱말들 사이에서 상의어나 하의어는 고정된 것이 아니라 상대적인 관계입니다. 예를 들어 '음식-한식-비빔밥'에서 '한식'은 '음식'의 하의어이지만 '비빔밥'의 상의어이기도 합니다. 물론 '음식'의 상의어나 '비빔밥'의 하의어도 존재합니다.

022쪽

❶ 매체   ❷ 매개
❸ 중매   ❹ 촉매

023쪽   이해   적용   심화

1 매개 **2** 매체 **3** 촉매
4 중매 **5** 매개 **6** 매체
7 중매 **8** 촉매 **9** 매개

어휘 학습

이해

1 '매개'는 '둘 사이에 껴서 양편의 관계를 맺어 줌.'이라는 뜻입니다.

2 '매체'는 '어떤 작용을 한쪽에서 다른 쪽으로 전달하는 물체.'라는 뜻입니다.

3 '촉매'는 '자신은 변화하지 않으면서 다른 물질의 화학 반응을 매개하여 반응 속도를 빠르게 하거나 늦추는 일.'이라는 뜻입니다.

4 '중매'는 '결혼이 이루어지도록 중간에서 매개하여 소개하는 일.'이라는 뜻입니다.

적용

5 문학 작품이 글쓴이와 읽는 이를 이어준다는 뜻이므로 '매개'가 어울립니다.

6 텔레비전은 매체의 종류 중 하나이므로 '매체'가 어울립니다.

7 연애결혼과 반대되는 뜻이 되어야 하므로 '중매'가 어울립니다.

8 인터넷의 발달은 시민들의 정치 참여를 촉진시켰으므로 '촉매'가 어울립니다.

심화

9 '다리'는 '둘 사이의 관계를 이어 주는 사람을 비유적으로 이르는 말.'이라는 뜻으로 '매개'와 바꾸어 쓸 수 있습니다.

024~025 쪽

1 (토종) 민들레 2 ③

3 ① 4 ② 5 ③

산책로에서 직접 본 민들레

글의 종류
수필

글의 특징
산책로에서 민들레를 본 뒤 서양 민들레와 비교하여 토종 민들레의 특징을 관찰하고, 민들레에 대해 떠올린 내용과 느낀 점을 쓴 글입니다.

주제
산책로에서 민들레를 직접 보고 느낀 점

---

1 이 글은 글쓴이가 산책로에서 발견한 토종 민들레를 보고 느낀 점을 쓴 수필입니다.

2 두 번째 문단에서 서양 민들레는 대부분 샛노란 꽃을 피운다고 하였습니다. 그러나 세 번째 문단에서 민들레는 겨울에 줄기가 죽지만 다음해에 다시 살아난다고 하였으므로, 겨울에는 꽃을 피우지 못한다는 것을 알 수 있습니다.

✅ 오답 풀이
① 세 번째 문단에서 민들레는 강한 생명력을 지닌 식물이라고 하였습니다.
② 두 번째 문단에서 토종 민들레는 꽃의 크기도 서양 민들레보다 상대적으로 작다고 하였습니다.
④ 두 번째 문단에서 토종 민들레는 연노란색 또는 흰색의 꽃을 피운다고 하였습니다.
⑤ 세 번째 문단에서 민들레는 꽃이 지고 하얀 씨앗들이 탐스럽게 맺힌 것도 있으며, 민들레에 붙어 있는 씨앗이 솜털 같다고 하였습니다.

3 글쓴이는 산책로에서 있었던 일을 시간의 흐름대로 전개하고 있습니다.

✅ 오답 풀이
② 수필에 등장하는 '나'는 글쓴이 자신입니다.
③ 이 글은 글쓴이가 직접 아파트 근처의 산책로를 걸었던 일을 사실적으로 제시하고 있습니다.
④ 마지막 문단에서 '나'는 민들레를 보고 어려움을 씩씩하게 이겨 내는 사람이 되어야겠다고 다짐했습니다.
⑤ 수필은 글쓴이가 전하고자 하는 바를 형식의 제약 없이 표현할 수 있습니다.

4 ㉠의 '접하다'는 (무엇을) '알게 되거나 경험하다.'라는 뜻으로 사용되었는데, ②의 '접하다'는 문맥상 '(무엇과 무엇이) 가까이 있거나 마주 붙어 있다.'라는 뜻으로 사용되었습니다.

어휘력 더하기 두 가지 이상의 뜻을 가진 낱말을 '다의어'라고 합니다. 여러 가지 뜻 중에서 어떤 뜻으로 그 낱말이 쓰였는지 알기 위해서는, 사용된 낱말의 앞뒤를 살펴야 합니다. 예를 들어 '우리는 수많은 어려움을 접하게 된다.'에서 '어려움'은 '알게 되거나 경험하다.'는 뜻의 '접하다'와 어울립니다.

5 '간접'은 '중간에 매개가 되는 사람이나 사물 따위를 통하여 맺어지는 관계.'를 뜻하므로 '직접'과 뜻이 반대됩니다.

✅ 오답 풀이
① '친히'는 '직접 제 몸으로.'라는 뜻입니다.
② '직통'은 '스치거나 비켜나지 아니하고 곧바로 직접.'이라는 뜻입니다.
④ '손수'는 '남의 힘을 빌리지 아니하고 제 손으로 직접.'이라는 뜻입니다.
⑤ '몸소'는 '직접 제 몸으로.'라는 뜻입니다.

어휘 학습

026 쪽

❶ 직접 ❷ 밀접
❸ 접촉 ❹ 접속

027 쪽 이해 적용 심화

1 ㉰ 2 ㉮ 3 ㉱
4 ㉯ 5 접속 6 접촉
7 밀접 8 직접 9 밀접

이해

1 '직접'은 '사이에 남이나 다른 사물이 끼이지 않게 바로.'를 뜻합니다.

2 '접촉'은 '서로 맞닿음.'을 뜻합니다.

3 '밀접'은 '아주 가깝게 맞닿아 있음. 또는 그런 관계에 있음.'을 뜻합니다.

4 '접속'은 '서로 붙거나 맞닿아 이어지는 것.'을 뜻합니다.

적용

5 '연결하여'는 '접속'과 뜻이 비슷합니다.

6 '서로 맞닿음'은 '접촉'과 뜻이 비슷합니다.

7 '가깝게 맞닿아 있는'은 '밀접'과 뜻이 비슷합니다.

8 '중간에 아무것도 끼지 않고'는 '직접'과 뜻이 비슷합니다.

심화

9 '밀착'은 '서로의 관계가 매우 가깝게 됨.'을 뜻합니다. 따라서 '밀접'과 바꾸어 쓸 수 있습니다.

028~029 쪽

1 (2) ○   **2** ②, ④

3 민지 **4** ①   **5** ⑤

노 키즈 존을 막는 이타적 행동

글의 종류
논설문

글의 특징
'노 키즈 존'을 둘러싼 사람들의 이기적인 행동을 지적하며, 다른 사람을 배려하는 이타적인 행동이 필요하다고 주장하는 글입니다.

주제
노 키즈 존의 문제점과 이타적 행동의 필요성

1 글쓴이는 '노 키즈 존'을 시행하는 것이 자신의 이익만 중요하게 생각하는 이기적인 행위라고 여기고 있습니다.

2 마지막 문단에서 글쓴이는 이타적으로 행동해야 한다고 주장하고 있습니다. 그리고 이타적인 행동이 점차 쌓여 서로를 돕고 신뢰하는 사회를 만들어 내며, 그 사회를 살아가는 우리 모두에게 이롭게 되돌아온다는 점을 그 근거로 들고 있습니다.

  ✔ **오답 풀이**

① 세 번째 문단에서 아이들에 대한 차별은 또 다른 사람들에 대한 차별로 확대될 수 있다고 하였습니다. 이는 자신의 이익만 중요하게 여기는 사회의 모습을 드러내는 노 키즈 존의 문제점입니다.

③ 세 번째 문단에서 노 키즈 존은 아이들에 대한 부정적인 인식을 갖게 한다고 하였습니다. 이타적인 행동이 다른 사람들에 대한 부정적 인식을 갖게 하는 것은 아닙니다.

⑤ 두 번째 문단에서 음식점이나 카페 주인의 경우, 아이들로 인한 안전사고에 책임을 지는 것을 피하기 위해서 노 키즈 존에 찬성한다고 하였습니다. 이타적인 행동과 안전사고에 대한 주인의 책임을 피하게 하는 것은 서로 관련이 없습니다.

3 민지는 노 키즈 존이 아이들에 대한 차별이라고 지적하고 있으므로 글쓴이와 같이 노 키즈 존에 부정적인 입장입니다.

4 '이타적'과 뜻이 반대되는 말은 '자기 자신의 이익만을 꾀하는.'을 뜻하는 '이기적'입니다.

  ✔ **오답 풀이**

② '이색적'은 '보통의 것과 색다른 성질을 지닌.'의 뜻을 지닌 말입니다.

③ '이국적'은 '자기 나라가 아닌 다른 나라에 특징적인.'의 뜻을 지닌 말입니다.

④ '이중적'은 '이중으로 되는.'의 뜻을 지닌 말입니다.

⑤ '이질적'은 '성질이 다른.'의 뜻을 지닌 말입니다.

어휘력 더하기 '이타적'은 '이롭다'를 뜻하는 한자 이(利)와 '다른 사람'을 뜻하는 한자 타(他)가 합쳐진 말입니다. 따라서 이 말은 다른 사람을 이롭게 한다는 뜻입니다. 반면 '이기적'은 '이롭다'를 뜻하는 한자 이(利)와 '자기 자신'을 뜻하는 한자 기(己)가 합쳐진 말입니다. 따라서 자기 자신을 이롭게 한다는 뜻입니다. 두 낱말은 가운데 글자인 '타'와 '기'만 서로 다른데, 두 말의 한자는 서로 반대되는 뜻을 지닙니다. 이처럼 한 글자만 다른 낱말이 있다면, 그 다른 글자가 어떤 뜻을 지니는지를 생각해 보면 뜻이 반대되는 말을 쉽게 찾을 수 있습니다.

5 '소란'은 '시끄럽고 어수선함.'이라는 뜻입니다. '뜻밖에 일어난 불행한 일.'이라는 뜻을 지닌 말은 '사고'입니다.

030 쪽

❶ 이타적   ❷ 편리
❸ 이윤   ❹ 금리

031 쪽   이해   적용   심화

1 이윤   **2** 편리
3 이타적   **4** 금리
5 이윤   **6** 금리
7 편리   **8** 이타적
9 ①

어휘 학습

이해

1 '장사 따위를 하여 남는 돈.'의 뜻을 가진 말은 '이윤'입니다.

2 '편하고 이로우며 이용하기 쉬움.'의 뜻을 가진 말은 '편리'입니다.

3 '자기의 이익보다는 다른 이의 이익을 더 꾀하는.'의 뜻을 가진 말은 '이타적'입니다.

4 '빌려준 돈이나 예금 따위에 붙는 이자. 또는 그 비율.'의 뜻을 가진 말은 '금리'입니다.

적용

5 기업은 장사 따위를 하여 남는 돈의 극대화하는 것을 추구하므로 '이윤'이 어울립니다.

6 빌린 돈을 갚기 어렵다는 것을 고려할 때 '금리'가 어울립니다.

7 공공시설은 시민들에게 편하고 이로우며 이용하기 쉬운 시설이므로 '편리'가 어울립니다.

8 자신이 가진 것을 나누어 자신의 이익보다는 다른 이의 이익을 더 꾀하므로 '이타적'이 어울립니다.

심화

9 경기가 나빠지면 정부는 이자를 낮춘다고 했으므로 '금리'가 빈칸에 들어가기에 알맞습니다.

032~033 쪽

1 번식 2 ① 3 ④
4 ④ 5 ①

식물은 어떻게 번식할까?

글의 종류
설명문

글의 특징
식물의 다양한 번식 방법에 대해 구체적인 예를 들어 설명하는 글입니다.

주제
식물의 다양한 번식 방법

1 이 글은 식물의 다양한 번식 방법에 대해 설명하는 글입니다.

2 봉숭아는 씨앗을 싸고 있는 껍질인 꼬투리가 터지면서 씨앗이 퍼지고, 민들레는 바람을 통해 씨앗이 퍼집니다.

✔ 오답 풀이
② 두 번째 문단에서 민들레는 씨앗에 달린 하얀 솜털이 날개 역할을 해서 씨앗이 날아오른다고 하였습니다.
③ 세 번째 문단에서 동물의 이동과 배설을 통해 씨앗이 퍼지는 것이 있는데, 이러한 식물의 특징은 열매가 화려한 색을 가지고 있거나 열매의 맛이 좋다고 하였습니다.
④ 네 번째 문단에서 콩은 열매가 완전히 익으면 꼬투리가 터지면서 종자가 흩어지는 방법으로 번식한다고 하였습니다.
⑤ 다섯 번째 문단에서 동물의 몸에 잘 붙을 수 있도록 씨앗이 털을 가지고 있거나 갈고리 모양으로 되어 있다고 하였습니다.

3 네 번째 문단에서 꼬투리가 터지며 씨앗이 퍼지는 방법은 나와 있지만 씨앗이 꼬투리가 되는 과정에 대해서는 알 수 없습니다.

✔ 오답 풀이
① 두 번째 문단에서 소나무는 바람을 통해 씨앗을 퍼뜨린다고 하였습니다.
② 다섯 번째 문단에서 동물의 몸에 붙어 퍼지는 씨앗은 털을 가지고 있거나 갈고리 모양이라고 하였습니다.
③ 여섯 번째 문단에서 씨앗을 퍼뜨리는 방법이 다양한 이유는 번식하여 종을 유지하기 위함이라고 하였습니다.
⑤ 세 번째 문단에서 동물의 먹이가 되어 씨앗을 퍼뜨리는 식물의 특징은 열매가 화려한 색을 가지고 있거나, 열매의 맛이 좋다고 하였습니다.

4 '씨'와 '종자'는 의미가 비슷한 유의 관계의 낱말입니다. 그러나 ④의 '펴다'와 '구부리다'는 뜻이 반대인 반의 관계의 낱말입니다.

5 문맥상 '생식'은 생물이 자기와 같은 종류의 생물을 새로이 태어나게 하여 종족을 유지한다는 뜻으로 사용되었습니다. 따라서 '생물의 수가 늘거나 널리 퍼지는 것.'이라는 '번식'과 비슷한 뜻으로 사용되었습니다.

어휘력 더하기 낱말의 뜻을 비교해 보면 낱말의 관계를 알아낼 수 있습니다. '생식'과 '번식'은 모두 자기와 같은 종류의 생물을 태어나게 하여 종을 퍼뜨리는 일이라는 뜻을 지니고 있습니다. 이처럼 비슷한 뜻을 지닌 낱말들을 '유의 관계'에 있다고 합니다.

034 쪽

❶ 번식 ❷ 번성
❸ 번화 ❹ 빈번

035 쪽 이해 적용 심화

1 ㉣ 2 ㉢ 3 ㉤
4 ㉠ 5 번화 6 빈번
7 번식 8 번성 9 빈번

어휘 학습

이해

1 '번식'은 '생물의 수가 늘거나 널리 퍼지는 것.'을 뜻합니다.
2 '빈번'은 '번거로울 정도로 어떤 일이 자주.'를 뜻합니다.
3 '번성'은 '(세력이) 커지거나 널리 퍼짐.'을 뜻합니다.
4 '번화'는 '번성하고 화려함.'을 뜻합니다.

적용

5 번성하고 화려하다는 뜻이므로 '번화'와 뜻이 비슷합니다.
6 초대형 태풍이 잦게 발생한다는 뜻이므로 '빈번'과 뜻이 비슷합니다.
7 세균의 수가 늘었다는 뜻이므로 '번식'과 뜻이 비슷합니다.
8 사업이 잘되어 규모가 커졌다는 뜻이므로 '번성'과 뜻이 비슷합니다.

심화

9 '드물다'는 '어떤 일이 일어나는 일이 잦지 아니하다.'라는 뜻입니다. 따라서 뜻이 반대되는 말은 '빈번하다'입니다.

036~037쪽

1 흥행 2 ② 3 ③
4 (3) ◯ 5 ⑤

조선 후기에 흥행한 서민 문화

글의 종류
설명문

글의 특징
조선 후기에 서민들 사이에서 흥행한 문화로 판소리와 탈놀이, 풍속화에 대해 소개한 글입니다.

주제
조선 후기 흥행한 서민 문화

1 이 글은 조선 시대에 흥행한 서민 문화인 판소리, 탈놀이, 풍속화에 대해 설명하고 있습니다.

2 마지막 문단에서 풍속화는 당시 사람들의 삶을 있는 그대로 담은 그림이라고 하였습니다. 김홍도는 주로 서민들의 모습을 그려 냈고, 신윤복은 주로 양반들의 삶을 그려 냈다고 하였습니다. 따라서 풍속화는 양반뿐 아니라 서민들의 삶의 모습도 그린 그림입니다.

3 세 번째 문단에서 탈놀이에 사용되는 탈의 예시는 들었지만, 탈을 만드는 재료가 무엇인지는 설명하지 않았습니다.

◆ 오답 풀이
① 두 번째 문단에서 고수는 북장단을 친다고 했습니다.
② 두 번째 문단에서 판소리는 관객의 흥을 돋우고 관객이 공연에 참여할 수 있어서 서민들의 사랑을 받았다고 했습니다.
④ 첫 번째 문단에서 당시 서민들 사이에서 판소리, 탈놀이, 풍속화 등이 흥행했다고 했습니다.
⑤ 네 번째 문단에 김홍도와 신윤복이 그린 풍속화의 특징이 나타나 있습니다.

4 '단절'은 '유대나 연관 관계를 끊음.', 또는 '흐름이 연속되지 아니함.'이라는 뜻입니다. 따라서 '계승'과 뜻이 반대됩니다.

◆ 오답 풀이
⑴ '승계'는 '전에 있던 사람의 뒤를 이어받음.', 또는 '다른 사람의 권리나 의무를 이어받는 일.'이라는 뜻으로, 계승과 유의 관계를 이루는 말입니다.
⑵ '계주'는 '일정한 거리를 몇 사람이 나누어서 이어 달리는 경기.'라는 뜻입니다.

5 '흥행'은 '공연 상영 따위가 상업적으로 큰 수익을 거둠.'이라는 뜻입니다.

◆ 오답 풀이
① '대행'은 '남을 대신하여 행함.'이라는 뜻입니다.
② '실행'은 '실제로 행함.'이라는 뜻입니다.
③ '미행'은 '다른 사람의 행동을 감시하거나 증거를 잡기 위하여 그 사람 몰래 뒤를 밟음.'이라는 뜻입니다.
④ '진행'은 '앞으로 나아감.'이라는 뜻입니다.

어휘력 더하기 '흥행하다'는 '흥행'이라는 낱말에 '–하다'라는 말이 붙어서 새롭게 만들어진 낱말입니다. 뜻은 크게 차이가 없으나 낱말의 성격이 명사(이름을 나타내는 말)와 동사(움직임을 나타내는 말)로 다릅니다. '–하다'와 비슷한 역할을 하는 말에 '–되다'가 있는데, 이를 '흥행'에 붙이면 '흥행되다'라는 새로운 동사가 만들어집니다.

어휘학습

038쪽

❶ 흥행 ❷ 흥망
❸ 부흥 ❹ 즉흥적

039쪽 이해 적용 심화

1 ⓛ 2 ⓒ 3 ㉠
4 ㉣ 5 흥행
6 즉흥적 7 흥망
8 부흥 9 ③

이해

1 '흥행'은 '공연 상영 따위가 상업적으로 큰 수익을 거둠.'을 뜻합니다.

2 '부흥'은 '세력이나 기운이 약하던 것이 다시 일어남. 또는 그렇게 되게 함.'을 뜻합니다.

3 '흥망'은 '잘되어 일어남과 못되어 없어짐.'을 뜻합니다.

4 '즉흥적'은 '어떤 준비나 미리 계획한 것이 없이 곧바로 일어나는 기분이나 생각에 따라 하는 (것).'을 뜻합니다.

적용

5 연극이 성공적으로 잘 되었다는 뜻이므로 '흥행'이 어울립니다.

6 영감이 떠올라 곧바로 건반을 두드린 것이므로 '즉흥적'이 어울립니다.

7 인재를 기르는 일은 나라의 미래를 결정짓는다고 했으므로 '흥망'이 어울립니다.

8 몰락한 집안을 일으키기 위해 열심히 일한 것이므로 '부흥'이 어울립니다.

심화

9 앞부분에서 국민들이 나라를 일으켜 세우기 위해 노력했다고 했으므로 '부흥'이 빈칸에 들어가기에 알맞습니다.

040~041 쪽

1 극단적   **2** ②

3 나리 **4** ② **5** ④

극단적 방법의 다이어트는 위험하다

글의 종류
설명문

글의 특징
극단적 방법의 다이어트가 가진 문제점을 알리며, 올바른 다이어트 방법을 설명하는 글입니다.

주제
건강을 지키는 올바른 다이어트 방법

1 이 글은 극단적 방법의 다이어트를 지양하고, 올바른 다이어트 방법을 설명하는 글입니다.

2 첫 번째 문단에서 올바른 다이어트 방법은 무엇인지 알아보자고 한 뒤 그 방법을 설명하고 있습니다.

✔ 오답 풀이
① 마지막 문단에서 비만이 각종 성인병을 유발한다는 것은 알 수 있으나, 글 전체를 아우르는 내용은 아닙니다.
③ 세 번째 문단에서 다이어트를 할 때 운동을 병행하지 않으면 요요 현상이 나타나기 쉽다고 하였지만, 요요 현상이 일어나는 이유가 글 전체를 아우르는 내용은 아닙니다.
④ 표준 체중을 계산하는 방법은 이 글에 나타나지 않습니다.
⑤ 두 번째 문단에서 올바른 다이어트 방법으로 영양소를 골고루 섭취해야 한다고 설명하고 있지만, 이는 올바른 다이어트 방법의 하나일 뿐 글 전체를 아우르는 내용은 아닙니다.

3 이 글에서 건강한 다이어트는 영양소를 섭취하여 꾸준히 운동하는 것이라고 했습니다. 따라서 올바른 다이어트 방법을 잘 실천하고 있는 친구는 나리입니다.

✔ 오답 풀이
아론이처럼 다이어트를 할 때 운동을 하지 않으면 요요 현상이 나타나기 쉽고, 한 가지 식품만 먹으면 영양실조, 위장 장애, 빈혈과 같은 병이 생길 수 있습니다. 진아처럼 극단적 방법으로 살을 빼다가는 건강을 해칠 수 있습니다.

4 ㉠의 앞뒤 내용을 살펴보면 식사량을 제한한다고 했기 때문에, '더할 수 없는 정도.'의 뜻이 들어가는 것이 자연스럽습니다.

✔ 오답 풀이
① '온갖 말을 다하여.'는 '극구'의 뜻입니다.
③ '한쪽으로 크게 치우친.'은 '극단적'의 뜻입니다.
④ '어떤 과정의 마지막이나 끝.'은 '궁극'의 뜻입니다.
⑤ '절대 알려져서는 안 되는 중요한 일.'은 '극비'의 뜻입니다.

어휘력 더하기 '극도'(다할 극 極, 정도 도 度)는 '더할 수 없는 정도.'라는 뜻입니다. '시험을 앞두고 그는 신경이 극도로 예민해졌다.'와 같이 사용됩니다. '극도', '극구', '극단적', '궁극', '극비'에 공통적으로 쓰인 한자 '극(極)'은 '매우, 심히, 다하다, 한계'와 같은 뜻을 지닌 말입니다.

5 ④는 '한쪽으로 크게 치우치는.'이라는 뜻의 '극단적'은 어울리지 않습니다. 대신 '실제적이고 자세한 부분까지 담고 있는.'이라는 뜻의 '구체적'이 어울립니다.

어휘 학습

042 쪽

❶ 극단적   ❷ 극대화
❸ 적극적   ❹ 양극화

이해

1 '한쪽으로 크게 치우치는.'이라는 뜻을 지닌 말은 '극단적'입니다.

2 '아주 커짐. 또는 아주 크게 함.'이라는 뜻을 지닌 말은 '극대화'입니다.

3 '서로 점점 더 달라지고 멀어짐.'이라는 뜻을 지닌 말은 '양극화'입니다.

4 '대상에 대한 태도가 긍정적이고 활발한 (것).'이라는 뜻을 지닌 말은 '적극적'입니다.

043 쪽 이해 적용 심화

1 극단적 **2** 극대화

3 양극화 **4** 적극적

5 극대화 **6** 극단적

7 적극적 **8** 양극화

9 ②

적용

5 '더 크게'는 '극대화'와 뜻이 비슷합니다.

6 '한쪽으로 크게 치우친'은 '극단적'과 뜻이 비슷합니다.

7 '긍정적이고 능동적으로'는 '적극적'과 뜻이 비슷합니다.

8 '서로 달라지고'는 '양극화'와 뜻이 비슷합니다.

심화

9 자신의 생각에 치우친 태도를 가져서는 안 된다는 뜻이므로, '극단적'이 빈칸에 들어가기에 알맞습니다.

044~045 쪽

1 서희 2 ② 3 ②
4 ④ 5 ③

싸우지 않고 거란의 침략을 물리친 서희

글의 종류
전기문

글의 특징
뛰어난 말솜씨와 지혜로 싸우지 않고도 거란의 침략을 물리친 서희에 대한 이야기입니다.

주제
싸우지 않고 거란을 물리친 서희의 지혜로운 외교

1 서희는 거란의 장수 소손녕이 80만 대군을 이끌고 쳐들어왔을 때, 말로 설득하여 거란을 물리치고 고려의 영토까지 넓혔습니다.

2 거란의 장수 소손녕이 80만 대군을 이끌고 고려로 쳐들어왔을 때 항복을 하자는 다른 신하들과 달리, 서희는 소손녕에게 만남을 제안하여 대화를 나누었습니다. 고려의 상황을 설명한 서희의 말이 타당하다고 여긴 거란의 장수 소손녕은 땅을 달라는 서희의 요구를 들어주고 고려를 떠났습니다.

✔ **오답 풀이**
① 거란의 장수 소손녕이 서희를 만났을 때 서희에게 절을 요구하는 걸로 보아, 거란은 고려가 거란을 대국으로 모시기를 원하고 있습니다.
③ 고려가 거란과 외교 관계를 맺지 않은 것은 거란이 옛 고구려 땅을 차지하고 있었기 때문입니다.
④ 서희가 거란의 장수 소손녕과 대화를 나누며, 거란의 목표는 송나라를 침범하는 것이고 고려가 송나라를 돕지 못하게 하려는 것임을 알아차렸습니다.
⑤ 고려의 신하들은 거란의 군대를 보고, 거란에게 땅 일부를 바치고 항복하자고 주장했습니다.

3 거란이 고려를 쳐들어온 근본적인 이유는 거란이 송나라를 침범할 때, 고려가 송나라를 돕지 못하도록 만들려는 것이었습니다. 따라서 거란이 고려와 여진이 힘을 합쳐 쳐들어올 것을 두려워하였을 것이라는 반응은 옳지 않습니다.

4 '쳐들어오다'는 '적이 무력으로 침입하여 들어오다.'라는 뜻입니다. '침략하다'는 '정당한 이유 없이 남의 나라에 쳐들어가다.'라는 뜻이므로 '쳐들어오다'와 바꾸어 쓸 수 있습니다.

✔ **오답 풀이**
① '파견하다'는 '일정한 임무를 주어 사람을 보내다.'라는 뜻입니다.
② '교류하다'는 '문화나 사상 따위를 서로 통하게 하다.'라는 뜻입니다.
③ '번영하다'는 '번성하고 영화롭게 되다.'라는 뜻입니다.
⑤ '위협하다'는 '힘으로 으르고 협박하다.'라는 뜻입니다.

5 ⓛ은 거란이 고려를 침략한 이유를 알아내겠다는 뜻입니다. 따라서 '적의 사정과 나의 사정을 자세히 앎.'이라는 뜻의 '지피지기'가 상황에 어울립니다.

어휘력 더하기 한자 성어의 뜻을 파악할 때 한자를 한두 자라도 알고 있으면 뜻을 파악하기가 쉽습니다. 예를 들어 '지피지기'의 한자 '지(知)'가 '알다'라는 뜻임을 알고 있으면 ⓛ에서 '원하는 것을 파악한다면'과 관련이 있다는 것을 짐작할 수 있습니다.

어휘 학습

046 쪽

❶ 침략   ❷ 침입
❸ 침해   ❹ 불가침

047 쪽 이해 적용 심화

1 ⓛ   2 ⓡ   3 ⓒ
4 ⓖ   5 ⓐ   6 ⓓ
7 ⓡ   8 ⓑ   9 침해

이해

1 '침략'은 '정당한 이유 없이 남의 나라에 쳐들어감.'을 뜻합니다.

2 '침입'은 '함부로 남의 나라나 영역이나 집에 들어가는 것.'을 뜻합니다.

3 '침해'는 '함부로 남의 일에 끼어들어 해를 끼치는 것.'을 뜻합니다.

4 '불가침'은 '침범하여서는 안 됨.'을 뜻합니다.

적용

5 외세에 맞서 싸운다고 했으므로 '침략'이 어울립니다.

6 남의 집에 함부로 들어갔다는 뜻이므로 '침입'이 어울립니다.

7 인터넷의 발달로 저작권 보호가 되지 않는다는 뜻이므로 '침해'가 어울립니다.

8 인권은 침범해서는 안 되는 권리이므로 '불가침'이 어울립니다.

심화

9 '침범하여 해를 끼치다'는 '침해'와 바꾸어 쓸 수 있습니다.

자전거에 작용하는 관성과 원심력

글의 종류
설명문

글의 특징
자전거를 탈 때 작용하는 관성과 원심력을 통해 자전거가 넘어지지 않을 수 있는 방법을 설명하는 글입니다.

주제
자전거를 탈 때 작용하는 관성과 원심력

1 이 글은 자전거를 탈 때 작용하는 관성과 원심력을 설명하는 글입니다.

2 세 번째 문단에서 자전거가 기울어지면 그 방향으로 구심력이 작용하기 때문에, 자전거가 쓰러지는 쪽으로 핸들을 돌려야 원심력이 생겨서 자전거가 넘어지지 않고 앞으로 나아간다고 하였습니다.

◎ 오답 풀이
① 세 번째 문단에서 원심력은 관성 때문에 나타나는 가상의 힘이라고 하였습니다.
② 세 번째 문단에서 원심력과 구심력은 작용하는 방향이 반대이기 때문에 힘의 크기가 서로 같으면 균형을 이룬다고 하였습니다.
③ 두 번째 문단에서 모든 물체는 주위에서 힘을 가하지 않으면 본래의 운동 상태를 유지하려는 성질, 즉 관성을 가지고 있다고 하였습니다.
④ 세 번째 문단에서 버스가 회전할 때 버스 안에 있던 승객은 버스의 회전 방향과 반대 방향으로 몸이 쏠린다고 하였습니다.

3 속담 '원숭이도 나무에서 떨어진다'를 활용하거나 질문을 던져 독자의 관심과 흥미를 끌고, 관성이나 구심력, 원심력과 같은 핵심 용어의 개념을 명확하게 밝히고 있습니다. 그리고 버스 안에서의 상황을 관성이 작용하는 예로 들었습니다. 그러나 대상의 종류를 나누어 설명하고 있지는 않습니다.

4 '전진하다'는 '앞으로 나아가다.'라는 뜻입니다.

◎ 오답 풀이
② '다그쳐 빨리 나아가게 하다.'는 '촉진하다'의 뜻입니다.
③ '다른 방향이나 상태로 바꾸다.'는 '전환하다'의 뜻입니다.
④ '물체를 밀어 앞으로 내보내다.'는 '추진하다'의 뜻입니다.
⑤ '계급, 등급, 학년 따위가 올라가다.'는 '진급하다'의 뜻입니다.

5 세 번째 문단에서 원심력과 구심력은 힘의 크기가 동일하며, 작용하는 방향만 반대라고 했으므로 ㉠과 ㉡은 반의 관계에 있습니다. 그런데 '메아리'와 '산울림'은 뜻이 서로 비슷한 유의 관계를 이루는 말입니다.

어휘력 더하기 '어린이 ↔ 어른', '살다 ↔ 죽다'와 같이 서로 반대되는 뜻을 가진 낱말을 '반의어'라고 하며, 반의어가 되는 낱말의 쌍을 '반의 관계'라고 합니다. 이와 달리 '어린이≒아이', '뛰다≒달리다'와 같이 소리는 다르지만 뜻은 비슷한 낱말을 '유의어'라고 하며, 유의어가 되는 낱말의 쌍을 '유의 관계'라고 합니다.

050 쪽

❶ 원심력　　❷ 원격
❸ 원정　　　❹ 원근법

051 쪽　　이해·적용·심화

1 ㉮　2 ㉯　3 ㉲
4 ㉰　5 원격　6 원정
7 원심력　8 원근법
9 원격

어휘 학습

이해

1 '원격'은 '멀리 떨어져 있음.'을 뜻합니다.

2 '원정'은 '먼 곳으로 싸우러 나감.'을 뜻합니다.

3 '원근법'은 '(미술에서) 화면의 멀고 가까운 것을 나타내어 사실과 닮아 보이게 하는 방법.'을 뜻합니다.

4 '원심력'은 '(물체가 빙빙 돌며 운동을 할 때) 그 물체가 중심에서 바깥쪽으로 향하는 힘.'을 뜻합니다.

적용

5 집을 벗어난 곳에서 보일러를 켠 것이므로 '원격'이 어울립니다.

6 나폴레옹이 러시아로 싸우러 나간 것이므로 '원정'이 어울립니다.

7 버스가 급히 모퉁이를 돌 때 승객들은 '원심력'을 느낍니다.

8 어린아이들의 그림에서 거리감이 느껴지지 않으므로 '원근법'이 어울립니다.

심화

9 '원거리'는 '먼 거리.'를 뜻하므로 '원격'과 뜻이 비슷합니다.

052~053쪽

1 (2) ○   2 ④

3 ㉮   4 초희   5 ⑤

관광 개발 사업이 가져온 손실

글의 종류
기사문

글의 특징
관광 개발 사업으로 인해 산호초가 파괴되어 여러 가지 손실을 본 지역을 사례로 들어, 환경 파괴를 최소화하는 개발이 필요함을 알리는 글입니다.

주제
관광 개발 사업에 따른 손실과 환경 파괴를 최소화하는 개발의 필요성

1 이 글은 ○○ 지역의 개발 사업 결과를 사례로 들어, 환경을 고려하지 않은 무분별한 개발을 문제 삼고 있습니다.

2 첫 번째 문단에서 산호초는 산소 함량이 높아서 해양 생물이 생활 공간으로 이용한다고 하였습니다. 산호초는 바닷속에 있으므로, 육지 생물이 살아갈 수 있는 곳이 아닙니다.

3 두 번째 문단에서 관광 개발 사업 후 관광객 수는 전에 비해 약 4배 늘었다고 하였습니다. 이는 관광 개발 사업에 따른 이익으로 볼 수 있습니다.

✅ 오답 풀이
㉯ 세 번째 문단에서 관광 개발 사업으로 인해 50퍼센트 이상의 어류가 감소하였다고 했습니다.
㉰ 세 번째 문단에서 관광 개발 사업으로 인해 어류 수확량이 크게 줄어 어민들의 피해도 눈덩이처럼 불어났다고 하였습니다.
㉱ 세 번째 문단에서 관광 개발 사업으로 인해 자연 경관이 아름다운 지역으로서의 명성도 잃고 말았다고 하였습니다.

4 '손실'은 '줄어들거나 잃어버려서 손해를 보는 것.'이라는 뜻으로, '손실을 입다', '손실을 보다', '손실이 생기다', '손실을 주다'와 같이 어울려 씁니다.

✅ 오답 풀이
재진이가 말한 '이득'은 '이익을 얻음. 또는 그 이익.'이라는 뜻입니다. 그러므로 '손실'과 '이익'은 뜻이 반대됩니다. 은서가 말한 '손실'은 병이 들거나 몸의 일부가 다쳤을 때는 사용할 수 없습니다. '몸에 병이 들거나 다침.'이라는 뜻을 가진 말은 '손상'입니다.

5 '경종을 울리다'는 '잘못이나 위험을 미리 경계하여 주의를 환기시키다.'라는 뜻을 지닌 관용어입니다. 이 글은 환경을 파괴하는 개발 사업에 대해 다시 생각해 보게 합니다.

✅ 오답 풀이
① '재미나 의욕이 없어지다.'라는 뜻을 가진 관용어는 '김이 식다'입니다.
② '일이 몹시 절박하게 닥치다.'라는 뜻을 가진 관용어는 '발등에 불 떨어지다'입니다.
③ '서로의 사이가 벌어지거나 틀어지다.'라는 뜻을 가진 관용어는 '금이 가다'입니다.
④ '무엇을 달라고 요구하거나 구걸하다.'라는 뜻을 가진 관용어는 '손을 내밀다'입니다.

어휘력 더하기 관용어는 '둘 이상의 낱말이 합쳐져 그 낱말의 원래 뜻과는 다른 새로운 뜻으로 굳어져 쓰이는 말.'입니다. 관용어를 활용하면 전하고 싶은 말을 쉽게 표현할 수 있고, 재미있는 표현이라서 듣는 사람의 관심을 불러일으킬 수 있다는 장점이 있습니다.

054쪽

❶ 손실   ❷ 결손
❸ 손상   ❹ 훼손

055쪽   이해 적용 심화

1 손상 2 훼손 3 손실
4 결손 5 훼손 6 손상
7 손실 8 결손 9 ⑤

어휘 학습

이해

1 '물체가 깨지거나 상함.'의 뜻을 지닌 말은 '손상'입니다.

2 '체면이나 명예를 손상함.'의 뜻을 지닌 말은 '훼손'입니다.

3 '줄어들거나 잃어버려서 손해를 보는 것.'의 뜻을 지닌 말은 '손실'입니다.

4 '어느 부분이 없거나 잘못되어서 불완전함.'의 뜻을 지닌 말은 '결손'입니다.

적용

5 '체면이나 명예를 손상함.'의 뜻을 가진 '훼손'과 뜻이 비슷합니다.

6 '물체가 깨지거나 상함.'의 뜻을 가진 '손상'과 뜻이 비슷합니다.

7 '줄어들거나 잃어버려서 손해를 보는 것.'의 뜻을 가진 '손실'과 뜻이 비슷합니다.

8 '어느 부분이 없거나 잘못되어서 불완전함.'의 뜻을 가진 '결손'과 뜻이 비슷합니다.

심화

9 무분별한 개발과 농약 사용으로 자연을 못 쓰게 만들었다는 뜻이므로 '훼손'이 빈칸에 들어가기에 알맞습니다.

056~057 쪽

1 사형 제도   2 ③
3 세진 4 ②   5 (2) ○

사형 선고 대 사형 집행

글의 종류
설명문

글의 특징
사형 집행에 대한 실태를 밝힌 후, 사형 집행에 찬성과 반대 입장을 설명하는 글입니다.

주제
사형 집행에 대한 찬반 입장

1 이 글은 사형을 선고하되 집행하는 것에 반대하는 입장의 근거와 사형을 집행하는 것에 찬성하는 입장의 근거를 소개하고 있습니다.

2 첫 번째 문단에서 국제앰네스티의 통계에 따르면 사형 집행 건수가 가장 많은 국가는 중국이라고 하였습니다.

3 마지막 문단에서 사형 제도에 찬성하는 사람들은 범죄자가 저지른 잘못에 상응하는 처벌을 받아야 한다고 주장한다고 하였습니다. 그리고 누군가에게 큰 해를 끼쳤는데도 범죄자의 인권을 보호하기 위해 범죄자를 살려 두는 것은 옳지 않다는 생각을 갖고 있음을 알 수 있습니다. 세진이 역시 범죄자에게 그 잘못에 상응하는 처벌을 내려야 한다고 말하고 있습니다.

  ✅ **오답 풀이**
  세 번째 문단에서 사형 제도를 반대하는 사람들은 범죄자를 평생 감옥에 가두는 것이 사형보다 범죄를 예방하는 데 더 큰 효과가 있다고 말합니다. 이는 연우의 생각과 비슷합니다. 세 번째 문단에서 사형을 집행하지 않는 가장 큰 이유는 잘못된 판단으로 죄 없는 사람의 생명을 앗아갔을 때 그 생명을 다시 되돌릴 수 없기 때문이라고 하였습니다. 이는 수아의 생각과 비슷합니다.

4 '폐지'는 '실시하여 오던 제도나 법규, 일 따위를 그만두거나 없앰.'이라는 뜻입니다. '조심하거나 삼가도록 미리 주의를 줌. 또는 그 주의.'라는 뜻을 지닌 말은 '경고'입니다.

5 ㉮와 (2)의 '선고'는 모두 '법정에서 재판관이 재판의 판결을 당사자에게 알리는 것.'이라는 주변적 의미로 쓰였습니다.

  ✅ **오답 풀이**
  (1), (3)에서의 '선고'는 '선언하여 널리 알림.'이라는 중심적 의미로 쓰였습니다.

  어휘력 더하기 '선고'처럼 여러 가지 뜻을 지닌 낱말을 '다의어'라고 합니다. 다의어의 뜻은 중심적 의미와 주변적 의미로 나누어집니다. '선고'의 중심적 의미는 '선언하여 널리 알림.'이고, 주변적 의미는 '법정에서 재판관이 재판의 판결을 당사자에게 알리는 것.'입니다. '선고'의 중심적 의미가 법률 용어로 확장되면서 주변적 의미가 생겨난 것입니다.

058 쪽

❶ 선고   ❷ 경고
❸ 광고   ❹ 고발

059 쪽 이해 적용 심화

1 ㉡ 2 ㉠ 3 ㉣
4 ㉢ 5 선고 6 고발
7 광고 8 경고 9 고발

어휘 학습

이해

1 '선고'는 '법정에서 재판관이 재판의 판결을 당사자에게 알리는 것.'을 뜻합니다.
2 '경고'는 '조심하거나 삼가도록 미리 주의를 줌. 또는 그 주의.'를 뜻합니다.
3 '광고'는 '상품이나 서비스에 대한 정보를 여러 가지 매체를 통해서 소비자에게 널리 알리는 의도적인 활동. 또는 그 표현물.'을 뜻합니다.
4 '고발'은 '세상에 잘 알려지지 않은 잘못이나 비리 따위를 드러내어 알림.'을 뜻합니다.

적용

5 법원이 재판의 판결을 내린 것이므로 '선고'가 어울립니다.
6 세상에 알려지지 않은 잘못을 알린 것이므로 '고발'이 어울립니다.
7 과장하거나 감춘 내용이 있는지 살펴야 하는 것이므로 '광고'가 어울립니다.
8 접근하지 말라고 주의를 주는 것이므로 '경고'가 어울립니다.

심화

9 '폭로'는 '알려지지 않았거나 감추어져 있던 사실을 드러냄.'이라는 뜻입니다. 따라서 '고발'과 바꾸어 쓸 수 있습니다.

060~061 쪽

1 고갈   2 ③

3 ⓐ, ⓒ   4 ③

5 ①

자원이 고갈되어 간다

글의 종류
논설문

글의 특징
자원 고갈의 문제를 제기하며 에너지 사용을 줄여야 한다고 주장하는 글입니다.

주제
에너지 절약 실천의 필요성

1 이 글은 오늘날 에너지를 과다 사용하여 자원이 줄어들고 있는 상황을 문제 삼으며, 해결 방안을 제시하고 있습니다.

2 이 글에서 전문가의 말을 인용하는 부분은 찾아볼 수 없습니다.

✔**오답 풀이**
① 첫 번째 문단에서 자원을 이용하여 편리하고 풍족한 생활을 누려 온 구체적인 예시를 들었습니다. 네 번째 문단에서도 전체 에너지 사용량이 늘은 예시를 들어 설명하고 있습니다.
② 첫 번째 문단에서 에너지의 개념을 밝히고 있습니다.
④ 두 번째 문단에서 현재 서울에서 하루에 쓰는 에너지양과 조선 시대 전체에 걸쳐 전국에서 사용한 에너지양을 비교하여 현재 에너지 사용량이 많다는 것을 강조하고 있습니다.
⑤ 세 번째 문단에서 '그렇다면 자원이 줄어드는 속도는 늦춰졌을까? 그렇지 않다.'에서 스스로 묻고 답하는 방식을 사용하고 있습니다.

3 글쓴이는 자원이 한정되어 있고 기술의 발전만으로는 자원이 고갈되는 것을 막을 수 없으므로 우리 모두가 에너지 사용을 줄이기 위해 노력해야 한다고 주장하고 있습니다.

4 '고갈'은 '어떤 일의 바탕이 되는 돈이나 물자, 소재, 인력 따위가 다하여 없어짐.'이라는 뜻입니다. 따라서 ③의 빈칸에는 '고갈'이 어울리지 않습니다. ③의 빈칸에는 '목이 마른 듯이 무언가를 조급하게 바라는 마음을 비유적으로 이르는 말.'이라는 뜻을 지닌 '갈증'이 들어가야 합니다.

어휘력 더하기 하나의 낱말이 여러 가지 뜻을 지니고 있는 낱말들을 '다의어'라고 부릅니다. 다의어의 의미 중 가장 기본적이고 핵심적인 의미를 '중심적 의미'라고 하고, 중심적 의미를 제외한 다른 의미를 '주변적 의미'라고 합니다. '갈증'의 중심적 의미는 '목이 말라 물을 마시고 싶은 느낌.'이고, 주변적 의미는 '목이 마른 듯이 무엇인가를 몹시 조급하게 바라는 마음'입니다. ③의 '갈증'은 할머니가 늦은 나이에 한글을 배우신 까닭이므로, 교육을 받고 싶은 마음을 뜻합니다. 그러므로 ③의 '갈증'은 주변적 의미로 쓰인 예입니다.

5 '갈망'은 '간절히 바람.'이라는 뜻입니다.

✔**오답 풀이**
② '먼 곳을 바라봄.'이라는 뜻을 지닌 말은 '조망'입니다.
③ '부러워하여 바람.'이라는 뜻을 지닌 말은 '선망'입니다.
④ '모든 희망을 다 버림.'이라는 뜻을 지닌 말은 '절망'입니다.
⑤ '앞날을 헤아려 내다봄.'이라는 뜻을 지닌 말은 '전망'입니다.

062 쪽

❶ 고갈   ❷ 갈망
❸ 갈증   ❹ 해갈

063 쪽 이해 · 적용 · 심화

1 갈증 2 갈망 3 해갈

4 고갈 5 갈망 6 해갈

7 갈증 8 고갈 9 ①

어휘 학습

이해

1 '목이 말라 물을 마시고 싶은 느낌.'이라는 뜻을 지닌 말은 '갈증'입니다.

2 '간절히 바람.'이라는 뜻을 지닌 말은 '갈망'입니다.

3 '목마름을 해소함.'이라는 뜻을 지닌 말은 '해갈'입니다.

4 '어떤 일의 바탕이 되는 돈이나 물자, 소재, 인력 따위가 다하여 없어짐.'이라는 뜻을 지닌 말은 '고갈'입니다.

적용

5 부모가 자식의 행복을 바란다는 뜻이므로 '갈망'이 어울립니다.

6 우물에서 물을 길어 온 이유이므로 '해갈'이 어울립니다.

7 시원한 수박으로 해소할 수 있는 것이므로 '갈증'이 어울립니다.

8 새로운 에너지 자원을 찾아야 한다고 했으므로 '고갈'이 어울립니다.

심화

9 목마른 백성이 비를 기다리듯 무언가를 간절하게 바란다는 뜻이므로 '갈망'이 빈칸에 들어가기에 알맞습니다.

064~065 쪽

1 미생물   2 ④
3 ⑤   4 ③   5 ③

미생물의 작용으로 일어나는 발효와 부패

글의 종류
설명문

글의 특징
원리가 비슷한 발효와 부패의 차이점을 구체적으로 설명하는 글입니다.

주제
발효와 부패의 차이점

1 이 글은 미생물의 작용으로 일어나는 발효와 부패의 차이점에 대해 설명하는 글입니다.

2 네 번째 문단에서 발효의 결과물은 인체에서 문제없이 소화된다고 했으나, 먹었을 때의 효과에 대해서는 설명하지 않았습니다.
☑ 오답 풀이
① 첫 번째 문단에서 발효와 부패는 미생물이 작용하여 물질이 분해되는 현상으로 그 원리가 비슷하다고 하였습니다.
② 두 번째 문단에서 부패는 식재료를 상온에 일정 시간 이상 방치할 경우에 나타난다고 하였습니다.
③ 첫 번째 문단에서 빵, 김치, 요구르트, 치즈, 된장, 젓갈 등은 모두 발효 식품이라고 하였습니다.
⑤ 세 번째 문단에서 부패균이 활동하면 식재료가 분해되는 과정에서 아민이나 황화수소 같은 물질이 만들어져 심한 악취를 풍긴다고 하였습니다.

3 두 번째 문단에 따르면, 고온 다습한 환경에서는 부패가 빨리 일어납니다.
☑ 오답 풀이
① 네 번째 문단에서 발효는 인간에게 유용한 물질이 만들어진다고 하였으므로, 발효 식품은 건강에 좋을 것입니다.
② 두 번째 문단에서 식재료의 종류와 발효 목적에 따라 발효 조건은 달라진다고 하였습니다.
③ 세 번째 문단에서 발효 음식 중에서도 강한 냄새를 풍기는 것이 있다고 하였습니다.
④ 세 번째 문단에서 부패 작용이 일어나면서 아민이나 황화 수소 같은 물질이 만들어진다고 하였습니다.

4 ㉢ '방치'는 '내버려 둠.'이라는 뜻입니다. '마음을 다잡지 아니하고 풀어 놓아 버림.'이라는 뜻을 지닌 낱말은 '방심'입니다.

5 〈보기〉를 통해 ㉮의 하의어는 ㉮의 의미보다 구체적이고 자세한 뜻을 지녀야 함을 알 수 있습니다. 첫 번째 문단에서 젖산균이나 효모 등을 미생물이라고 한다는 것을 알 수 있습니다. 즉 젖산균이나 효모는 '눈으로는 볼 수 없는 아주 작은 생물.'을 뜻하는 미생물에 포함되며, 미생물보다 구체적이고 자세한 뜻을 지니고 있음을 알 수 있습니다.

어휘력 더하기 상하 관계(포함 관계)는 한 낱말의 뜻이 다른 낱말의 뜻을 포함하는 관계를 말합니다. 상하 관계를 이루는 낱말의 쌍 중에서 다른 낱말을 포함하는 낱말을 상의어, 다른 낱말에 포함되는 낱말을 하의어라고 합니다. 예를 들어 '식물 – 장미'에서 '장미'는 '식물'의 하의어이고, '식물'은 '장미'의 상의어입니다.

```
              식물
   ┌───────────┼───────────┐
  장미       해바라기      무궁화
```

어휘 학습

066 쪽

❶ 미생물   ❷ 미세
❸ 미량   ❹ 미동

067 쪽   이해 적용 심화

1 ㉯   2 ㉮   3 ㉣
4 ㉰   5 미동 6 미량
7 미세 8 미생물
9 미량

이해

1 '미량'은 '아주 적은 분량.'을 뜻합니다.

2 '미동'은 '약간 움직임.'을 뜻합니다.

3 '미세'는 '알아보기 어려울 정도로 매우 가늘고 작음.'을 뜻합니다.

4 '미생물'은 '눈으로 볼 수 없는 아주 작은 생물.'을 뜻합니다.

적용

5 개가 움직임 없이 가만히 있는 모습이므로 '미동'이 어울립니다.

6 적은 양으로도 몸 전체에 영향을 미친다는 것이므로 '미량'이 어울립니다.

7 눈에 잘 띄지 않는 금이 가 있는 상태이므로 '미세'가 어울립니다.

8 갯벌에 살며 오염 물질을 깨끗하게 해 준다고 했으므로 '미생물'이 어울립니다.

심화

9 '다량'은 '많은 분량.'을 뜻합니다. 따라서 뜻이 '다량'과 반대되는 말은 '미량'입니다.

068~069 쪽

1 홍길동전　　2 ④

3 ㉠, ㉡, ㉢　　4 (2) ○

5 ①

시대를 보여 주는 허구적 이야기, 『홍길동전』

글의 종류
독서 감상문

글의 특징
『홍길동전』의 주인공인 홍길동의 삶을 통해 『홍길동전』에서 보여 주는 조선 시대의 모습을 이해하고, 거기에서 느낀 점을 쓴 글입니다.

주제
홍길동의 삶과 『홍길동전』에 반영된 조선 시대의 모습

---

1 이 글은 『홍길동전』에 대한 감상을 쓴 독서 감상문입니다.

2 두 번째 문단에서 길동은 높은 벼슬을 할 수 없다는 점을 늘 한탄하였다고 했습니다. 또한 세 번째 문단에서 왕에게 자신에게 병조판서 벼슬을 주면 잡히겠다고 말했다고 하였습니다. 따라서 길동이 벼슬에 관심이 없다고 보기 어렵고, 왕이 내린 병조판서 벼슬을 거절한 것도 아닙니다.

3 마지막 문단을 통해 『홍길동전』에서 보여 주는 조선 시대의 모습을 알 수 있습니다. 탐관오리들은 백성들을 괴롭히고 있었고(㉠), 길동의 아버지인 홍 판서가 초란을 첩으로 둔 것처럼 양반들은 정식 부인 외에도 첩을 둘 수 있었습니다(㉡). 그리고 서자인 길동이 높은 벼슬을 할 수 없었던 것처럼, 신분이 낮다는 이유로 차별당하기도 했습니다(㉢).

✅ **오답 풀이**

㉢ 농민들과 상인들에 대한 내용이 나타나지 않으므로, 농민들이 상인들보다 더 높은 신분을 지니고 있었는지는 알 수 없습니다.

㉣ 길동의 어머니인 춘섬이나 홍 판서의 첩인 초란이 나타나기는 하지만, 이들의 능력이 뛰어나서 남성만큼 사회에서 인정받은 내용은 나타나지 않습니다. 따라서 능력이 뛰어난 여성들은 남성만큼 사회에서 인정받을 수 있었는지는 알 수 없습니다.

4 나라에서 홍길동을 잡으려고 노력하였지만 홍길동은 뛰어난 재주로 잡히지 않았다는 내용이므로 '그 움직임을 쉽게 알 수 없을 만큼 자유자재로 나타나고 사라짐.'이라는 뜻을 지닌 '신출귀몰'이 들어가는 것이 알맞습니다.

어휘력 더하기 '신출귀몰'과 같이 영웅의 능력을 드러내는 인물들을 나타내는 한자 성어들이 있습니다. 예를 들어, '영웅지재'는 영웅이 될 자질을 갖춘 사람을 뜻하는 한자 성어이며, '개세영웅'은 기상이나 위력, 재능 따위가 세상을 뒤덮을 만큼 뛰어난 영웅을 뜻하는 한자 성어입니다.

5 '허구'는 '사실에 없는 일을 사실처럼 꾸며 만듦.'이라는 뜻입니다.

✅ **오답 풀이**

② '좋은 것은 다 빠지고 남은 허름한 물건.'이라는 뜻을 지닌 낱말은 '허접쓰레기'입니다.

③ '무가치하고 무의미하게 느껴져 매우 허전하고 쓸쓸함.'이라는 뜻을 지닌 낱말은 '허무'입니다.

④ '실제보다 지나치게 과장하여 믿음성이 없는 말이나 행동.'이라는 뜻을 지닌 낱말은 '허풍'입니다.

⑤ '실제 없는 것이 있는 것처럼 나타나 보이거나 실제와는 다른 것으로 드러나 보이는 모습'이라는 뜻을 지닌 낱말은 '허상'입니다.

어휘 학습

070 쪽

❶ 허구　　❷ 허세

❸ 허기　　❹ 허점

---

071 쪽　이해　적용　심화

1 ㉢　　2 ㉠　　3 ㉡

4 ㉣　　5 허점　6 허기

7 허구　8 허세　9 ④

이해

1 '허구'는 '사실에 없는 일을 사실처럼 꾸며 만듦.'을 뜻합니다.

2 '허기'는 '몹시 굶어서 배고픈 느낌.'을 뜻합니다.

3 '허세'는 '겉으로만 있는 척하여 보이는 힘.'을 뜻합니다.

4 '허점'은 '불충분하거나 허술한 점. 또는 주의가 미치지 못하거나 틈이 생긴 구석.'을 뜻합니다.

적용

5 적의 약점을 가리키는 것이므로, '허점'이 어울립니다.

6 주먹밥으로 배고픔을 해결했다는 뜻이므로 '허기'가 어울립니다.

7 역사 소설은 사실과 사실이 아닌 것이 섞여 있으므로, '허구'가 어울립니다.

8 부자가 아니면서 부자인 척했다는 뜻이므로, '허세'가 어울립니다.

심화

9 자랑하기 위해 하는 행동이므로 '허세'가 빈칸에 들어가기에 알맞습니다.

072~073쪽

1 가격 2 ⑤

3 (2) ○ 4 ②

5 (1) 공급량 (2) 수요량

수요와 공급의 양에 따라 결정되는 가격

글의 종류
설명문

글의 특징
구체적인 예를 활용하여 수요와 공급에 따라 상품의 가격이 결정되는 원리를 설명하는 글입니다.

주제
상품의 가격이 결정되는 원리

---

1 이 글은 수요와 공급의 양에 따라 가격이 어떻게 변화하는지 설명하는 글입니다.

2 네 번째 문단에서 상품의 가격은 수요량과 공급량이 만나는 지점에서 결정된다고 하였습니다.

✔ **오답 풀이**

① 세 번째 문단에서 수요가 많아지면 생산자는 이익을 얻을 수 있으므로 공급이 증가한다고 하였습니다.
② 네 번째 문단에서 수요량과 공급량은 일정하지 않기 때문에 상품의 가격은 계속해서 변하게 된다고 하였습니다.
③ 세 번째 문단에서 공급이 증가하여 생산자가 생산량을 늘린 예를 확인할 수 있습니다.
④ 두 번째 문단에서 수요는 상품의 가격에 가장 큰 영향을 받는다고 하였습니다.

3 네 번째 문단에서 공급량에 비해 수요량이 많으면 상품의 가치가 높아지기 때문에 상품의 가격이 오르게 된다고 하였습니다. 〈보기〉는 공급량에 비해 수요량이 많은 상황이므로 배추 가격은 오를 것입니다.

✔ **오답 풀이**

(1) 〈보기〉에서 극심한 가을 가뭄으로 배추 생산량이 지난해보다 크게 감소할 것으로 보인다고 하였습니다. 배추가 생산되어야 공급될 수 있는 것이므로, 배추 생산량을 배추의 공급량으로 볼 수 있습니다.
(3) 〈보기〉에서 많은 사람들이 김장철 배추를 기다리고 있지만, 배추 생산량은 크게 감소할 것으로 보인다고 하였습니다. 배추 공급량에 비해 수요량이 많으므로, 사람들은 지난해보다 배추 가격을 더 많이 지불하더라도 배추를 구매하려고 할 것입니다.

4 '요인'은 '사물이나 사건이 성립되는 까닭. 또는 조건이 되는 요소.'라는 뜻입니다. '어떤 주장이나 의견이 옳음을 뒷받침하는 까닭.'은 '근거'입니다.

5 상품의 가격은 수요량과 공급량에 의해 결정된다고 했으므로, 수요량과 공급량이 ㉮, ㉯에 들어가는 것이 알맞습니다. ㉮에 비해 ㉯가 많으면 소비자들은 더 높은 가격으로 상품을 구매하려 하고, ㉮에 비해 ㉯가 적으면 시장에 나와 있는 상품이 판매되지 못하고 남는다고 했으므로 ㉮에는 공급량, ㉯에는 수요량이 들어가는 것이 자연스럽습니다.

어휘력 더하기 '수요량'과 '공급량'은 서로 뜻이 반대되는 반의 관계를 이룹니다. 반의 관계는 서로 공통되는 의미 요소가 있으면서 동시에 서로 다른 한 개의 의미 요소가 있는 낱말의 쌍을 말하며, 이때 쌍을 이루는 두 낱말을 '반의어'라고 합니다.

074쪽

❶ 수요 ❷ 성수기
❸ 필수품 ❹ 혼수

075쪽 이해 · 적용 · 심화

1 ㉯ 2 ㉱ 3 ㉰

4 ㉮ 5 성수기

6 혼수 7 수요

8 필수품 9 ⑤

어휘 학습

이해

1 '성수기'는 '어떤 상품이 한창 잘 팔리는 시기.'를 뜻합니다.

2 '수요'는 '어떤 물건이나 서비스를 일정한 가격으로 사려고 하는 욕구.'를 뜻합니다.

3 '필수품'은 '일상생활에 없어서는 안 되는 반드시 필요한 물건.'을 뜻합니다.

4 '혼수'는 '혼인에 필요한 물품이나 비용.'을 뜻합니다.

적용

5 '어떤 상품이 한창 잘 팔리는 시기.'라는 뜻의 '성수기'와 뜻이 비슷합니다.

6 '혼인에 필요한 물품이나 비용.'이라는 뜻의 '혼수'와 뜻이 비슷합니다.

7 '어떤 물건이나 서비스를 일정한 가격으로 사려고 하는 욕구.'라는 뜻의 '수요'와 뜻이 비슷합니다.

8 '일상생활에 없어서는 안 되는 반드시 필요한 물건.'이라는 뜻의 '필수품'과 뜻이 비슷합니다.

심화

9 과일이 제사에 반드시 필요한 물품이라는 뜻이므로 빈칸에 '필수품'이 들어가는 것이 알맞습니다.

076~077 쪽

1 애니메이션 2 ②
3 ④ 4 ① 5 ②

세계가 각축을 벌이는 애니메이션 시장

글의 종류
설명문

글의 특징
다양한 형태의 애니메이션을 소개하며, 경제적 가치가 큰 애니메이션 시장을 차지하기 위한 전 세계의 상황을 설명하고 있습니다.

주제
다양한 형태의 애니메이션과 애니메이션 시장의 가치

1 이 글은 애니메이션의 뜻과 종류, 시장의 가치를 설명하고 있습니다.

2 이 글은 큰 인기를 끌었던 애니메이션 「겨울왕국」을 소개한 후, 다양한 형태의 애니메이션이 등장하여 애니메이션 시장을 확장하고 있으며, 키덜트 족이 애니메이션 시장의 판도를 바꾸어 놓았다는 점을 설명하고 있습니다. 그리고 애니메이션 시장의 경제적 가치가 커지면서 전 세계에서 이를 차지하기 위한 각축을 벌이고 있음을 설명하고 있습니다. 따라서 이 글의 중심 내용은 애니메이션 시장의 가치가 커지고 있다는 것임을 알 수 있습니다.

3 두 번째 문단에서 클레이 애니메이션은 모래나 점토를 이용한 것이라고 하였습니다. 셀 위에 그림을 그리고 촬영하여 움직임을 만드는 것은 셀 애니메이션입니다.

◆ 오답 풀이
① 세 번째 문단에서 키덜트 열풍으로 어른들을 주 소비층으로 겨냥한 애니메이션도 만들어지고 있다고 하였습니다.
② 두 번째 문단에서 소재나 효과 면에서 독특하고 다양한 형태의 애니메이션이 등장하여 애니메이션 시장을 확장하고 있다고 하였습니다.
③ 두 번째 문단에서 전통적인 애니메이션은 여러 장의 그림이나 사진을 연결하여 움직이는 것처럼 보이게 만들었다고 하였습니다.
⑤ 마지막 문단에서 애니메이션 그 자체도 훌륭한 상품이지만, 애니메이션 캐릭터를 활용하는 산업의 규모 또한 엄청나다고 하였습니다.

4 ㉠ '애니메이션'에 ㉡ '겨울왕국'이 포함되므로, 두 낱말은 한 낱말이 다른 낱말의 뜻을 포함하는 상하 관계(또는 포함 관계)입니다. ①의 '해결되지 않은 일 때문에 속을 태우거나 우울함.'을 뜻하는 '근심'과 '안심이 되지 않아 속을 태움.'을 뜻하는 '걱정'은 서로 뜻이 비슷한 유의 관계입니다.

5 '각축'은 '서로 이기려고 다투며 덤벼듦.'이라는 뜻입니다. '거대한 시장을 차지하기 위해'라는 앞의 부분을 살펴볼 때 '각축'의 뜻을 짐작할 수 있습니다.

어휘력 더하기 '각축'에서 한자 '각(角)'은 원래 동물의 뿔을 뜻하는 말인데, 동물들이 서로 뿔을 맞대고 싸우는 모습에서 '다투다'의 뜻이 나왔습니다. 그리고 한자 '축(逐)'은 '쫓다'를 뜻합니다. 그래서 '각축'은 서로 쫓고 쫓기면서 이기려고 다투며 덤벼듦을 뜻하는 말입니다.

어휘 학습

078 쪽

❶ 각축 ❷ 두각
❸ 시각 ❹ 일각

079 쪽 이해 적용 심화

1 일각 2 각축 3 시각
4 두각 5 시각 6 각축
7 두각 8 일각 9 각축

이해

1 '한 귀퉁이. 또는 한 방향.'의 뜻을 지닌 말은 '일각'입니다.

2 '서로 이기려고 다투고 덤벼듦.'의 뜻을 지닌 말은 '각축'입니다.

3 '사물을 관찰하고 파악하는 기본적인 자세.'의 뜻을 지닌 말은 '시각'입니다.

4 '뛰어난 학식이나 재능을 비유적으로 이르는 말.'의 뜻을 지닌 말은 '두각'입니다.

적용

5 같은 사건을 어떤 자세로 보느냐에 따라 판단이 달라진다는 뜻이므로 '시각'이 어울립니다.

6 두 나라가 조선을 지배하려고 다툰다는 뜻이므로 '각축'이 어울립니다.

7 끊임없는 연습으로 전국 대회에서 뛰어난 실력을 보였다는 뜻이므로 '두각'이 어울립니다.

8 교육계 한 부분에서 새로운 교육 제도가 필요하다고 말한다는 뜻이므로 '일각'이 어울립니다.

심화

9 '경쟁'은 '같은 목적에 대하여 서로 이기거나 앞서려고 서로 겨룸.'을 뜻합니다. 따라서 '각축'과 바꾸어 쓸 수 있습니다.

080~081쪽

1 배타적   2 ③
3 ②   4 ④   5 ④

배타적 태도가 차별을 낳는다

글의 종류
논설문

글의 특징
배타적 태도 때문에 다문화 가정이 겪는 어려움을 밝힌 후, 다문화 가정을 인정하고 함께 살아가야 한다고 주장하는 글입니다.

주제
다문화 가정에 대한 포용적 태도 촉구

1 이 글은 다문화 가정에 대한 배타적 태도를 문제 삼으며, 포용적인 태도로 다문화 가정을 바라보자고 주장하는 글입니다.

2 마지막 문단에서 글쓴이는 다문화 가정을 같은 사회의 구성원으로 인정하고, 함께 살아갈 수 있는 사회로 나아가야 한다고 주장하고 있습니다.

✔ 오답 풀이
① 첫 번째 문단을 통해 우리나라도 다문화 사회로 변화하고 있음을 알 수 있지만, 이는 사실을 밝힌 것이지 글쓴이가 주장하는 내용은 아닙니다.
② 우리나라 사람들의 출산율을 높여야 한다는 내용은 나타나지 않습니다.
④ 마지막 문단에서 단일 민족 의식은 우리와 다른 언어나 문화, 역사를 포용하는 것을 어렵게 한다고 하였습니다.
⑤ 다문화 가정 자녀들에게 우리 문화를 가르쳐야 한다는 내용은 나타나지 않습니다.

3 두 번째 문단에서 다문화 가정의 유형에는 국제결혼 가정, 외국인 근로자 가정, 기타 이주민 가정 등이 있다고 하였습니다.

✔ 오답 풀이
① 첫 번째 문단에서 우리나라를 비롯한 많은 나라가 다문화 사회로 변화하고 있다고 하였습니다.
③ 세 번째 문단에서 다문화 가정은 경제 활동의 어려움을 겪는다고 하였습니다.
④ 두 번째 문단에서 다문화 가정이란 가족 내에 다양한 문화가 공존하고 있는 가정을 뜻한다고 하였습니다.
⑤ 네 번째 문단에서 다문화 가정에 대해 배타적 태도를 보이는 것은 우리와 다르다는 생각 때문이라고 하였습니다.

4 '배타적'은 '남이나 남의 것을 받아들이지 않거나 밀어내는.'이라는 뜻입니다.

✔ 오답 풀이
① '그러하거나 옳다고 인정하는.'이라는 뜻을 지닌 말은 '긍정적'입니다.
② '물건이나 자리 따위를 독차지하는.'이라는 뜻을 지닌 말은 '독점적'입니다.
③ '일부에 한정되지 아니하고 전체에 걸치는.'이라는 뜻을 지닌 말은 '일반적'입니다.
⑤ '그렇지 아니하다고 단정하거나 옳지 아니하다고 반대하는.'이라는 뜻을 지닌 말은 '부정적'입니다.

5 '배척'은 '따돌리거나 거부하여 밀어 내침.'이라는 뜻이므로 '포용'과 뜻이 반대됩니다.

어휘력 더하기 '포용'은 다른 사람을 받아들인다는 뜻을 지닌 '포옹', '수용', '용납'과 유의 관계를 이룹니다. 그리고 '배척'은 남을 따돌리거나 내친다는 뜻을 지닌 '거부', '소외', '배제'와 유의 관계를 이룹니다.

082쪽

❶ 배타적   ❷ 배척
❸ 배출   ❹ 배열

083쪽   이해   적용   심화

1 ㉡   2 ㉣   3 ㉮
4 ㉢   5 배척 6 배열
7 배출 8 배타적
9 배척

어휘 학습

이해

1 '배열'은 '일정한 차례나 간격에 따라 벌여 놓음.'을 뜻합니다.

2 '배척'은 '따돌리거나 거부하여 밀어 내침.'을 뜻합니다.

3 '배출'은 '안에서 밖으로 밀어 내보냄.'을 뜻합니다.

4 '배타적'은 '남이나 남의 것을 받아들지 않거나 밀어내는.'을 뜻합니다.

적용

5 '따돌렸다'는 '배척'과 뜻이 비슷합니다.

6 '벌여 놓아야'는 '배열'과 뜻이 비슷합니다.

7 '내보낸'은 '배출'과 뜻이 비슷합니다.

8 '서로 받아들이지 않으려는'은 '배타적'과 뜻이 비슷합니다.

심화

9 '배격'은 '어떤 사상, 의견, 물건 따위를 물리침.'을 뜻합니다. 따라서 '배척'과 바꾸어 쓸 수 있습니다.

084~085 쪽

1 약   2 ②   3 ④
4 ①   5 ③

약과 함께 먹으면 안 되는 상극 음식

글의 종류
설명문

글의 특징
약과 함께 먹으면 안 되는 음식과 함께 먹었을 때의 부작용을 소개하고, 부작용을 막는 방법을 알려 주는 글입니다.

주제
약과 함께 먹으면 안 되는 음식

---

1 이 글은 약과 함께 먹으면 안 되는 음식을 소개하는 글입니다.

2 이 글은 약을 먹을 때 함께 먹으면 안 되는 음식의 사례 두 가지를 나열하여 설명하고 있습니다.

3 두 번째 문단에서 감기약을 먹은 뒤 졸음이 쏟아지는 까닭은 항히스타민제 때문이라고 하였습니다. 이를 막기 위해 감기약에 카페인 성분이 들어갑니다. 그래서 감기약과 카페인이 함유된 음식을 함께 먹으면 카페인이 과다 작용합니다.

✔ 오답 풀이
① 첫 번째 문단에서 토마토를 먹을 때는 토마토가 지닌 비타민 B의 흡수를 방해하는 설탕과 함께 먹지 않는 것이 좋다고 하였습니다.
② 세 번째 문단에서 변비약과 우유를 함께 먹으면 복통과 같은 부작용을 유발할 수 있다고 하였습니다.
③ 세 번째 문단에서 변비약과 우유를 함께 먹으면, 변비약이 장까지 이동하기 전에 우유가 변비약을 녹여 버리게 된다고 하였습니다.
⑤ 마지막 문단에서 감기약을 복용할 먹은 뒤라면 두 시간 이상이 지난 뒤에 카페인이 들어간 음식을 먹는 것이 안전하다고 하였습니다.

4 '상극'은 '두 사물이 서로 맞서거나 해를 끼쳐 어울리지 아니함. 또는 그런 사물.'을 뜻하는 말로 ㉮와 바꾸어 쓸 수 있습니다.

✔ 오답 풀이
② '상대'는 '서로 마주 대함. 또는 그런 대상.'이라는 뜻입니다.
③ '상기하다'는 '흥분이나 부끄러움으로 얼굴이 붉어지다.'라는 뜻입니다.
④ '상생하다'는 둘 이상이 서로 북돋으며 다 같이 잘 살아 가다.라는 뜻입니다.
⑤ '상쇄하다'는 '상반되는 것에 서로 영향을 주어 효과가 없어지게 만들다.'라는 뜻입니다.

어휘력 더하기 '상극', '상대', '상생', '상쇄'에서 '상'은 모두 '서로'를 뜻하는 한자 '상(相)'을 쓰는 말입니다. 따라서 이 말들은 상대되는 다른 대상이 있어야 쓸 수 있습니다.

5 감기약에 카페인 성분이 들어가 있으므로, 카페인이 들어간 커피나 초콜릿을 감기약과 함께 먹으면 카페인을 많이 먹게 되는 것입니다. 그러므로 '과다'의 뜻은 '너무 많음.'입니다. '보잘것없이 아주 작은.'을 나타내는 말은 '미미한'입니다.

어휘 학습

086 쪽

❶ 상극   ❷ 상응
❸ 상담   ❹ 상호

087 쪽   이해 적용 심화

1 ㉣   2 ㉢   3 ㉠
4 ㉡   5 ㉤   6 ㉮
7 ㉯   8 ㉤   9 상담

이해

1 '상극'은 '두 사물이 서로 맞서거나 해를 끼쳐 어울리지 아니함. 또는 그런 사물.'을 뜻하는 말입니다.

2 '상담'은 '문제를 해결하거나 궁금증을 풀기 위하여 서로 의논함.'을 뜻하는 말입니다.

3 '상응'은 '서로 응하거나 어울림.'을 뜻하는 말입니다.

4 '상호'는 '상대가 되는 이쪽과 저쪽 모두.'를 뜻하는 말입니다.

적용

5 한약과 녹두의 성질이 잘 맞지 않아 서로 해를 끼치는 것이므로 '상극'이 어울립니다.

6 전문가에게 문제를 해결하기 위해 찾아가는 것이므로 '상담'이 어울립니다.

7 죄에 어울리는 벌을 받아야 한다는 것이므로 '상응'이 어울립니다.

8 인터넷은 여러 정보를 서로 교환하는 통신망이므로 '상호'가 어울립니다.

심화

9 '상의'는 '어떤 일을 서로 의논함.'을 뜻합니다. 따라서 '상담'과 바꾸어 쓸 수 있습니다.

1 남획 2 ④ 3 ②

4 ⑤ 5 ②

어린 오징어까지 남획한 결과

글의 종류
설명문

글의 특징
오징어 어획량이 감소한 원인을 밝히며, 무분별한 남획에 대해 경고하는 글입니다.

주제
오징어 어획량이 감소한 원인

---

1 이 글은 우리나라의 오징어 어획량이 급감한 까닭이 지구 온난화로 인한 바다의 수온 상승과 무분별한 남획 때문임을 설명하고 있습니다.

2 세 번째 문단에서 우리나라 기후는 온대성 기후에서 아열대성 기후로 바뀌고 있다고 하였습니다.

✔ **오답 풀이**
① 마지막 문단에서 아직 다 자라지 않은 오징어까지 마구 잡아 버려 알을 낳을 성체 수가 줄어들었다고 하였습니다.
② 세 번째 문단에서 우리나라 해양의 온도가 상승하고 있다고 하였습니다.
③ 두 번째 문단에서 오징어가 잘 잡히지 않아서 오징어 가격이 많이 올랐다고 하였습니다.
⑤ 두 번째 문단에서 최근 들어 오징어가 잘 잡히지 않는다고 하였습니다.

3 이 글에 나타난 문제 상황은 오징어 어획량이 감소한다는 것이고, 이는 환경 파괴로 인한 수온 상승과 남획 때문입니다. 민주와 현선이는 수온 상승과 오징어 남획에 대한 문제 해결 방안을 제시했습니다.

✔ **오답 풀이**
지원이와 시윤이는 이 글의 문제 상황을 잘못 파악하고 있습니다. 이 글에는 지구 온난화와 오징어 남획으로 인해 오징어 어획량이 감소하는 것을 문제 상황으로 보고 있습니다. 그러나 지원이는 오징어의 높은 가격을 문제로 보았고, 시윤이는 오징어에 대한 관심 부족을 문제로 보았습니다.

4 '남획'은 '짐승이나 물고기 따위를 마구 잡음.'이라는 뜻입니다. 따라서 ⓜ '마구 잡아'가 '남획'과 비슷한 뜻입니다.

〔**어휘력 더하기**〕 '남획'은 사회 교과 개념이기도 합니다. '남획'은 짐승이나 물고기 따위를 마구 잡는다는 뜻을 지닌 말이지만, 그저 많은 양을 잡을 때 쓰는 말은 아닙니다. 정확하게는 바다나 동물이 생산할 수 있는 양을 초과하여 잡는 행위를 뜻합니다.

5 ㉯는 당장의 이익만 생각해 어린 오징어까지 마구 잡아 버린 결과 오징어 어획량 자체가 줄어든 상황을 의미합니다. 따라서 '작은 것을 탐하다가 큰 것을 잃음.'이라는 뜻을 지닌 '소탐대실'로 나타낼 수 있습니다.

〔**어휘력 더하기**〕 한자 성어란 관용적인 뜻으로 굳어 쓰이는 한자로 된 말을 뜻합니다. 한자 성어는 유래가 있는 경우가 많으며, 대개 삶의 교훈을 담고 있습니다. 한자 성어를 사용하면 말하려는 바를 간결하고 효과적으로 표현할 수 있습니다.

---

090 쪽

❶ 남획   ❷ 남발
❸ 남용   ❹ 범람

091 쪽 〔이해〕〔적용〕〔심화〕

1 ⓛ 2 ⓔ 3 ⓒ

4 ㉠ 5 남용 6 범람

7 남획 8 남발 9 남용

어휘 학습

〔이해〕

1 '남발'은 '법이나 지폐 따위를 마구 만듦.'을 뜻합니다.

2 '남용'은 '일정한 기준이나 한도를 넘어서 함부로 씀.'을 뜻합니다.

3 '남획'은 '짐승이나 물고기 따위를 마구 잡음.'을 뜻합니다.

4 '범람'은 '큰 물이 흘러 넘침.'을 뜻합니다.

〔적용〕

5 농약을 많이 써서 환경이 파괴된 것이므로 '남용'이 어울립니다.

6 장마철에는 비로 인해 큰물이 흘러넘칠 수 있으므로 '범람'이 어울립니다.

7 야생 동물을 마구 잡아 멸종 위기 동물이 늘고 있다는 것이므로 '남획'이 어울립니다.

8 방송에서 비속어를 함부로 써서 청소년 언어문화에 나쁜 영향을 미친다는 것이므로 '남발'이 어울립니다.

〔심화〕

9 '과용'은 '정도에 지나치게 씀. 또는 그런 비용.'을 뜻합니다. 따라서 '남용'과 바꾸어 쓸 수 있습니다.

094~095 쪽

1 부차, 구천 2 ③
3 (3) ○ 4 ⑤
5 ③

복수를 위해 와신상담 한 부차와 구천

글의 종류
유래담

글의 특징
옛 중국 오나라의 부차와 월나라의 구천이 서로에게 복수하기 위해 온갖 괴로움을 참고 견딘 이야기에서 유래한 '와신상담'에 대해 알려 주는 글입니다.

주제
와신상담의 유래

1 이 이야기는 부차와 구천이 온갖 괴로움을 참고 복수를 한 이야기입니다.

2 오나라의 신하들은 부차에게 구천이 아버지의 원수임을 잊지 않도록 하는 소리를 외쳤을 뿐이지, 부차를 원망하지는 않았습니다.
  ✔ 오답 풀이
  ① '포로가 된 구천은 오나라에서 온갖 굴욕을 견디며 부차에게 아부했다.'에서 알 수 있습니다.
  ② '구천에게 크게 패하고, 합려는 전쟁에서 화살까지 맞았다.', '이후 합려는 시름시름 앓다가 결국 목숨을 잃게 되었다.'에서 알 수 있습니다.
  ④ 부차가 오나라를 쳐들어온 월나라의 구천을 포로로 잡아 아버지 합려를 죽인 복수를 하였고, 포로에서 풀려나 힘을 키운 구천이 다시 오나라를 공격하여 부차에게 복수를 하였습니다.
  ⑤ '부차는 월나라에 복수할 기회가 오기만을 벼르고 별렀다.', '부차의 계획을 눈치챈 구천은 먼저 오나라를 공격했다.'에서 알 수 있습니다.

3 부차는 아버지를 죽인 구천에게 원수를 갚기 위해 노력한 것입니다. 따라서 부차가 효도를 다하지 않았다는 반응은 적절하지 않습니다.
  ✔ 오답 풀이
  ⑴ 부차는 매일 밤 굵은 옹이가 곳곳에 박혀 있는 땔나무 위에서 자며 구천에 대한 복수심을 잃지 않으려고 하였습니다. 구천은 매일 쓰디쓴 곰의 쓸개를 혀로 핥으며 부차에 대한 복수를 다짐했습니다. 이를 통해 복수를 하기 위한 부차와 구천의 강한 의지를 느낄 수 있습니다.
  ⑵ 부차는 아버지의 유언에 따라 구천에게 복수하였고, 구천은 다시 부차에게 복수를 하였습니다.

4 ㉠은 죽음을 뜻하는 말입니다. 그러나 '출생'은 '세상에 나옴.' 즉, 태어남을 뜻하는 말입니다.
  어휘력 더하기 죽음을 뜻하는 한자어에는 사망, 별세, 작고, 영면, 운명, 서거, 승하, 절명 등이 있습니다.

5 '와신상담'은 '불편한 섶에 몸을 눕히고 쓸개를 맛본다는 뜻으로, 원수를 갚거나 마음먹은 일을 이루기 위하여 온갖 어려움과 괴로움을 참고 견딤을 이르는 말.'입니다.
  ✔ 오답 풀이
  ① 간사한 꾀를 써서 남을 속인다는 뜻을 지닌 한자 성어는 '조삼모사'입니다.
  ② 고향을 그리워하는 마음을 이르는 말을 뜻하는 한자 성어는 '수구초심'입니다.
  ④ 죽을 고비를 여러 차례 넘기고 겨우 살아난다는 뜻을 지닌 한자 성어는 '구사일생'입니다.
  ⑤ 이러지도 저러지도 못하는 어려운 처지를 이르는 말을 뜻하는 한자 성어는 '진퇴양난'입니다.

어휘 학습

096 쪽

❶ 와신상담 ❷ 산전수전
❸ 설상가상 ❹ 천신만고

097 쪽 이해·적용·심화

1 ㉣ 2 ㉮ 3 ㉯
4 ㉰ 5 설상가상
6 천신만고 7 와신상담
8 산전수전 9 ④

이해

1 '와신상담'은 '원수를 갚거나 마음먹은 일을 이루기 위하여 온갖 어려움과 괴로움을 참고 견딤을 비유적으로 이르는 말.'입니다.

2 '산전수전'은 '세상의 온갖 어려움을 다 겪었음을 이르는 말.'입니다.

3 '설상가상'은 '난처한 일이나 불행한 일이 잇따라 일어남을 이르는 말.'입니다.

4 '천신만고'는 '온갖 어려운 고비를 다 겪으며 심하게 고생함을 이르는 말.'입니다.

적용

5 난처한 일이 잇따라 일어났으므로 '설상가상'이 알맞습니다.

6 포로로 붙잡혀 심하게 고생했다는 것이므로 '천신만고'가 알맞습니다.

7 나라를 되찾기 위해 어려움을 참고 견딘 상황이므로 '와신상담'이 알맞습니다.

8 할머니께서 온갖 어려움을 다 겪으셨다는 것이므로 '산전수전'이 알맞습니다.

심화

9 '금상첨화'는 '좋은 일 위에 또 좋은 일이 더하여짐을 비유적으로 이르는 말.'입니다. 따라서 뜻이 반대되는 한자 성어는 '설상가상'입니다.

098~099 쪽

1 신라 2 ④ 3 ⑤

4 ⑤ 5 ⑤

신라와 당나라의 동상이몽

글의 종류
설명문

글의 특징
삼국 시대 때 세 나라 중 전성기를 가장 늦게 맞이한 신라가 삼국을 통일하게 된 과정을 설명하는 글입니다.

주제
신라의 삼국 통일 과정

1 이 글은 신라의 삼국 통일 과정을 설명하는 글입니다.

2 첫 번째 문단에 따르면 신라는 삼국 중 건국이 가장 빨랐지만 전성기는 가장 늦게 맞이했다고 하였습니다.

❤ 오답 풀이
① 마지막 문단에서 7년 간 벌어진 나당 전쟁에서 신라가 승리하여 삼국 통일을 이루었다고 하였습니다.
② 두 번째 문단에서 433년부터 신라와 백제는 동맹을 맺었지만 553년에 신라가 백제를 공격했다고 하였습니다.
③ 첫 번째 문단에서 백제가 아닌 고구려가 요동과 만주 지역까지 차지할 만큼 넓은 땅과 강한 군사력을 가진 나라였다고 하였습니다.
⑤ 두 번째 문단에서 신라가 백제의 땅을 공격해 한강 주변 지역을 차지하면서 신라와 백제의 사이가 틀어지고 말았다고 하였습니다.

3 두 번째 문단에 당나라는 고구려 침략에 실패하여 신라와 동맹을 맺었다고 했습니다. 그러나 당나라의 고구려 침략이 실패한 원인은 나타나 있지 않습니다.

❤ 오답 풀이
① 삼국을 통일한 나라는 신라입니다.
② 두 번째 문단에서 642년에 백제가 신라를 공격한 것을 대야성 전투라고 하였고 신라가 패배했다고 하였습니다.
③ 첫 번째 문단에서 신라가 삼국 중 가장 먼저 건국했다고 하였습니다.
④ 두 번째 문단에서 당나라가 신라와 동맹을 맺은 까닭은 당나라가 고구려를 침략하는 데 실패했기 때문이라고 하였습니다.

4 '협력'은 '힘을 합하여 서로 도움.'이라는 뜻입니다. '서로 이기려고 다투며 덤벼듦.'의 뜻을 지닌 낱말은 '각축'입니다.

5 신라와 당나라는 동맹을 맺었지만 서로 다른 목적을 가지고 있었습니다. 이로 인해 두 나라의 전쟁이 일어난 것이므로 '동상이몽'이 ㉠에 들어가기에 알맞습니다.

(어휘력 더하기) '동상이몽'의 겉뜻은 같은 자리에 자면서 다른 꿈을 꾼다는 것입니다. 즉, 같은 곳에서 같은 행동을 하면서도 서로 다른 생각을 한다는 뜻입니다.

100 쪽

❶ 동상이몽 ❷ 사이비
❸ 조삼모사 ❹ 토사구팽

101 쪽 이해 · 적용 · 심화

1 ㉣ 2 ㉡ 3 ㉠

4 ㉢   5 조삼모사

6 토사구팽 7 동상이몽

8 사이비   9 ⑤

어휘 학습

이해

1 '동상이몽'은 '겉으로는 같이 행동하면서도 속으로는 딴생각을 하고 있음을 이르는 말.'입니다.

2 '사이비'는 '겉으로는 비슷하나 속은 완전히 다름. 또는 그런 것.'을 뜻합니다.

3 '조삼모사'는 '간사한 꾀로 남을 속여 희롱함을 이르는 말.'입니다.

4 '토사구팽'은 '필요할 때는 쓰고 필요 없을 때는 야박하게 버리는 경우를 이르는 말.'입니다.

적용

5 전보다 싸게 파는 것 같지만 속임수에 불과하므로 '조삼모사'가 어울립니다.

6 처지가 나빠지자 친구에게 야박하게 버림받은 것이므로 '토사구팽'이 어울립니다.

7 그들은 겉으로 같이 행동하면서도 딴생각을 하고 있으므로 '동상이몽'이 어울립니다.

8 이익만을 탐하며 다른 종교와 다르므로 '사이비'가 어울립니다.

심화

9 '필요할 때는 쓰고 필요 없을 때는 야박하게 버리는 경우를 이르는 말.'인 '토사구팽'이 빈칸에 들어가기에 알맞습니다.

102~103쪽

1 거타지   2 ④

3 ⑤   4 (1) ㉯ (2) ㉮

5 ②

고립무원의 섬에 남겨진 거타지

글의 종류
설화

글의 특징
신라 시대 때 거타지가 늙은 여우에게 활을 쏘아 서해의 신과 그 가족들을 구하는 설화입니다.

주제
늙은 여우를 물리친 거타지

1 이 글의 주인공은 거타지입니다.

2 이 글은 활을 잘 쏘는 거타지가 늙은 여우를 물리치고, 서해의 신의 딸을 아내로 맞아들이는 행복한 결말로 끝납니다.

✅ 오답 풀이
① 이야기의 공간은 아무도 없는 낯선 섬이고, 시간은 신라 시대임이 드러나고 있습니다. 구체적인 공간과 시간을 통해 사건을 생생하게 느껴지게 합니다.
② 거타지가 신라에서 배를 타서 낯선 섬에 남겨진 뒤, 늙은 여우를 물리치고 당나라에 갔다가 다시 신라로 돌아오는 시간 순서대로 이야기가 펼쳐지고 있습니다.
③ 사신이 꿈을 꾸는 내용이나 서해의 신이 나타나는 내용, 용이 거타지를 호위하는 내용, 꽃송이가 여자로 변하는 내용 등 현실에서는 불가능한 일이 일어나고 있습니다.
⑤ 거타지는 활을 잘 쏘는 능력을 지닌 인물이며, 늙은 여우를 활로 쏘아 서해의 신과 그 가족들이 겪는 문제를 해결하였습니다.

3 당나라의 황제는 거타지가 용이 호위하는 배를 타고 온 것을 보고 신기하게 여겼다고 하였습니다. 따라서 당나라의 황제가 섬에 남은 거타지가 무사히 돌아온 것을 반가워한 것은 아님을 알 수 있습니다.

✅ 오답 풀이
① 노인의 말을 통해 노인이 서해의 신이며, 어떤 것(늙은 여우)에게 가족을 잃고 노인과 아내, 딸만 남았음을 알 수 있습니다.
② 거타지는 신라에서 당나라에 가기 위한 궁사로, 노인의 부탁으로 늙은 여우에게 활을 쏘아 노인의 가족을 구했습니다.
③ 사신은 당나라에 가는 도중 큰 풍랑이 일어나 섬에 갇히게 되자, 꿈에 나타난 노인을 통해 활 잘 쏘는 사람 하나를 섬에 남겨 두면 바다가 잠잠해질 것이라는 방법을 알게 되었습니다.
④ 늙은 여우는 노인의 가족 간을 빼먹은 어떤 것의 진짜 모습입니다.

4 ㉠ '풍랑'은 '바람과 물결을 아울러 이르는 말.'이라는 뜻입니다. ㉡ '순풍'은 '배가 가는 쪽으로 부는 바람. 또는 바람이 부는 쪽으로 배가 감.'이라는 뜻입니다.

어휘력 더하기 '풍랑(風浪)'과 '순풍(順風)'에 공통으로 들어 있는 한자는 '바람 풍(風)'입니다. '風'은 바람, 가르침, 풍속, 병 등 여러 가지 뜻을 지니고 있는데, '풍랑'과 '순풍'에서는 모두 '바람'이라는 뜻으로 사용되었습니다.

5 ㉢은 거타지가 일행과 떨어진 채 홀로 섬에 남아 있는 상황이므로, 고립되어 도움 받을 데가 없음을 뜻하는 '고립무원'이 알맞습니다.

104 쪽

❶ 고립무원   ❷ 사면초가
❸ 조실부모   ❹ 혈혈단신

105 쪽   이해 적용 심화

1 ㉢   2 ㉣   3 ㉠

4 ㉡   5 혈혈단신

6 조실부모 7 사면초가

8 고립무원 9 ②

어휘 학습

이해

1 '고립무원'은 '고립되어 도움을 받을 데가 없음.'을 뜻합니다.

2 '사면초가'는 '아무에게도 도움을 받지 못하는, 외롭고 곤란한 지경에 빠진 형편을 이르는 말.'입니다.

3 '조실부모'는 '어려서 부모를 여읨.'을 뜻합니다.

4 '혈혈단신'은 '의지할 곳이 없는 외로운 홀몸.'을 뜻합니다.

적용

5 가족 없이 홀로 살아왔다는 뜻이므로 '혈혈단신'이 알맞습니다.

6 어린 나이에 부모를 잃어 가계를 책임지고 동생들을 돌본 것이므로 '조실부모'가 알맞습니다.

7 여러 친구가 나에게 불만을 털어놓아 아무에게도 도움을 받지 못하는 상황이므로 '사면초가'가 알맞습니다.

8 무인도에 고립되어 도움을 받을 데가 없는 상황이므로 '고립무원'이 알맞습니다.

심화

9 초나라 군은 곤란한 처지에 빠져 있으므로 '사면초가'가 어울립니다.

106~107쪽

1 임진왜란   2 ㉡ →
㉣ → ㉠ → ㉢ → ㉢
3 ⑤   4 ①   5 ②

파죽지세의 일본을 무찌른 조선

글의 종류
설명문

글의 특징
임진왜란이 일어나 조선이
승리하기까지의 과정을 시간
의 흐름에 따라 설명하는 글
입니다.

주제
임진왜란의 전개 과정

1 이 글은 임진왜란의 진행 과정을 설명하고 있습니다.

2 이 글은 일본군이 조선에 쳐들어온 후 긴 전쟁 끝에 조선이 승리하기까지의 과정을 담고 있습니다. 1592년에 일본이 대대적인 군사를 동원하여 조선에 쳐들어왔습니다(㉡). 일본군이 한양까지 이르자, 임금과 신하들이 궁을 버리고 북쪽 지역으로 피란을 떠났습니다(㉣). 전쟁이 시작된 지 두 달 여가 지나자 일본군이 평양까지 이르러 국토 대부분을 점령하였습니다(㉠). 그러나 전국에서 의병 운동이 일어나서 곳곳에서 일본군을 무찔렀습니다(㉢). 일본군이 조선에서 후퇴할 때, 이순신 장군은 노량 앞바다에서 일본군을 크게 무찔렀습니다(㉢).

3 첫 번째 문단에서 일본의 최고 권력자인 도요토미 히데요시가 옛 중국인 명나라를 정복하기 위해 조선을 먼저 공격하였다고 하였습니다. 따라서 일본이 조선과 전쟁을 벌인 이유는 일본과 명나라 중간에 있는 조선을 정복한 후, 명나라를 정복하기 위해서임을 알 수 있습니다.

✔ 오답 풀이
① 세 번째 문단에서 전국에서 의병 운동이 일어나면서 전세가 바뀌기 시작했다고 하였습니다.
② 첫 번째 문단에서 조선은 정치적 갈등으로 일본의 침략 계획을 제대로 파악하지 못하였다고 했습니다.
③ 조선군은 조총이라는 신무기를 가진 일본군을 당해 내기 어려웠다고 하였습니다.
④ 이순신 장군의 활약으로 육지에 있던 일본군에게 필요한 식량과 같은 보급품이 끊겼다고 하였고, 이 때문에 일본군의 사기도 떨어졌다고 하였습니다.

4 '파죽지세'는 '적을 거침없이 물리치고 쳐들어가는 기세.'라는 뜻입니다.

✔ 오답 풀이
② '실속은 없으면서 큰소리치거나 허세를 부림.'이라는 뜻의 한자 성어는 '허장성세'입니다.
③ '몹시 위태로운 형세를 비유적으로 이르는 말.'이라는 뜻의 한자 성어는 '누란지위'입니다.
④ '경솔하여 생각 없이 망령되게 행동함. 또는 그런 행동.'이라는 뜻의 한자 성어는 '경거망동'입니다.
⑤ '마음이 불안하거나 걱정스러워서 한군데에 가만히 앉아 있지 못하고 안절부절못하는 모양.'이라는 뜻의 한자 성어는 '좌불안석'입니다.

5 '격파하다'는 '어떤 세력이나 함성, 비행기 따위를 공격하여 무찌르다.'라는 뜻이므로 '무찔렀다'와 바꾸어 쓰기 적절합니다.

108쪽

❶ 파죽지세 ❷ 배수진
❸ 오합지졸 ❹ 철옹성

109쪽   이해 적용 심화

1 ㉣   2 ㉠   3 ㉣
4 ㉡   5 오합지졸
6 파죽지세 7 철옹성
8 배수진   9 ②

 어휘 학습

이해

1 '배수진'은 '어떤 일을 성취하기 위하여 더 이상 물러설 수 없음을 비유적으로 이르는 말.'입니다.

2 '오합지졸'은 '규율과 질서가 없는 집단.'이라는 뜻입니다.

3 '철옹성'은 '방어나 단결 따위가 튼튼하고 단단한 것을 이르는 말.'입니다.

4 '파죽지세'는 '적을 거침없이 물리치고 쳐들어가는 기세를 이르는 말.'입니다.

적용

5 놀이공원 입구에 무질서하게 모여 있다는 뜻이므로 '오합지졸'이 어울립니다.

6 역전승을 이루었다고 했으므로 '파죽지세'가 어울립니다.

7 방어가 단단해 보인다는 뜻이므로 '철옹성'이 어울립니다.

8 전쟁에서 물러설 수 없다는 뜻이므로 '배수진'이 어울립니다.

심화

9 신립 장군은 절대 물러서지 않겠다는 각오를 하고 싸웠으므로 '배수진'이 어울립니다.

110~111쪽
1 모순 2 ④ 3 (1) ○
4 ⑤ 5 ③

모순을 해결한 방법

글의 종류
설명문

글의 특징
모순이라는 말의 유래를 소개한 뒤, 현미경과 비행기가 어떻게 모순된 상황을 해결했는지 설명하는 글입니다.

주제
모순의 유래와 모순을 해결한 사례

1 이 글은 모순이라는 말의 유래와 모순을 해결한 사례를 설명하는 글입니다. 따라서 이 글에서 가장 중심이 되는 낱말은 '모순'입니다.

2 네 번째 문단에서 비행기의 날개가 길면 공기의 저항이 커져서 속도가 느려진다고 하였습니다.

✔ 오답 풀이
① 두 번째 문단에서 현미경은 세포에서 흘러나오는 형광 신호를 관찰해야 하는데, 형광 신호를 잘 찾으려면 주변이 어두워야 한다고 하였습니다.
② 두 번째 문단에서 현미경으로 세포를 보려면 세포에 형광 물질을 넣은 후, 세포에서 흘러나오는 형광 신호를 관찰해야 한다고 하였습니다.
③ 네 번째 문단에서 비행기가 이륙하거나 착륙할 때에는 날개가 길어야 힘을 크게 받을 수 있다고 하였습니다.
⑤ 마지막 문단에서 모순된 상황에 처했을 때에는 시간이나 공간, 조건을 각각 따로 떼어 보면 새로운 해결 방법을 생각해 낼 수 있다고 하였습니다.

3 첫 번째 문단에서 모순된 상황은 어떤 말의 앞뒤가 맞지 않거나, 두 개의 사실이 서로 성립할 수 없을 때라고 하였습니다. (1)은 시간이 늦은 것과 졸음이 계속 쏟아지는 것이 서로 관련 있기 때문에 모순된 상황이라고 볼 수 없습니다.

✔ 오답 풀이
(2) 장바구니를 크게도 작게도 만들 수 없는 모순된 상황에 처한 경우입니다. 비행기 날개처럼 장바구니를 접을 수 있게 만들어서 문제를 해결할 수 있습니다.
(3) 칫솔을 가늘게도 굵게도 못하는 모순된 상황에 처한 경우입니다. 현미경이 공간을 분리한 것처럼, 칫솔 끝을 가늘게 하고 칫솔의 다른 부분은 굵게 하는 방식으로 해결할 수 있습니다.

4 '모순'은 어떤 사실의 앞뒤, 또는 두 사실이 이치상 어긋나서 서로 맞지 않음을 이르는 말이므로, '자가당착'과 뜻이 비슷합니다.

5 비행기 날개의 모순을 해결할 새로운 방법을 찾아낸 것이므로, '방도를 찾아내다.'라는 뜻을 지닌 관용어 '길을 뚫다'가 어울립니다.

✔ 오답 풀이
① '손에 익다'는 '일이 손에 익숙해지다.'라는 뜻을 지닌 관용어입니다.
② '손을 끊다'는 '교제나 거래 따위를 중단하다.'라는 뜻을 지닌 관용어입니다.
④ '길이 바쁘다'는 '목적하는 곳까지 빨리 가야 할 사정이다.'라는 뜻을 지닌 관용어입니다.
⑤ '발을 구르다'는 '매우 안타까워하거나 다급해하다.'라는 뜻을 지닌 관용어입니다.

112쪽
❶ 모순   ❷ 아전인수
❸ 자가당착   ❹ 지록위마

113쪽   이해 적용 심화
1 아전인수 2 지록위마
3 모순   4 자가당착
5 모순   6 아전인수
7 지록위마 8 자가당착
9 ①

 어휘 학습

이해
1 '자기에게만 이롭게 되도록 생각하거나 행동함.'은 '아전인수'의 뜻입니다.

2 '이치에 맞지 않는 것을 끝까지 우겨서 남을 속이려는 짓.'은 '지록위마'의 뜻입니다.

3 '어떤 사실의 앞뒤, 또는 두 사실이 이치상 어긋나서 서로 맞지 않음.'은 '모순'의 뜻입니다.

4 '같은 사람의 말이나 행동이 앞뒤가 서로 맞지 아니하고 이치에 어긋남.'은 '자가당착'의 뜻입니다.

적용
5 보고 싶은 마음과 원망하는 마음처럼 이치에 어긋나는 마음이 동시에 든다는 뜻이므로 '모순'이 알맞습니다.

6 그가 모든 일을 자기에게 이롭게 해석했다는 뜻의 '아전인수'가 알맞습니다.

7 윗사람을 휘어잡아 권력과 힘을 마음대로 하고 있으므로 '지록위마'가 알맞습니다.

8 말의 앞뒤가 맞지 않고 모순되는 상황에는 '자가당착'이 알맞습니다.

심화
9 두 속담은 겉으로는 이치에 어긋나는 말처럼 느껴지므로 '모순'이 어울립니다.

114~115쪽

1 패스트푸드, 슬로푸드

2 ④   3 ⑤   4 ④

5 ④

소탐대실의 패스트푸드 대신 슬로푸드

글의 종류
설명문

글의 특징
패스트푸드와 슬로푸드를 대조하며, 슬로푸드의 장점을 설명하는 글입니다.

주제
패스트푸드와 슬로푸드의 개념 및 특징

1 이 글은 패스트푸드와 슬로푸드를 대조하여 설명하는 글입니다.

2 첫 번째 문단에서 간단한 조리를 거쳐서 먹는 음식을 모두 패스트푸드라고 하였습니다.

3 [가]에서 대상이 지닌 장점만 나열하는 내용은 나타나지 않았습니다. 패스트푸드의 장점은 편하게 먹을 수 있다는 한 가지만 제시되었고, 슬로푸드의 장점은 제시되지 않았습니다. 다만, [가]가 아닌 세 번째와 네 번째 문단에서 슬로푸드의 장점을 나열하고 있습니다.

✔ **오답 풀이**
① 첫 번째 문단에서 패스트푸드의 개념을, 두 번째 문단에서 슬로푸드의 개념을 정의하고 있습니다.
② 패스트푸드는 '지방과 인공 첨가물이 많이 들어 있어 열량은 높지만 필수 영양소가 부족하기 때문이다. 그래서 패스트푸드는 비만과 성인병의 주요 원인이 된다.'에서 원인과 결과가 드러나고 있습니다.
③ 패스트푸드와 슬로푸드의 차이점을 설명하고 있습니다.
④ 인스턴트식품의 예로 '컵라면이나 봉지 라면, 커피 믹스'를, 패스트푸드의 예로 '햄버거나 프라이드치킨, 도넛', 슬로푸드의 예로 '된장, 간장, 고추장'을 들고 있습니다.

4 ㉠은 편리함을 누리려다가 건강을 잃는 상황입니다. 따라서 '손해를 크게 볼 것은 생각하지 않고 당장의 마땅치 아니한 것을 없애려고 그저 덤비기만 하는 경우를 비유적으로 이르는 말.'인 '빈대 잡으려고 초가삼간 태운다'가 어울립니다.

✔ **오답 풀이**
① '우물 안 개구리'는 넓은 세상의 형편을 알지 못하는 사람을 비유적으로 이르는 말입니다.
② '도둑이 제 발 저리다'라는 속담은 지은 죄가 있으면 자연히 마음이 조마조마하여짐을 비유적으로 이르는 말입니다.
③ '개구리 올챙이 적 생각 못 한다'라는 속담은 형편이나 사정이 전에 비하여 나아진 사람이 지난날의 미천하거나 어렵던 때의 일을 생각지 아니하고 처음부터 잘난 듯이 뽐냄을 비유적으로 이르는 말입니다.
⑤ '못된 송아지 엉덩이에 뿔이 난다'라는 속담은 옳지 못하거나 보잘것 없는 것이 엇나가는 짓만 한다는 말입니다.

어휘력 더하기 한자 성어와 속담은 모두 선조들의 삶의 지혜가 담겨 있어 유사한 뜻을 가진 것들이 있습니다. '소탐대실'이나 '교각살우'라는 한자 성어는 '빈대 잡으려고 초가삼간 태운다'라는 속담과 뜻이 비슷합니다. 또한 '우물 안 개구리'라는 속담은 '정저지와'라는 한자 성어를 우리말로 표현한 속담입니다.

5 '패스트푸드'와 '슬로푸드'는 서로 뜻이 반대되는 반의 관계입니다. '유명(이름이 널리 알려져 있음.)'과 '무명(이름이 널리 알려져 있지 않음.)'도 서로 뜻이 반대되는 반의 관계입니다.

어휘 학습

116 쪽

❶ 소탐대실   ❷ 견물생심
❸ 과유불급   ❹ 교각살우

117 쪽   이해·적용·심화

1 ㉣   2 ㉡   3 ㉤

4 ㉮   5 ×   6 ○

7 ×   8 ○   9 ②

이해

1 '견물생심'은 '물건을 보면 그것을 가지고 싶은 욕심이 생김.'을 뜻합니다.

2 '과유불급'은 '정도에 알맞은 것이 중요함을 이르는 말.'입니다.

3 '교각살우'는 '잘못된 점을 고치려다가 그 방법이나 정도가 지나쳐 오히려 일을 그르침을 이르는 말.'입니다.

4 '소탐대실'은 '작은 것을 욕심내다가 큰 것을 잃음.'을 뜻합니다.

적용

5 정도가 알맞은 것이 중요하다는 뜻의 '과유불급'은 어울리지 않습니다.

6 이익을 욕심내다가 자연을 파괴한 것이므로 '소탐대실'은 바르게 쓰였습니다.

7 욕심 없는 소박한 삶에 '견물생심'은 어울리지 않습니다.

8 닭장 울타리를 고치려다가 오히려 일을 그르쳐 닭을 모두 잃어버린 상황이므로 '교각살우'는 바르게 쓰였습니다.

심화

9 건강을 해치면서까지 마른 몸매에 집착하는 상황이므로 '과유불급'이 어울립니다.

1 마속 2 ⑤ 3 ⑤

4 ④ 5 ②

읍참마속한 제갈량

글의 종류
유래담

글의 특징
인물과 관련된 일화를 통해
읍참마속의 유래를 알려주는
글입니다.

주제
'읍참마속'의 유래

1 이 이야기의 중심인물은 제갈량과 마속입니다.

2 제갈량은 마속에게 가정으로 들어가는 산길에 군사들을 숨겨 놓아서 적의 공격으로부터 방비해야 한다고 명령하였습니다. 그러나 마속은 이를 어기고, 산꼭대기에 진을 쳤고, 결국 위나라와의 전투에서 크게 패하였습니다.

오답 풀이
① '마속이라는 장수가 자신을 보내 달라고 나섰다.'에서 확인할 수 있습니다.
② '가정 땅은 전쟁 물자를 보급하는 중요한 곳이었기에 그곳을 지키는 일은 전쟁의 승패를 좌우할 만큼 중요한 일이었다.'에서 확인할 수 있습니다.
③ 마속이 제갈량의 말을 따르지 않은 결과 위나라와의 전투에서 크게 패했다는 내용에서 확인할 수 있습니다.
④ 제갈량은 군율을 지키기 위해 자신의 명령을 따르지 않은 마속의 목을 벨 수밖에 없었다는 내용에서 확인할 수 있습니다.

3 제갈량이 마속이 자신의 명령을 어길 것을 예상하거나 뒷일을 대비하였을 것이라는 추론은 적절하지 않습니다. 만약 그랬다면 촉나라가 가정 땅을 빼앗기지 않았을 것이기 때문입니다.

4 제갈량은 마속에게 산길에 숨어 방비하라고 했으나, 마속은 이와 반대로 진을 쳤습니다. 따라서 '방비'는 '적의 침입이나 피해를 막기 위해 미리 지키고 대비함. 또는 그런 설비.'라는 뜻임을 짐작할 수 있습니다. 그리고 '방비'는 '상대편의 공격을 막음.'이라는 뜻의 '방어'와 바꾸어 쓸 수 있습니다.

오답 풀이
① '돌격'은 '적진으로 돌진하여 공격함.'을 뜻합니다.
② '외면'은 '마주치기를 꺼리어 피하거나 얼굴을 돌림.'을 뜻합니다.
③ '반응'은 '자극에 대응하여 어떤 현상이 일어남.'을 뜻합니다.
⑤ '방해'는 '남의 일을 간섭하고 막아 해를 끼침.'을 뜻합니다.

5 '읍참마속'은 '큰 목적을 위하여 자기가 아끼는 사람을 버림을 이르는 말.'입니다.

어휘력 더하기 지시적 의미는 말이 가지는 객관적인 의미를 말합니다. 한자 성어는 대부분 그 말의 지시적 의미와 다른 관용적 의미를 지니고 있습니다. 예를 들어 '읍참마속'의 지시적 의미는 '울면서 마속을 벰.'이지만 관용적 의미는 '큰 목적을 위하여 자기가 아끼는 사람을 버림.'을 뜻합니다.

어휘 학습

120 쪽
❶ 읍참마속 ❷ 고육지책
❸ 도원결의 ❹ 삼고초려

121 쪽 이해 적용 심화
1 ㉣ 2 ㉮ 3 ㉯
4 ㉰ 5 고육지책
6 읍참마속 7 도원결의
8 삼고초려 9 ③

이해
1 '고육지책'은 '어려운 상태를 벗어나기 위해 어쩔 수 없이 꾸며 내는 계책을 이르는 말.'을 뜻합니다.
2 '도원결의'는 '의형제를 맺음을 이르는 말.'입니다.
3 '삼고초려'는 '인재를 맞아들이기 위해 참을성 있게 노력함.'을 뜻합니다.
4 '읍참마속'은 '큰 목적을 위하여 자기가 아끼는 사람을 버림을 이르는 말.'입니다.

적용
5 과일이 잘 팔리지 않아 어쩔 수 없이 과일을 반값에 팔았으므로 '고육지책'이 어울립니다.
6 옳은 일을 위해 친구의 부정행위를 밝혔으므로 '읍참마속'이 어울립니다.
7 친형제처럼 지내기로 약속했다고 했으므로 '도원결의'가 어울립니다.
8 뛰어난 사람이라면 몇 번이라도 찾아가서 모셔 와야 한다고 했으므로 '삼고초려'가 어울립니다.

심화
9 '삼고초려'는 인재를 맞이하기 위해 매우 노력한다는 뜻이므로 허생이 이완 대장에게 했을 말로 알맞습니다.

124~125쪽

1 이덕무   2 ①
3 ⑤   4 (3) ○
5 ③

책 외에는 강 건너 불구경

글의 종류
독서 감상문

글의 특징
『간서치전』을 읽고, 이덕무를 소개하며 책을 읽은 후의 느낀 점을 쓴 글입니다.

주제
이덕무의 독서에 대한 애정과 『간서치전』을 읽고 느낀 점

1 이 글은 책 읽는 것을 매우 좋아했던 『간서치전』의 주인공 이덕무에 대한 글입니다.

2 이 글은 독서 감상문입니다. 첫 부분에서는 책을 읽게 된 까닭을 밝힌 후, 중간 부분에서는 책을 지은 작가를 소개하고, 책의 주요 내용을 제시하고 있습니다. 마지막 부분에서는 책을 읽은 후 느낀 점을 밝히고 있습니다. 그러나 책 『간서치전』의 가치를 평가한 내용은 나타나지 않습니다.

3 네 번째 문단에서 이덕무는 역사, 문학, 철학, 농업, 과학 등 다양한 분야의 책을 두루 읽고 그 뜻을 연구하여 깊이 이해하였다고 하였습니다. 따라서 이덕무는 좋아하는 분야의 책만 읽은 것이 아니라 여러 분야의 책을 두루 읽었음을 알 수 있습니다.

오답 풀이
① 이덕무는 서자 출신이라서 벼슬길에 제약이 있었고, 스무 살이 넘도록 세상에 나가 그의 능력을 발휘할 수 없었음을 알 수 있습니다.
② 이덕무는 가난하여 책을 살 수 없었기 때문에 책을 빌려 와 한 글자씩 베껴 쓰며 읽었음을 알 수 있습니다.
③ 이덕무는 책을 읽는 것 외에는 강 건너 불구경하듯 하였기에 재물이나 권력, 장기나 바둑 등 세상의 이익이나 놀이에는 관심이 없었음을 알 수 있습니다.
④ 이덕무는 해가 움직이는 방향에 따라 동쪽에서 서쪽으로 책상을 옮겨 가며 하루 내내 책을 읽었음을 알 수 있습니다.

4 '강 건너 불구경'은 '자기에게 관계없는 일이라고 하여 무관심하게 방관하는 모양.'을 뜻합니다. (3)에 드러난 부모는 아이가 다른 사람들에게 피해를 주는 행동을 하는데도 아이를 말리지 않으므로, 아이의 잘못된 행동을 '강 건너 불구경'하듯 한다고 말할 수 있습니다.

오답 풀이
(1) 부모가 중학생 자녀의 수학여행에 따라가 지나친 간섭을 하는 상황이므로, ㉮와 반대되는 상황입니다.
(2) 강의에 대한 관심이 높아지는 상황이므로, ㉮와 반대되는 상황입니다.

어휘력 더하기 '강 건너 불구경'과 비슷한 뜻을 지닌 한자 성어에는 '수수방관'이 있습니다. '수수방관'은 '팔짱을 끼고 보고만 있다는 뜻으로, 간섭하거나 거들지 아니하고 그대로 버려둠을 이르는 말.'입니다.

5 '열중하다'는 '한 가지 일에 정신을 쏟다.'라는 뜻입니다. ㉢은 '베끼어 쓰다.'라는 뜻을 가진 '필사하다'와 바꾸어 쓸 수 있습니다.

126쪽

❶ 불구경   ❷ 벼락
❸ 빙산   ❹ 뿌리

127쪽 이해 적용 심화

1 ㉮   2 ㉭   3 ㉯
4 ㉰   5 ○   6 ×
7 ○   8 ×   9 ⑤

어휘 학습

이해
1 '벼락(을) 맞다'는 '아주 못된 짓을 하여 큰 벌을 받다.', '심하게 꾸중을 듣다.'라는 뜻입니다.
2 '빙산의 일각'은 '대부분이 숨겨져 있고 외부로 나타나 있는 것은 극히 일부분에 지나지 아니함을 비유적으로 이르는 말.'입니다.
3 '뿌리 뽑히다'는 '어떤 것이 생겨나고 자랄 수 있는 근원이 없어지다.'라는 뜻입니다.
4 '강 건너 불구경'은 '자기에게 관계없는 일이라고 하여 무관심하게 곁에서 보기만 하는 모양.'이라는 뜻입니다.

적용
5 동네 사람들이 심술궂은 놀부에 대해 욕하는 것이므로 '벼락(을) 맞다'는 바르게 쓰였습니다.
6 교육으로 시민 의식이 자리잡은 것이므로 '뿌리 뽑히다'는 어울리지 않습니다.
7 짝이 나에게 무관심했던 것이므로 '강 건너 불구경'은 바르게 쓰였습니다.
8 아버지께서 나를 잘 아시므로 '빙산의 일각'은 어울리지 않습니다.

심화
9 나는 동생을 무관심하게 대했으므로 '강 건너 불구경'이 어울립니다.

1 자라, 토끼　**2** ①

3 ③　　　**4** ⑤

5 (1) ⓒ　(2) ⓛ

꿈인지 생시인지 모르는 자라와 토끼

글의 종류
설화

글의 특징
꾀를 발휘하여 목숨을 건진 토끼의 이야기를 통해 삶의 교훈을 주는 글입니다.

주제
위기를 극복하는 지혜

1 이 이야기의 중심 인물은 자라와 토끼입니다.

2 자라가 토끼의 간을 구하기 위해 토끼를 먼저 속였고, 토끼가 간을 두고 왔다며 다시 용왕과 자라를 속였습니다.

　❷ **오답 풀이**
　② 자라는 토끼를 속여 토끼의 간을 구하려 하였습니다.
　③ 토끼는 자라의 꾐에 바로 넘어갔습니다.
　④ 자라는 용왕의 명령으로 토끼의 간을 구하러 갔습니다.
　⑤ 토끼가 간을 두고 왔다고 말한 것은 살기 위한 토끼의 꾐일 뿐, 토끼는 간을 몸속에 가지고 있습니다.

3 토끼는 용궁에서 평생 걱정 없이 살 수 있다는 자라의 말을 믿고 자라를 따라나선 것이므로, 토끼에게 좋은 일은 용궁에서 걱정 없이 사는 것입니다. 그리고 토끼는 자기 간을 용왕에게 주기 위해 뭍으로 가는 것이므로, 용왕에게 좋은 일은 토끼의 간으로 병을 고치는 것입니다.

4 ㉠은 자라가 토끼를 용궁으로 데려가기 위해 거짓말로 꾀는 것입니다. 따라서 '귀가 솔깃하도록 남의 비위를 맞추거나 이로운 조건을 내세우는 말.'이라는 뜻을 지닌 '감언이설'이 어울립니다.

　`어휘력 더하기` 감언이설은 '달 감(甘)', '말씀 언(言)', '이로울 이(利)', '말씀 설(說)'로 이루어진 말입니다. 이를 그대로 해석하면 '달콤한 말과 이로운 이야기'라는 뜻이 됩니다. 따라서 '감언이설'은 달콤한 말로 그럴듯하게 상대방을 꾀는 말이라는 뜻으로 사용됩니다.

5 ㉡은 문맥상 간절히 바라던 일이 뜻밖에 이루어져 꿈처럼 여겨지는 것을 이르는 말로 사용되었습니다. 이는 '기쁜 마음으로'라는 표현을 통해서도 알 수 있습니다. ㉢은 문맥상 생각지도 못한 뜻밖의 일에 부닥쳐 어찌할 바를 모를 때를 이르는 말로 사용되었습니다. 이는 '어리둥절했다'라는 표현을 통해서도 알 수 있습니다.

　`어휘력 더하기` 하나의 관용어에도 뜻이 여러 개 있을 수 있습니다. '꿈인지 생시인지'의 경우, 당황스러울 때 쓸 수도 있고, 기쁠 때 쓸 수도 있는 말입니다. 속담 역시 뜻이 여러 개 있을 수 있습니다. 예를 들어 '꿈보다 해몽이 좋다'도 '하찮거나 언짢은 일을 그럴듯하게 돌려 생각하여 좋게 풀이함을 비유적으로 이르는 말.'과 '무슨 일이나 현상보다 본질을 잘 판단하는 것이 중요함을 비유적으로 이르는 말.'의 뜻을 지니고 있습니다.

어휘 학습

130쪽

❶ 생시　　❷ 꿈
❸ 꿈　　　❹ 깨고

131쪽　이해　적용　심화

1 ㉮　**2** ㉯　**3** ㉰

4 ㉱　**5** ㉠　**6** ㉢

7 ㉣　**8** ㉡　**9** ⑤

`이해`
1 '꿈을 깨다'는 '희망을 낮추거나 버리다.'라는 뜻입니다.

2 '꿈도 야무지다'는 '희망이 너무 커 실제로 일어날 가능성이 없음을 비꼬아 이르는 말.'입니다.

3 '꿈에 밟히다'는 '잊히지 아니하여 꿈에 나타나다.'라는 뜻입니다.

4 '꿈인지 생시인지'는 '생각지도 못한 뜻밖의 일에 부닥쳐 어찌할 바를 모를 때를 이르는 말.'입니다.

`적용`
5 불가능한 일에 대한 희망을 버리라는 뜻이므로 '꿈(을) 깨다'가 어울립니다.

6 생각지도 못한 일에 어찌할 바를 모르겠다는 뜻이므로 '꿈인지 생시인지'가 어울립니다.

7 실제로 일어날 가능성이 없음을 비꼬고 있으므로 '꿈도 야무지다'가 어울립니다.

8 할아버지께서 고향을 잊지 못한다는 뜻이므로 '꿈에 밟히다'가 어울립니다.

`심화`
9 해외에 계신 친척의 초대로 뜻밖에 비행기 표를 선물 받아 해외여행을 가게 되었으므로 '꿈인지 생시인지'가 어울립니다.

132~133쪽

1 (2) ○   2 ⑤
3 ③   4 (2) ○
5 ⑤

갈 길이 먼 차별적 인식 개선

글의 종류
논설문

글의 특징
차별적 언어 표현과 이를 바로잡은 표현을 제시하며 차별적 인식 개선의 필요성을 주장하는 글입니다.

주제
차별적 언어 표현과 차별적 인식 개선의 필요성

---

1 이 글은 차별적 언어 표현을 예로 들어, 사회적 약자나 소수자에 대한 차별적 인식을 개선해야 한다고 주장하는 글입니다.

2 다양한 사람들이 공존하는 사회를 만들기 위해서 사회적 약자나 소수자에 대한 차별적 인식을 개선해야 한다고 주장하는 글입니다.

❷ 오답 풀이
① 이 글에서 법으로 차별 없는 사회를 만드는 것은 어렵다는 내용은 제시되지 않았습니다.
② 이 글에서 사회적 약자나 소수자를 자신도 모르게 차별하는 언어 표현을 사용하는 경우가 많다고 하였으나, 글 전체를 아우르는 내용은 아닙니다.
③ 이 글에서 사회적 약자나 소수자가 차별 받지 않도록 금지하고 있으나 제도적 장치만으로는 차별적 인식을 개선할 수 없다고 주장하고 있습니다.
④ 이 글에서 국어사전에 나오는 말은 모두 사용해야 한다는 주장은 제시되지 않았습니다.

3 이 글은 차별적 인식의 문제점을 밝힌 뒤, 차별적 언어 표현의 사례와 이를 바로잡은 표현을 제시하고, 마지막에 글쓴이의 주장을 드러내고 있습니다. 특히 두 번째 문단에서 구체적인 예를 제시하며 내용을 뒷받침하고 있습니다.

4 '무의식적'은 '자기의 행위를 자기도 알지 못하는 것.'이라는 뜻입니다. 따라서 ㉠은 '무의식적으로'와 바꾸어 쓸 수 있습니다.

❷ 오답 풀이
(1) '비정상적'은 '정상적이 아닌 것.'이라는 뜻입니다.
(3) '무조건적'은 '아무 조건도 없는 것.', 또는 '절대적인 것.'이라는 뜻입니다.

5 '갈 길이 멀다'는 '앞으로 해야 할 일들이 많이 남아 있다.'라는 뜻입니다.

❷ 오답 풀이
① '재미나 의욕이 없어지다.'라는 뜻을 지닌 관용어는 '김이 식다'입니다.
② '슬그머니 피하여 물러나다.'라는 뜻을 지닌 관용어는 '꽁무니를 빼다'입니다.
③ '방도를 찾아내거나 마련하다.'라는 뜻을 지닌 관용어는 '길을 열다'입니다.
④ '잊히지 않고 자꾸 눈에 떠오르다.'라는 뜻을 지닌 관용어는 '눈에 밟히다'입니다.

어휘력 더하기 관용어는 그 말을 이루는 낱말들에서 드러나는 겉뜻과는 다른 뜻으로 사용됩니다. 하지만 그 낱말들의 뜻과 전혀 관련이 없는 것은 아닙니다. '갈 길이 멀다'도 가야 할 길이 많이 남아 있다는 겉뜻을 보면 속뜻을 어느 정도 짐작할 수 있습니다.

134쪽

❶ 길   ❷ 뜨거운
❸ 물   ❹ 벼랑

135쪽   이해 · 적용 · 심화

1 ㉣   2 ㉢   3 ㉠
4 ㉡   5 ○   6 ✕
7 ○   8 ○   9 ①

어휘 학습

이해

1 '물 건너가다'는 '일의 상황이 끝나 어떠한 조치를 할 수 없다.'라는 뜻입니다.

2 '갈 길이 멀다'는 '앞으로 해야 할 일들이 많이 남아 있다.'라는 뜻입니다.

3 '벼랑에 몰리다'는 '위험한 상황에 직면하게 되다.'라는 뜻입니다.

4 '뜨거운 맛을 보다'는 '호된 고통이나 어려움을 겪다.'라는 뜻입니다.

적용

5 인간의 우주 정복을 위해서는 앞으로 해야 할 일들이 많이 남아 있다는 것이므로 '갈 길이 멀다'는 바르게 쓰였습니다.

6 집안을 일으켜 어려움을 극복했다는 것이므로 '뜨거운 맛을 보다'는 어울리지 않습니다.

7 말은 한 번 뱉으면 주워 담기 어려우므로 '물 건너가다'는 바르게 쓰였습니다.

8 인구 감소 문제가 위험한 상황에 직면했다는 것이므로 '벼랑에 몰리다'는 바르게 쓰였습니다.

심화

9 회사 상황을 정상적으로 되돌리기에 이미 늦었다는 뜻이므로 '물 건너가다'와 바꾸어 쓸 수 있습니다.

주성분

글의 종류
설명문

글의 특징
문장을 구성하는 데 꼭 필요한 성분인 주성분에 해당하는 주어와 서술어, 목적어, 보어에 대하여 예를 들어 설명한 글입니다.

주제
주성분의 종류와 특징

---

1 첫 번째 문단에서 문장을 구성할 때 꼭 필요한 성분인 서술어, 주어, 목적어, 보어를 묶어 주성분이라고 한다고 설명하였습니다.

2 주어는 '누가'나 '무엇이'에 해당하는 문장 성분으로 서술어의 주체가 되는 것이라고 하였습니다.

🔽 **오답 풀이**
① 목적어는 주로 체언에 조사 '을/를'이 붙어 이루어진다고 하였습니다.
② 우리말의 문장 성분에는 '서술어, 주어, 목적어, 보어, 관형어, 부사어, 독립어'로 모두 일곱 개가 있습니다.
③ 형용사로 이루어지는 것은 상태나 성질을 나타내는 '어떠하다'입니다.
④ '되다'나 '아니다' 외의 서술어에서는 보어가 쓰이지 않습니다.

3 문장의 기본이 되는 골격은 '누가/무엇이 어찌하다, 누가/무엇이 어떠하다, 누가/무엇이 무엇이다.'라고 하였습니다. 모두 주어와 서술어로 이루어졌으므로, 주어와 서술어만으로도 하나의 문장을 만들 수 있습니다.

🔽 **오답 풀이**
주어는 '누가'나 '무엇이'에 해당하는 문장 성분이고, 보어도 '누가'나 '무엇이'에 해당하는 문장 성분이라고 하였습니다. 따라서 수진이의 생각과 달리 주어와 보어는 형태가 비슷하여 서로 구분하기 어렵습니다.
서술어는 동사와 형용사, 체언에 '이다'라는 조사가 붙어 이루어진다고 하였습니다. 따라서 이석이의 생각과 달리 동사와 형용사에는 조사 '이다'를 붙일 수 없습니다.

4 '사과나무에 사과가 달렸다.'는 '부사어(사과나무에) + 주어(사과가) + 서술어(열렸다)'의 구성으로 이루어져 있습니다. 이 중에서 부사어 '사과나무에'는 문장을 이루는 데 꼭 필요하지 않으므로 주성분에 해당하지 않습니다.

🔽 **오답 풀이**
① 주어 '고양이가'와 서술어 '예쁘다'로 이루어진 문장입니다.
② 주어 '그녀는'과 보어 '학생이', 서술어 '아니다'로 이루어진 문장입니다.
③ 주어 '은수는'과 목적어 '노래를', 서술어 '잘한다'로 이루어진 문장입니다.
⑤ 주어 '올챙이가'와 보어 '개구리가', 서술어 '되었다'로 이루어진 문장입니다.

5 '에디슨은 결코 천재가 아니었다.'에서 '천재가'는 서술어 '아니었다'의 앞에서 서술어를 보충하고 있으므로 '보어'에 해당합니다. 이 문장에서 주어는 '에디슨은'입니다.

---

141 쪽 〔이해〕〔적용〕〔심화〕

1 서술어   2 주어
3 보어   4 목적어
5 보어   6 주어
7 목적어   8 서술어
9 ㉠ 서술어, ㉡ 목적어

어법 학습

〔이해〕

1 '유치원생이다'는 '무엇이다'에 해당하는 서술어입니다.

2 서술어 '읽으신다'의 주체, 즉 '누구'에 해당하는 말이므로 '할머니께서'는 주어에 해당합니다.

3 '엉망이'는 서술어 '되었다' 앞에서 서술어를 보충하고 있으므로 보어에 해당합니다.

4 '점심을'은 서술어 '먹었다'의 대상이므로 목적어에 해당합니다.

〔적용〕

5 서술어 '아니다' 앞에 오는 문장 성분이므로 보어가 알맞습니다.

6 서술어 '떴다'의 주체에 해당하는 문장 성분이 들어가야 하므로 주어가 알맞습니다.

7 서술어 '보러 갔다'의 대상이 되는 문장 성분이 들어가야 하므로 목적어가 알맞습니다.

8 주어 '눈이'를 풀이하는 문장 성분이 들어가야 하므로 서술어가 알맞습니다.

〔심화〕

9 ㉠은 '어떠하다'에 해당하는 서술어입니다. ㉡은 서술어 '이해할 수 있다'의 대상인 '무엇을'에 해당하는 말로 '목적어입니다.

142~143쪽

1 부속 성분, 독립 성분

2 ③　　3 ⑤

4 (1) 하얀 (2) 새 5 ⑤

부속 성분과 독립 성분

글의 종류
설명문

글의 특징
주성분을 꾸며 내용을 더하는 문장 성분인 부속 성분과 독립적으로 쓰이는 문장 성분인 독립 성분 각각의 종류와 특징을 설명하는 글입니다.

주제
부속 성분 및 독립 성분의 종류와 특징

---

1 이 글은 주성분을 꾸며 내용을 더하는 부속 성분과 문장 안에서 독립적으로 쓰이는 독립 성분에 대하여 설명하고 있습니다.

2 독립 성분인 독립어는 문장 안에서 다른 문장 성분과 직접적인 관계를 맺지 않고 독립적으로 사용됩니다. 그리고 문장 전체를 꾸며 주는 문장 성분은 부사어입니다.

✔ **오답 풀이**

① 두 번째 문단에서 '관형어는 명사, 대명사, 수사와 같은 체언을 꾸며 주는 역할을 하는 문장 성분'이라고 하였습니다.
② 세 번째 문단에서 '부사어는 주로 용언을 꾸며 주지만, 관형어나 다른 부사어, 문장 전체를 꾸며 주기도 하며, 문장이나 낱말을 이어 주기도 하는 문장 성분'이라고 하였습니다.
④ 첫 번째 문단에서 '부속 성분은 문장의 뜻을 전달하는 데 반드시 필요하지 않으므로, 대부분 생략해도 문장의 중심 뜻이 통한다.'라고 하였습니다.
⑤ 첫 번째 문단에서 '주성분은 문장을 이루는 데 꼭 필요한 문장 성분'이라고 하였습니다.

3 이 글은 부속 성분의 뜻과 특징을 설명한 후, 그 종류로 관형어와 부사어에 대하여 설명하고 있습니다. 그리고 독립 성분의 뜻과 특징을 설명한 후, 그 종류인 독립어에 해당하는 말들을 설명하고 있습니다.

4 (1)에서 '하얀'은 체언인 '눈'을 꾸며 주는 관형어입니다. (2)에서 '새'는 체언인 '신발'을 꾸며 주는 관형어입니다.

5 ⑤는 '길동이(주어)+커다란(관형어)+상자를(목적어)+가져왔다(서술어)'로 분석할 수 있습니다.

✔ **오답 풀이**

① '우리는 너무 멀리 걸어왔다.'에서 '너무'와 '멀리'가 부사어입니다.
② '내 친구 청이는 매우 착하다.'에서 '매우'가 부사어입니다.
③ '장난감이 거실에 흩어져 있다.'에서 '거실에'가 부사어입니다.
④ '이상하게 그 친구는 운이 좋다.'에서 '이상하게'가 부사어입니다.

어휘력 더하기 부사어는 체언을 꾸며 주는 관형어보다 꾸며 주는 범위가 넓습니다. 부사어는 용언이나 관형어, 다른 부사어, 문장 전체를 꾸며 주기 때문에, 문장에서 어떻게, 어디서, 어찌, 누구와, 언제 등에 해당하는 말이 모두 부사어입니다. 부사어에는 '빨리, 아주, 너무'와 같은 부사뿐 아니라 체언에 '에, 에게, 에서, 와/과, 로, 부터, 까지' 등 다양한 조사가 붙어 이루어진 말이 해당합니다. 그리고 문장이나 낱말을 이어 주는 '그리고, 그러나, 그런데, 또'와 같은 말도 모두 부사어에 해당합니다.

144쪽

❶ 관형어, 부사어

145쪽 이해 적용 심화

1 독립어　　2 부사어

3 관형어　　4 독립어

5 관형어　　6 부사어

7 ㉡, ㉥　　8 ㉢, ㉤

9 ㉠, ㉣

어법 학습

이해

1 '신이시여'는 다른 문장 성분들과 독립적으로 사용되고 있으므로 독립어에 해당합니다.

2 '너무'는 '맑으면'이라는 용언을 꾸며 주고 있으므로 부사어에 해당합니다.

3 '차가운'은 체언인 '음료수'를 꾸며 주고 있으므로 관형어에 해당합니다.

적용

4 쉼표 앞에서 다른 문장 성분과 직접적인 관련이 없이 사용되는 문장 성분이므로 독립어가 알맞습니다.

5 체언 '마을'을 꾸며 주는 문장 성분이 들어가야 하므로 관형어가 알맞습니다.

6 용언 '내렸다'를 꾸며 주는 문장 성분이 들어가야 하므로 부사어가 알맞습니다.

심화

7 관형어는 '상'을 꾸며 주는 ㉡ '큰'과, '하루'를 꾸며 주는 ㉥ '좋은'이 해당합니다.

8 부사어는 '축하하다'를 꾸며 주는 ㉢ '진심으로'와, '좋은'을 꾸며 주는 ㉤ '정말'이 해당합니다.

9 독립어는 부름을 나타내는 ㉠ '수영아'와, 감탄을 나타내는 ㉣ '아'가 해당합니다.

146~147쪽

1 피동 표현, 사동 표현

2 ④ 3 ⑤ 4 (1) ○

5 (1) ㉠ (2) ㉡

피동 표현과 사동 표현

글의 종류
설명문

글의 특징
능동 표현과 상대되는 피동 표현, 주동 표현과 상대되는 사동 표현의 뜻과 각각의 표현을 만드는 방법을 설명하는 글입니다.

주제
피동 표현과 사동 표현의 개념과 각각의 표현을 만드는 방법

1 이 글은 피동 표현과 사동 표현을 설명하는 글입니다.

2 두 번째 문단과 세 번째 문단에서 피동 표현과 사동 표현의 개념과 각각의 표현을 만드는 방법을 설명하고 있지만 피동 표현을 사동 표현으로 바꾸는 방법은 설명하지 않았습니다. 피동 표현은 능동 표현과 상대되며, 사동 표현은 주동 표현과 상대되므로 피동 표현과 사동 표현이 직접적으로 바뀌지는 않습니다.

◆ 오답 풀이
① 두 번째 문단에서 피동 표현은 동사 어간에 '-이-, -히-, -리-, -기-'를 붙이거나, '-어지다', '-게 되다'를 붙여 만든다고 하였습니다. 일부 명사에는 피동의 뜻을 더하는 접사 '-되다'를 붙이기도 한다고 하였습니다.
② 동사의 어간에 피동의 뜻을 더해 주는 말은 '-이-, -히-, -리-, -기-'라고 하였고, 동사의 어간에 사동의 뜻을 더해 주는 말은 '-이-, -히-, -리-, -기-, -우-, -구-, -추-'라고 하였습니다.
③ 두 번째 문단에서 둘 이상의 피동 요소가 들어가는 이중 피동은 잘못된 표현이므로 주의해야 한다고 하였습니다.
⑤ 네 번째 문단에서 주동 표현을 사동 표현으로 바꾸면, 동작을 시키는 새로운 주어가 더해지고 주동 표현에서의 주어는 사동 표현에서 부사어나 목적어가 된다고 하였습니다.

3 두 번째 문단에서 피동 표현을 나타내기 위해 동사의 어간에 뜻을 더해 주는 말 '-이-, -히-, -리-, -기-'를 붙인다고 하였습니다. ㉠은 능동 표현을 만드는 동사이므로 뜻을 더해 주는 말이 붙지 않았습니다. 하지만 ㉡은 피동 표현을 만드는 동사이므로 어간인 '잡-'에 '-히-'(잡-/-히-/-었-/-다)를 붙였습니다.

4 '동생이 웃었다.'는 동생이 웃는 동작을 직접 하는 것이므로, 주동 표현입니다. 네 번째 문단에서 주동 표현을 사동 표현으로 바꿀 경우에는 동작을 시키는 새로운 주어가 더해지고, 주동 표현에서의 주어는 사동 표현에서 부사어나 목적어가 된다고 하였습니다. (1)은 '언니'라는 새로운 주어가 더해졌고, 주동 표현에서의 주어인 '동생이'가 '동생을'이라는 목적어가 되었습니다. 그리고 동사 '웃었다'는 사동의 뜻을 더해 주는 말인 '-기-'가 붙어 '웃겼다'가 되었습니다.

5 (1) '엄마가 아기에게 옷을 입혔다.'는 엄마가 아기에게 옷을 입는 동작을 시킨 것이므로 사동 표현입니다. (2) '새로 산 운동화 끈이 자꾸 풀린다.'는 운동화의 끈이 다른 힘에 의해 묶인 것이 풀린 것이므로 피동 표현입니다.

148쪽
❷ 사동 표현

149쪽 이해 적용 심화

1 ㉯ 2 ㉰ 3 ㉮

4 ㉱ 5 사 6 사

7 피 8 피

9 담겨진 → 담긴

어법 학습

이해
1 '능동 표현'은 '주체가 어떤 동작을 스스로 하는 것을 나타내는 표현'입니다.
2 '피동 표현'은 '주체가 다른 힘에 의해 어떤 동작을 당하게 되는 것을 나타내는 표현'입니다.
3 '주동 표현'은 '주체가 어떤 동작을 직접 하는 것을 나타내는 표현'입니다.
4 '사동 표현'은 '주체가 다른 주체에게 어떤 동작을 하도록 시키는 것을 나타내는 표현'입니다.

적용
5 '맡겼다(맡-/-기-/-었-/-다)'는 사동의 뜻을 더해 주는 말 '-기-'가 붙은 사동 표현입니다.
6 '낮추었다(낮-/-추-/-었-/-다)'는 사동의 뜻을 더해 주는 말 '-추-'가 붙은 사동 표현입니다.
7 '발견되었다'는 명사 '발견'에 피동의 뜻을 더해 주는 말 '-되다'가 붙은 피동 표현입니다.
8 '쫓긴다(쫓-/-기-/-ㄴ-/-다)'는 피동의 뜻을 더해 주는 말 '-기-'가 붙은 피동 표현입니다.

심화
9 '담겨진(담-/-기-/-어지/ㄴ)'은 '담다'에 피동의 뜻을 더해 주는 말 '-기-'가 붙은 '담기다'에 다시 '-어지다'가 붙은 이중 피동입니다. 따라서 '담긴'으로 고치는 것이 적절합니다.

음절의 끝소리 규칙

글의 종류
설명문

글의 특징
받침소리의 발음과 관련된 음절의 끝소리 규칙을 예를 들어 설명하는 글입니다.

주제
음절의 끝소리 규칙에 따른 받침소리의 발음 방법

1 첫 번째 문단에서, 우리말은 음절의 받침 자리에 'ㄱ, ㄴ, ㄷ, ㄹ, ㅁ, ㅂ, ㅇ'의 일곱 소리 이외의 자음이 오면 이 일곱 소리 가운데 하나의 소리로 바뀌는데, 이를 '음절의 끝소리 규칙'이라고 한다고 하였습니다.

2 네 번째 문단에서 받침 뒤에 모음으로 시작되는 조사가 이어질 때는 원래 소리 그대로 뒤 음절 첫소리로 발음된다고 하였습니다. 또 겹받침이라면, 받침 중 뒤의 자음이 뒤의 음절 첫소리로 발음된다고 하였습니다.

3 ㉢에 따르면 받침 뒤에 모음으로 시작되는 조사나 어미가 이어질 때는 원래 소리 그대로 뒤 음절 첫소리로 발음된다고 했습니다. 따라서 '무릎에'는 [무르베]가 아니라 [무르페]라고 발음해야 합니다.

✔ **오답 풀이**
① ㉠에 따르면, 받침 'ㄱ, ㄴ, ㄷ, ㄹ, ㅁ, ㅂ, ㅇ'은 제소리대로 발음됩니다. '남산'의 받침은 'ㅁ', 'ㄴ'이므로 각각 [ㅁ], [ㄴ]으로 발음됩니다.
② ㉠에 따르면, 받침 'ㅌ'은 [ㄷ]으로 바뀌어 발음됩니다. 따라서 '한낱'은 [한낟]으로 발음됩니다.
③ ㉡에 따르면, 겹받침 'ㅄ'은 앞의 자음인 [ㅂ]으로 발음됩니다.
④ ㉡에 따르면, 겹받침 'ㄳ'은 앞의 자음인 [ㄱ]으로 발음됩니다.

4 '밖'은 [박]으로, '밭'은 [받]으로, '앞'은 [압]으로, 숯은 [숟]으로 발음됩니다. 이와 달리 '발[발]'과 '집[집]'은 글자와 발음이 같습니다.

어휘력 더하기 우리말에 글자와 발음이 일치하지 않는 낱말이 있는 것은 발음대로만 적으면 그 뜻을 알기 어렵기 때문입니다. 예를 들어 소리에 따라 모두 '낟'이라고 적으면, '낫[낟], 낮[낟], 낯[낟], 낱[낟]' 중에서 어떤 것을 뜻하는지 알 수 없습니다.

5 '식탁'은 글자 그대로 [식탁]으로 발음됩니다. 따라서 음절의 끝소리 규칙에 따라 바뀌어 발음되지 않습니다.

✔ **오답 풀이**
② '꽃씨[꼳씨]'는 받침 'ㅊ'이 [ㄷ]으로 변하는 음절의 끝소리 규칙이 적용됩니다.
③ '배추밭[배추받]'은 받침 'ㅌ'이 [ㄷ]으로 변하는 음절의 끝소리 규칙이 적용됩니다.
④ '앞뒤[압뒤]는 받침 'ㅍ'이 [ㅂ]으로 변하는 음절의 끝소리 규칙이 적용됩니다.
⑤ '문밖[문박]'은 받침 'ㄲ'이 [ㄱ]으로 변하는 음절의 끝소리 규칙이 적용됩니다.

어법 학습

이해

1 우리말의 음절 끝에서는 'ㄱ, ㄴ, ㄷ, ㄹ, ㅁ, ㅂ, ㅇ'의 7개만 발음됩니다.

적용

2 받침 'ㄲ'은 [ㄱ]으로 발음됩니다.

3 받침 'ㅍ'은 [ㅂ]으로 발음됩니다.

4 받침 'ㅅ'은 [ㄷ]으로 발음됩니다.

5 '곁땀'은 [겯땀]으로 발음됩니다.

6 '동녘'은 [동녁]으로 발음됩니다.

7 '짚신'은 [집씬]으로 발음됩니다.

8 '낯가림'은 [낟까림]으로 발음됩니다.

심화

9 ㉠은 적는 것과 발음이 같은 것으로 '설거지'와 '풍선'이 이에 해당합니다. ㉡은 적는 것과 발음이 다른 것으로 '부엌'[부억]과 '잎사귀'[입싸귀]가 해당합니다.

154~155 쪽

1 사잇소리

2 ㉠, ㉡, ㉢

3 ③   4 ④

5 (1) ㉢ (2) ㉠ (3) ㉡

사잇소리 현상

글의 종류
설명문

글의 특징
사잇소리 현상이 일어나는 구체적인 조건에 대하여 설명하는 글입니다.

주제
사잇소리 현상의 개념과 조건

1 이 글은 구체적인 예를 활용하여 사잇소리 현상의 개념과 조건 등을 설명하고 있습니다.

2 두 번째 문단에서 사잇소리 현상은 두 낱말이 합쳐진 명사에서만 일어난다고 하였습니다 (㉠). 그리고 합쳐지는 두 개의 낱말 중 적어도 하나는 순우리말이어야 한다고 하였습니다(㉡). 마지막으로 뒷말의 첫소리 'ㄱ, ㄷ, ㅂ, ㅅ, ㅈ'이 된소리로 나거나, 'ㄴ' 소리가 덧나거나 'ㄴㄴ' 소리가 덧나야 한다고 하였습니다(㉢).

✅ **오답 풀이**
㉢ 받침 'ㅅ'은 합쳐지는 낱말에 포함되는 것이 아니라, 두 낱말이 합쳐질 때 낱말 사이에 적는 것입니다.

3 이 글은 '나뭇잎, 뱃놀이, 장미과, 장밋빛'과 같은 구체적인 예를 들어 사잇소리 현상을 설명하고 있습니다.

4 '옷걸이'는 '옷'과 '걸이'가 합쳐진 낱말입니다. '옷'의 받침 ㅅ은 원래 있던 글자로, 사이시옷이 아닙니다. 또한 '걸이'는 '걸-'과 '-이'로 나뉘므로 하나의 형태소로 이루어진 말이 아닙니다.

✅ **오답 풀이**
① '깨'와 '잎'이 합쳐진 '깻잎'은 뒷말 첫소리인 '이' 앞에서 'ㄴㄴ'소리가 덧납니다.
② '코'와 '등'이 합쳐진 '콧등'은 뒷말 첫소리의 'ㄷ'이 된소리로 납니다.
③ '배'와 '머리'가 합쳐진 '뱃머리'는 뒷말 첫소리 'ㅁ' 앞에서 'ㄴ' 소리가 덧납니다.
⑤ '제사'와 '날'이 합쳐진 '제삿날'은 뒷말 첫소리 'ㄴ' 앞에서 'ㄴ' 소리가 덧납니다.

어휘력 더하기 낱말의 발음이 적을 때와 달라지는 경우를 따질 때는 항상 조건으로 제시된 것을 잘 파악해야 합니다. 예를 들어 사잇소리 현상은 '순우리말이 하나 이상 결합한 말'이 반드시 필요한 조건이고, '앞말의 끝소리가 모음이나 'ㄴ, ㄹ, ㅇ, ㅁ' 같은 울림소리일 때', '뒷말 첫소리 'ㄴ, ㅁ' 앞', '뒷말 첫소리 모음 앞' 등이 추가적 조건이 됩니다.

5 (1) '깃발'은 '기'와 '발'이 합쳐진 낱말로, 뒷말 첫소리 'ㅂ'이 된소리인 'ㅃ'으로 소리 나서, [기빨]로 소리 납니다. (2) '훗일'은 '후'와 '일'이 합쳐진 낱말로, 뒷말 첫소리 '이' 앞에서 'ㄴㄴ' 소리가 덧나서, [훈닐]로 소리 납니다. (3) '시냇물'은 '시내'와 '물'이 합쳐진 낱말로, 뒷말 첫소리 'ㅁ' 앞에서 'ㄴ' 소리가 덧나서, [시낸물]로 소리 납니다.

156 쪽

❷ [나문닙]

157 쪽   이해   적용   심화

1 뒷일 2 내까 3 빈물

4 훗날 5 초가집

6 나뭇가지 7 순댓국

8 인사말   9 (1) ○

어법 학습

이해

1 '뒤'와 '일'이 합쳐진 말은 'ㄴㄴ' 소리가 덧나므로 '뒷일'로 적습니다.

2 '내'와 '가'가 합쳐진 말은 뒷말 첫소리의 예사소리가 된소리로 소리 나므로 [내까]로 발음합니다.

3 '비'와 '물'이 합쳐진 말은 'ㄴ' 소리가 덧나므로 [빈물]로 발음합니다.

4 '후'와 '날'이 합쳐진 말은 'ㄴ' 소리가 덧나므로 '훗날'로 적습니다.

적용

5 '초가'와 '집'이 합쳐진 말은 사잇소리 현상의 예외로 '초가집'으로 적습니다.

6 '나무'와 '가지'가 합쳐진 말은 뒷말 첫소리가 된소리로 발음되고, 앞말이 모음으로 끝나므로 사이시옷을 붙여 '나뭇가지'로 적습니다.

7 '순대'와 '국'이 합쳐진 말은 뒷말 첫소리가 된소리로 발음되고, 앞말이 모음으로 끝나므로 사이시옷을 붙여 '순댓국'으로 적습니다.

8 '인사'와 '말'이 합쳐진 말은 사잇소리 현상의 예외로 '인사말'로 적습니다.

심화

9 '배'와 '놀이'가 합쳐지면서 뒷말 첫소리 앞에서 'ㄴ' 소리가 덧나기 때문에 사잇소리 현상에 해당합니다.

탄탄한 개념의 시작
큐브수학!

큐브수학 개념

새 교과서 개념을 쉽게

반복 학습으로 탄탄하게

무료 강의로 빠짐없이

새 교과서 완벽 반영
NEW

수학 1등 되는 큐브수학

연산
1~6학년 1, 2학기

개념
1~6학년 1, 2학기

개념응용
3~6학년 1, 2학기

실력
1~6학년 1, 2학기

심화
3~6학년 1, 2학기

동아출판

정답과 해설

빠작

초등 국어 **어휘**x**독해**